조선전쟁
생중계

조선전쟁 생중계

© 2011 정명섭 김원철 신효승 이노우에히로미 최민석

1판 1쇄 2011년 8월 26일
1판 5쇄 2021년 3월 5일

글 정명섭 김원철 신효승 이노우에히로미 최민석
그림 김원철
펴낸이 김정순
기획 서민경
책임편집 김효근
디자인 방상호
마케팅 양혜림 이지혜

펴낸곳 (주)북하우스 퍼블리셔스
출판등록 1997년 9월 23일 제406-2003-055호
주소 04043 서울시 마포구 양화로 12길 16-9(서교동 북앤빌딩)
전자우편 editor@bookhouse.co.kr
홈페이지 www.bookhouse.co.kr
전화번호 02-3144-3123
팩스 02-3144-3121

ISBN 978-89-5605-538-1 03090

조선전쟁
생중계

500년 역사를 뒤흔든 10번의 전투

정명섭, 김원철, 신효승, 이노우에 히로미, 최민석 글 | 김원철 그림

북하우스

정명섭

사실 이 책을 쓰면서 전쟁에 관한 근사한 격언을 서문에 넣기로 마음먹었다. 하지만 2년에 걸친 긴 집필 기간 동안 생각이 변했다. 수많은 사람들이 죽거나 다치고 여러 국가의 운명과 미래를 바꾼 전쟁을 단지 몇 마디의 말로 표현하는 것은 자칫 오만한 짓이 아닐까 하는 의구심이 들었기 때문이다. 인간은 아마 돌도끼를 들 무렵, 아니 그 이전부터 자신의 뜻을 관철하고, 상대방의 의지를 꺾기 위해 폭력에 의존했다. 주먹 대신 돌도끼와 돌창을 쓰고, 그렇게 싸움이 늘어나면서 전쟁이 탄생했다. 인간과 전쟁을 떼려야 뗄 수 없는 것은 타인의 의지를 꺾을 수 있는 가장 유효한 수단이 바로 전쟁이기 때문이다. 지금처럼 사람들의 합의를 우선하는 시대가 아닌 한두 명의 의지로 의사가 결정되었던 시대에는 더더욱 전쟁에 의지했을 것이다. 심하게 얘기하면 역사는 전쟁이 벌어졌던 시기와 전쟁을 준비하는 시기로 나눌 수 있을 것이다.

처음 이 책의 주제에 대해서 얘기했을 때 사람들은 대부분 별로 이긴 적 없는 조선시대의 전쟁을 왜 다루는지, 그리고 그중에서도 지독하게 패배해서 기억조차 하지 않는 전투들을 왜 다루는지 궁금해했다. 하지만 왜 패배했는지 잊어버린다면 더 큰 패배를 맛볼 수 있다고 믿기 때문에 과감하게 내용에 포함했다.

함께 한 동료들에 대해서 감사하다는 말을 하고 싶다. 서민경 팀장님의 제안과 뒷받침이 없었다면 이 프로젝트는 결실을 맺지 못했을 것이다. 김원철 작가는 이 책의 심장이나 다름없는 그림들을 그려줬고, 이노우에 히로미 작가는 많은 일본어 자료들을 찾아주고 번역해주었다. 특히 옛 일본의 장수들은 한 사람이 이름을 바꾸는 게 빈번했기 때문에 동명이인을 찾아주지 못했다면 큰 실수를 저지를 뻔했다. 최민석 작가는 생업에 바쁜 와중에도 강화도 전적지 답사에 동행해주었고, 미 해군과 해병대에 관한 자료들의 구해주었다. 현역 소령인 신효승 작가도 함께 많은 논문을 읽고 의견을 제시해줬다. 이런 헌신적인 동료들과 함께 할 수 있었다는 점은 개인적으로 큰 영광이다. 2년간 이 책을 쓰면서 많은 일들이 있었다. 천안함과 함께 산화한 46명의 해군 장병들과 연평도의 두 해병, 그리고 천안함을 수색하다 순직한 한주호 준위와 제98 금양호 선원들에게 고개 숙여 조의를 표한다. 더불어 갑작스러운 지진으로 가족과 삶의 터전을 잃은 일본인에게도 위로의 말을 건넨다.

일찍 세상을 떠난 아버지를 대신해서 자식들을 돌봐주신 어머니, 동생 홍섭과 유진 부부, 듬직한 매형 John M. Elliott과 누나 윤숙, 그리고 사랑하는 두 조카 Kylen Keejoon Elliott과 Yena Breanne Elliott, 그리고 사랑하는 아내에게 고맙다는 말을 남긴다. 위대한 두 스승 배상열, 최혁곤 작가에게도 감사의 인사를 전한다. 사랑하는 상호와 라미, 웅진에게도 고마움을 전한다. 더불어 한이와 김재희, 문지혁, 박지혁, 박하익, 송시우, 이대환, 전건우, 한상운, 윤해환, 조동신 작가에게도 감사의 뜻을 남긴다. 마지막으로 대한민국 스키점프 팀을 이끌고 있는 김흥수 코치에게 격려의 뜻을 전한다.

김원철

사실 처음부터 우리나라 전쟁사에 관심이 있었던 것은 아니었습니다. 오히려 직접 눈으로 볼 수 있는 유물과 자료 들이 넘쳐나고 서적 또한 마음만 먹으면 얼마든지 구할 수 있는 유럽이나 중세 일본 쪽의 전쟁사에 더 관심이 많았습니다. 그러던 어느 날 친구와 진행하던 프로젝트에 조선군의 이미지가 필요해서 학교 도서관에 들러 책을 찾아보았는데 아무리 찾아도 우리가 원하는 자료를 찾을 수 없었습니다. 유럽과 일본의 그 수많은 자료들과 너무 대조되는 상황이었습니다. 저는 오기가 생겨 서점을 뒤지기 시작했고 이 과정에서 자연스럽게 우리나라의 전쟁사에 관심을 갖게 되었습니다. 그리고 일반인도 쉽게 볼 수 있는 우리나라 전쟁사 관련 책들이 매우 부족하다는 생각과 함께 그런 책을 만들고 싶다는 생각에 이르게 되었습니다. 하지만 출판에 관련된 지식이 전무했던 저는 방법을 알지 못했고 그렇게 꿈은 멀어지는 것 같았습니다.

그래도 책을 만들고 싶다는 생각을 접을 수 없었던 저는 전쟁사 그림을 올리던 인터넷 카페에 본격적으로 문헌에서만 등장하거나 약간의 유물만 남은 병사와 장비의 그림을 그려 소개하는 방식으로 꿈을 키워나갔습니다. 그러던 중 한 통의 전화가 왔고 그 전화가 제 꿈을 이뤄줄 줄은 꿈에도 몰랐습니다. 그 전화를 주신 분이 정명섭 작가님이었습니다. 몇 번의 통화와 긴 기다림, 출판이 확정되고 5개월간의 작업은 많은 것을 배울 수 있었던 시간이었습니다. 이 책이 우리나라 전쟁사와 역사에 사람들이 좀더 관심을 가지게 하는 데 조금이라도 도움이 됐으면 좋겠습니다.

한낱 꿈으로 끝날 수도 있었던 제 작은 소망을 이뤄주시고 책이 만들어지는 동안 팀원들과 출판사의 중간에서 중심을 잡고, 많은 어려운 일들을 해결하며 힘들게 집필하신 정명섭 작가님께 진심으로 감사드리고 저희 팀원들인 최민석 작가님, 신효승 작가님, 이노우에 히로미 작가님께도 감사의 마음을 전합니다. 그리고 인터넷 카페와 밀리터리 관련 사이트 등에서 응원해주셨던 많은 분들께도 감사드립니다. 마지막으로 혼자서 우리 4남매를 바르고 남부럽지 않게 길러주시고, 언제나 저를 믿어주시는 어머니와 힘들고 어려운 생활에 몇 번이고 그림을 그만두려고 할 때마다 저를 일으켜 세워주었던 작은누나와 큰누나 그리고 형, 큰매형, 작은매형. 사랑하고 감사합니다.

신효승

클라우제비츠가 전쟁이라는 인간의 행위를 정치의 연속으로 규정한 이후, 우리나라에서는 순수하게 전쟁 자체를 바라보기보다는 정치의 하부분야로서 이해하고 연구해왔다. 그러나 사실 전쟁이라는 행위를 자세히 들여다보면 단순히 정치로만 이해하기에는 그 특성이 너무나도 다양하다. 문화적인 측면부터 개개인의 성장환경까지 너무나도 많은 특성이 녹아들어 있다. 이러한 것이 한순간에 표현되고 표출되어서 전쟁이라는 형태로 역사의 한 장면을 채워넣고 있다는 생각이 들었다.

예를 들면 탄금대 전투에서 조선군이 배수의 진을 쳤던 것과 같은 경우에도 지형적 특성만을 고려한다면 전혀 이해할 수 없는 판단이지만 신립 장군의 개인적 성향, 당시 부대 구성원의 특성, 일본군의 진격 속도 등 상황을 종합적으로 살펴보면 이해할 수 없는 것도 아니다. 그러나 신립 장군에 대해서는 결과로서만 평가하고 있다. 이러한 것이 정치의 연속으로 전쟁을 바라볼 때 나타나는 부작용 중에 하나가 아닌가 싶다. 그래서 원인과 결과가 아닌 경과 위주의 전쟁사를 다뤄보자는 정명섭 작가님의 제안이 너무나도 반가웠다. 사실 처음부터 짧은 지식 등으로 인해서 당시 상황을 완벽히 재구성하는 것은 불가능하다는 것을 알고 있었다. 하지만 다른 관점과 요인이 존재한다는 것을 확인한다는 것에 의의를 두고 싶다.

그리고 언제나 훌륭한 가르침을 주시는 김도형 교수님, 도현철 교수님 등 연세대학교 대학원 교수님들께도 감사와 존경의 뜻을 남기며, 언제나 물심양면으로 챙겨주시는 이희진 선생님께도 감사의 말씀을 드린다. 군이라는 독특한 테두리에서 인연을 맺고 이끌어주신 김기섭, 모광용, 남봉현, 송장호 대령님을 비롯한 선후배님들과 지금은 사회에서 열심히 자리매김하고 있는 이우석 선배님과 고유환 그리고 같이 근무했던 박성준 소령, 공대연 상사 등에게도 고마움을 전한다. 그리고 두서없이 던지는 제안과 엉뚱한 아이디어를 성공적으로 엮어주신 정명섭 작가님께 삶의 후배이자 동생으로서 감사드린다. 끝으로 아직 철들지 못한 아들을 언제나 묵묵히 사랑해주시고 지켜봐주시는 부모님과 동생 신영승, 안대준 부부, 그리고 조카 채령이에게 고맙고, 사랑을 전한다.

이노우에 히로미

2010년 봄 따뜻한 한 잔의 커피와 함께 정명섭 작가와의 인연은 시작되었다. 정명섭 작가는 한국 국사 교과서에 임진왜란을 다루는 부분이 너무 적다며 안타까워했다. 한국 사람에게 가장 존경하는 인물을 물어보면 많은 사람들이 충무공 이순신이라 말한다. 그러나 대부분의 사람들은 이순신, 거북선, 몇몇의 대첩만을 기억할 뿐, 여러 가지 전략,

전술, 인원, 무기의 종류 등에 대해서는 거의 아는 바가 없다. 정명섭 작가는 나에게 도움을 요청했다. 처음에는 고민이 되었지만 나 역시 이 엄청난 전투가 어떻게 펼쳐졌는지 후세에 정확히 남길 필요가 있다고 생각했기에 이 책에 동참하게 되었다. 일본인이라 구할 수 있는 정보를 구하려고 노력했고, 임진왜란 당시의 사실을 왜곡하지 않고 기록한 자료들을 토대로 하려고 노력했다.

책을 쓰는 것이 처음인 저에게 늘 따뜻한 마음과 힘이 나는 말로 격려해주시고 믿어주셨던 정명섭 작가님, 진심으로 감사드립니다. 늦은 밤인데도 피곤한 몸을 이끌고 멀리서 인천까지 찾아와주셔서 감사합니다. 그리고 정명섭 작가님과의 인연을 만들어주신 사랑하는 김소영씨에게도 감사드립니다. 늘 저를 사랑해주시고 제 편이 되어주는 남편과 어머님, 아버님, 사랑하고 감사합니다. 그리고 저를 위해 많은 기도로 저를 세워주시는 할머니, 할아버지, 밀알교회 동역자분들께 감사드립니다.

日本にいるお父さん、お母さん、姉ちゃん、よっちゃん、みなみちゃん、すみれちゃんに韓国より愛を込めて。

최민석

'한국과 미국의 전쟁'하면 대부분의 사람은 생소하게 여기는 것의 현실이다. 미국이 한국전쟁을 통해 엄청난 지원을 해준 혈맹이라 더욱 그러할 것이다. 그러나 우리는 1871년 6월 강화도에서 미국과 전쟁을 치렀다. '신미양요'라고 불리는 이 전쟁에서 우리는 패배했고 기억 속에서 애써 이를 지우려 했다. 하지만 이스라엘의 마사다, 미국의 알라모가 치욕의 역사가 아닌 영광의 역사로 분류되는 현실인데, 신미양요에서 패배한 광성보를 단순히 치욕스런 패배의 전장으로만 보는 것에는 문제가 있다. 열강의 침략에 맞서 구식 무기로 최후까지 광성보를 사수하다 쓰러진 진무중군 어재연 장군 이하 진무영 장병은 존경받을 만한 전투를 벌였다. 이들과 싸웠던 미 해군 장교조차 자신의 저서에 이들의 용맹함을 칭송했다. 그런 역사를 '오합지졸 군대가 농기구를 들고 싸우다 학살당했다'라는 식으로 왜곡하는 것은 목숨을 걸고 싸웠던 그들에 대한 모욕이다. 광성보에 가면 당시 전사자들을 합장한 '신미순의총辛未殉義塚'이 있다.

나는 그들의 명예를 지키고 진실을 알리기 위해 펜을 들었다. 기록을 최대한 검토하고 현장을 수차례 답사해 가급적 당시의 느낌을 되새기려고 노력했고 그것을 토대로 신미양요에 대해서 썼다.

신미양요에 대해 제안했을 때 흔쾌히 받아들여준 정명섭 작가에게 깊은 감사를 전한다. 2년여의 작업 기간 중 그가 보여준 리더십이 없었다면 이 글은 세상에 나오지 못했을 것이다. 멋진 그림으로 글의 가치를 높여준 김원철 작가와 귀중한 군사자문을 해준 신효승 소령에게도 감사한다. 돌이켜보면 힘들고 고생스러웠지만 최고의 팀과 함께한 즐거운 시간이었다. 이 세상 누구보다 존경하고 사랑하는 어머니와 동생 민호, 영선 부부, 사랑하는 내 조카 세빈이에게 고마움을 전한다. 힘들고 어려울 때 물심양면으로 지원을 아끼지 않은 좋은 친구 남형주에게도 이 자리를 빌려 고맙다는 말을 하고 싶다.

차 례

책을 내면서 • 4

일러두기

* 이 책에 나오는 날짜들은 음력을 기준으로 합니다. 단 10장만은 양력을 기준으로 합니다.
* 『조선왕조실록』 및 한국고전번역원에서 인용한 글의 경우 독자의 이해를 위해 뜻을 해치지 않는 범위에서 가공했습니다.

1 파저강 야인정벌

조선은 건국 후 적극적인 북방 영토 개척에 나선다. 이러한 노력의 결과로 세종대왕 시기 최윤덕 장군이 압록강 상류에 4군을 설치했고, 두만강 하류에는 김종서 장군에 의해 6진이 만들어졌다. 하지만 조선의 이러한 움직임은 이 지역에 살던 여진족의 극심한 반발을 불러왔다. 여진족의 거센 반발에 직면한 세종대왕은 여진족의 근거지를 공격할 계획을 세운다.

◇ **제1차 파저강 야인정벌**
조선군 지휘관: 평안도 절제사 최윤덕
참전 병력: 14962명

여진족 지휘관: 우랑카이족 추장 이만주
참전 병력: 불명

◇ **제2차 파저강 야인정벌**
조선군 지휘관: 평안도 절제사 이천
참전 병력: 7793명

여진족 지휘관: 우랑카이족 추장 이만주
참전 병력: 불명

파저강 야인정벌, 침략인가? 개척인가?

서기 1368년, 홍건적 출신의 주원장은 몽고족이 세운 원나라를 북쪽으로 쫓아내고 명나라를 건국하면서 중원의 새로운 주인으로 등극한다. 몽고족의 지배를 받고 있던 요동 지역 역시 자연스럽게 명나라의 세력권에 편입된다. 명나라는 요동에 흩어져 살던 여진족*을 180개의 위衛로 분할하고 지휘사라는 관직과 교역상의 특권을 내세워서 간접적으로 지배한다.

1402년 조카 건문제를 몰아내고 명나라 황제로 즉위한 영락제는 여진족에 대해 강력한 회유정책을 펴나간다. 건국 직후부터 여진족에 관직을 수여하고 물품을 하사하며 영향력을 행사하던 조선은 이런 명나라의 움직임에 우려스러운 눈길을 보낸다. 한편 조선은 태조 7년(1398년) 공주孔州에 성을 쌓고 경원도호부慶源都護府를 설치하면서 본격적인 영토 확장에 나선 상태였다.

조선을 위협하는 외부세력은 북방의 여진족과 남방의 왜구 그리고 선뜻 믿기 어렵지만 명나라였다. 애초에 말이 안 될 것 같은 갈등이 생긴 것은 주원장의 의심병 때문이다. 그가 조선이 바친 외교문서인 표전문表箋文의 글귀를 끈질기게 문제 삼자 정도전은 요동을 정벌할 계획을 세울 정도였다. 이방원이 요동정벌을 주장했던 정도전을 제거하고, 주원장이 사망한 이후에도 양측의 갈등은 계속된다. 주원장의 뒤를 이은 영락제 역시 조선에 대한 의심을 거두지 않았기 때문이다. 견디다 못한 대신들은 차라리 일본과 손을 잡고 명에 대항하자고 건의했다. 『조선왕조실록』 태종 13년(1413년) 7월 26일자 기록에는 명나라에 관한 대책을 논의하던 중 중신들이 일본과 손을 잡는 방안을 진언했다는 내용이 있다. 물론 태종은 말도 안 된다며 거부했지만 당시에는 이런 얘기가 나올 정도로 명나라와의 관계가 악화되었다.

조선은 명나라로 속속 투항하는 여진족에 대한 보복으로 물품의 공급을 중단해버린다. 이에 불만을 품은 여진족은 국경을 넘어와서 노략질을 감행한다. 태종 10년(1410년) 2월 3일 우디거족** 추장 키무나金文乃와 갈다개葛多介, 그리고 이들과 합세한 알타리족[*]과 우랑카이족[**] 300여 명이 경원을 공격한다.

이에 경원병마사慶源兵馬使 한흥보가 병사 100명을 이끌고 맞서 싸우지만 패배하고 만다. 이 싸움에서 조선군 15명이 전사했고, 말 다섯 필을 빼앗겼으며 한흥보 역시 화살에 맞아 사흘 후에 숨을 거뒀다. 이 소식을 들은 태종은 즉시 길주찰리사吉州察理使 조연에게 보복공격을 명령한다. 3월 9일, 1150명의 병력을 이끌고 두만강을 건너간 조연은 우디거족 추장이자 모련위毛憐衛 지휘指揮인 파아손把兒遜, 아고거阿古車, 착화着和, 천호千戶 하을주下乙主를 유인해서 죽이고 부족민 수백 명을 참살한다. 물론 여진족도 당하고 있지만은 않았다. 다음 달인 4월 13일 우디거 부족이 경원으로 쳐들어오고 경원부慶源府 병마절도사兵馬節度使 곽승우가 맞서 싸우지만 패하고 만다. 전사자가 73명에 말을 120필이나 빼앗긴 참패였다. 소식을 들은 태종은 노원식을 조전병마사助戰兵馬使로 임명해서 경원으로 파견하지만 여진족의 유인전술에 빠져서 패배한다. 장수들이 거듭 패배하자 태종은 마침내 공주에 설치한 경원도호부를 폐지한다. 여진족은 기뻐했지만 자존심에 상처를 입은 조선은 복수의 칼날을 간다.

그사이 조선은 태종이 승하하고 태종의 셋째 아들인 충녕대군이 왕위에 오른다. 훗날 '세종대왕'이라고 불린 그의 머릿속에는 북방의 영토를 안정시킬 원대한 계획이 무럭무럭 자라났다. 세종대왕이 전쟁을 불사하면서까지 강력한 북진정책을 취한 이유는 다음 기사에 잘 나타나 있다.

---

[*] 여진족(女眞族)은 만주 일대에 살던 퉁구스 계통의 원주민으로 시대에 따라 물길, 말갈 등으로 불렸다. 11세기에 금나라를 세우는 등 세력을 떨치기도 했지만 13세기 들어서 몽고에 멸망당한 이후에는 부족 단위로 흩어져 살았다. 이후 명나라와 몽고의 분쟁이 격화되면서 차츰 조선과의 접경지대로 남하했다. 조선은 이들을 '야인(野人)'이라고 불렀다.

[**] 우디거(兀狄哈)족은 만주 영고탑과 목단강 일대에 거주하던 여진족의 한 부족이다.

[**] 알타리(斡朶里)족은 알목하(斡木河)로 불렸던 회령 지방에 거주하던 여진족의 한 부족이다. 오도리족으로도 불렸다.

[**] 우랑카이(兀良哈)족은 압록강 상류와 간도 일대에 흩어져 살던 여진족의 한 부족으로 이 부족의 이름이 오랑캐의 어원이 된 것으로 추정된다. 후르카족이라는 이름으로도 불렸다.

우리나라는 북쪽으로 두만강을 경계로 하였으니, 하늘이 만들고 땅이 이루어놓은 험고한 땅이며, 웅번雄藩, 강력한 변진, 즉 우호적인 야인들을 일컬음이 호위하여 봉역을 한계限界하였다. 태조께서 처음으로 공주에 경원부를 설치하였고, 태종께서 경원부의 치소治所를 소다로蘇多老에 옮겼으니, 다 왕업의 기초를 시작한 땅을 중하게 여겼기 때문일 것이다.

― 『조선왕조실록』 세종 15년(1433년) 11월 21일

세종이 신하들에게 내세운 명분은 조상들이 얻은 땅을 지켜야 한다는 것이다. 하지만 조상이 얻은 땅이라는 이유만으로 신하들의 반대를 무릅쓰고 영토 확장에 나선 것은 아니다. 세종은 나라를 통치하는 일을 의사가 병을 고치는 일에 비유했다. 아픈 곳을 진단하고 약을 써서 완치시키는 것처럼 나라도 편안하게 해야 한다고 믿었던 것이다. 나라의 병은 내부에서도 생기지만 외부에서도 발생한다. 북방의 여진족 문제는 꼭 치료해야만 하는 조선의 질병이었다.

세종대왕이 생각한 안정적인 방어 시스템은 강 같은 천연 장해물로 국경이 지켜지고 국경 바깥에는 완충장치 역할을 해주는 우호적인 여진족이 사는 것이었다. 두만강과 압록강은 세종의 이런 생각에 딱 들어맞았다. 이런 구상의 최대 장해물은 파저강* 일대에 사는 우랑카이족의 추장이자 건주위建州衛 지휘인 이만주李滿住였다.

이만주는 『조선왕조실록』에 '올량합兀良哈'으로 기록되는 우랑카이족의 추장이다. 그가 다른 여진족과는 달리 이씨 성을 쓰는 이유는 그의 조부인 아합출阿哈出이 명나라 황제 주원장과 함께 몽고를 토벌한 공으로 건주위 지휘사에 임명되고 이사성이라는 이름을 하사받아서 였다.

조카를 몰아내고 제위에 오른 명나라의 영락제는 1410년부터 1424년까지 5차례에 걸쳐 몽고를 정벌한다. 이만주가 이끄는 우랑카이족은 명나라를 도와

---

* 파저(婆猪)강은 중국 요녕성에서 시작해서 남쪽인 압록강으로 흘러가는 강으로 동가(佟佳)강이라고도 불렸다.

원정에 따라나섰다가 몽고족의 일파인 타타르와 오이라트의 반격을 받게 된다. 몽고족의 반격에 직면한 이만주는 부족을 이끌고 동쪽으로 이동해서 파저강 유역에 정착한다. 또 다른 여진족 일파인 알타리족도 알목하斡木河, 현재 함경북도 회령군 일대에 자리잡는다. 이들이 조선과 사이가 나빠지는 데는 오랜 시간이 걸리

조선 초기 여진족 분포도

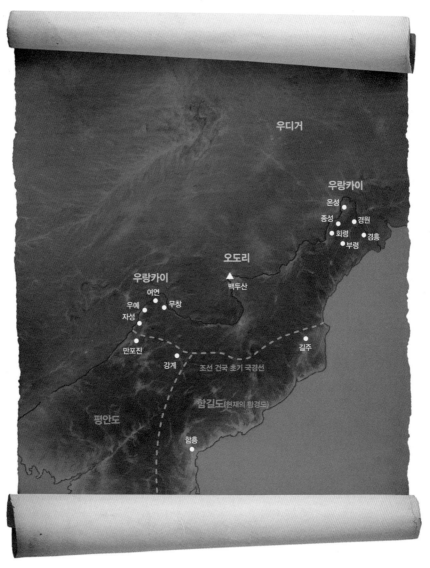

지 않았다.

　조선은 불쑥 나타난 여진족의 모습에 불안감을 느꼈고, 여진족 역시 자신들이 부리고 있던 중국인 노예들이 조선으로 도망치면 이들을 모두 명나라로 송환하는 것에 불만을 품었다. 세종 14년(1432년) 12월 9일 여진족 400명이 여연군을 공격해서 백성들을 끌고 간다. 강계절제사江界節制使 박초가 추격대를 이끌고 나가서 백성 26명을 구출하지만 13명의 전사자와 25명의 부상자가 발생하는 피해를 입는다. 이 소식을 들은 세종은 즉시 황희와 맹사성 등을 불러 회의를 소집한다.

세종, 전쟁에 관한 토론을 벌이다

세종대왕이 신하들과 대책을 논의하던 중인 12월 21일, 평안도 병마사 문귀의 장계狀啓, 임금에게 보고하는 문서가 도착한다. 여진족 추장인 이만주가 명나라 황제의 명령으로 시라소니 사냥을 하던 중 홀라온忽刺溫강 근처에 거주하는 우디거족 100여 명이 조선인들을 끌고 가는 걸 발견하고, 이들과 싸워서 조선인 64명을 구출했다는 내용이었다. 하지만 영의정 황희는 오히려 이만주의 자작극으로 의심한다. 홀라온강의 위치가 흑룡강성에 있는 하얼빈 평야 북쪽이기 때문이다. 거기서 조선의 여연군까지는 거리도 멀고 이만주가 머무는 파저강 근처를 통과해야만 했다. 잡혀갔다가 돌아온 백성들도 양쪽이 서로 웃고 떠들면서 술과 음식을 나눠먹었다고 증언한다. 그런 와중에 알려진 것보다 더 많은 48명이 전사하고 75명이 끌려갔다는 평안도 관찰사觀察使 박규의 장계가 조정에 도착하면서 분위기가 한층 격앙된다. 조정에서는 여연군 침공을 이만주의 소행으로 확신하고 대응책을 논의한다.

　이미 왕이 무력 응징을 천명했기 때문에 어떤 수준으로 대응을 하느냐가

여진족의 침입 1432년 12월 9일 여진족이 여연군을 침입해 백성들을 끌고 갔다. 15세기 중반까지 조선의 북쪽 변경에서 흔히 볼 수 있는 광경이다. 식량과 생필품이 부족한 야인들은 때때로 국경을 넘어와 백성들을 잡아가고 노략질을 일삼았다.

주요 안건이 되었다. 영의정 황희는 대규모 습진習陣, 군사훈련을 통한 무력시위를 주장했고, 좌의정 허조許稠는 국경 수비 쪽의 의견을 내놓는다. 하지만 대체적으로 무력응징보다는 국경 수비 쪽의 온건론이 주류를 이루었다. 온건론이 대세를 이룬 이유는 "야인은 부족이 많아서 군대를 동원해 한 부족을 정벌한다고 해도 문제를 해결할 수 없다"라고 한 허조의 답변에서 찾아볼 수 있다. 거기다 강을 건너서 요동으로 진입하는 것은 명나라와 외교 문제가 발생할 여지가 많았다. 당장 조선에서 주모자로 찍은 이만주만 해도 엄연히 명나라의 건주위 지휘였다. 하지만 세종대왕은 뜻을 굽히지 않고 1433년 1월 19일, 신임 평안도 절제사로 임명되어 떠나는 최윤덕* 장군에게 야인을 무력 응징하겠다는 의지를 천명한다. 최윤덕 장군이 임지로 떠난 이후 조정에서는 두 달 넘게 야인정벌에 관한 대토론이 벌어진다. 여러 차례 회의가 소집되었지만 가장 대규모였던 회의는 1433년 2월 15일에 열렸다. 대략 정리하면 무력 토벌을 찬성하는 쪽이 14명, 반대하는 쪽이 6명, 그리고 일단 사태의 추이를 지켜보자는 쪽이 3명이다. 21쪽 참조

대토론 끝에 세종대왕의 뜻대로 국경을 넘어서 토벌하기로 결정된다. 명나라의 승인을 받고 군대를 움직이기로 한 세종대왕은 2월 21일 영의정 황희 등을 불러서 어느 지역에서 얼마의 병력을 동원하고 어떤 방법으로 강을 건너갈지, 그리고 공격 시기에 관한 의견을 나눈다. 그리고 이 자리에서 지휘관을 결정한다. 사령관에 평안도 절제사 최윤덕, 휘하 장수로는 이순몽**과 최해산***이 임명된다.

논의를 끝낸 세종대왕은 최윤덕 장군에게 파저강에 사는 야인을 토벌할

---

* 당시 평안도 절제사였던 최윤덕(崔潤德)은 세종대왕 시대에 명성을 떨친 무관이다. 이종무 장군과 함께 쓰시마를 정벌했으며 여진족을 토벌하고 4군을 설치했다. 무관으로서는 드물게 병조판서와 좌의정, 우의정을 역임했다.

** 이순몽(李順蒙) 역시 쓰시마 정벌로 명성을 떨친 무관이다. 파저강 야인정벌에서는 중군 절제사로 참전했다.

*** 최무선의 아들 최해산(崔海山)은 아버지의 저서를 통해 화약제조법을 익혔다. 아버지의 뒤를 이어 화약무기 개발에 앞장섰던 그는 좌군절제사로 파저강 야인정벌에 참여한다.

조정 대신들의 의견(1433년 2월 15일)

이름	직책	의견	결론
황희	영의정	포로들을 돌려보내고 잘못을 인정하면 용서하되 그렇지 않으면 토벌하자	조건부 토벌 찬성
맹사성	좌의정	이만주의 죄상을 꾸짖고 끝까지 오리발을 내밀면 토벌해야 한다	조건부 토벌 찬성
권진	우의정	이만주의 소행이 확실하지만 포로의 진술을 듣고 대책을 논의하자	중립
허조	이조판서	이만주의 소행이 확실하지만 토벌이 어려우니 현지에 파견한 장수들의 의견을 듣고 결정하자	중립
안순	호조판서	이만주의 소행이 맞지만 우리 군은 지형에 익숙하지 못하고 국경을 넘어가면 명나라를 자극할 우려가 있다	토벌 반대
노한	찬성	그들의 소행이 괘씸하지만 군대를 일으키는 문제는 신중하게 생각해야 한다	중립
정흠지	형조판서	이만주의 소행이 확실하니 기습적으로 군대를 출동시켜 보복해야 한다	토벌 찬성
심도원	호조참판	여연, 강계 지역의 군대를 출동시켜 버르장머리를 고쳐줘야 한다	토벌 찬성
허성	형조좌참판	일단 그들의 죄상을 확인하고 군대를 출동시켜 후환을 방지해야 한다	토벌 찬성
하경복	판원사	사람을 보내 그들의 잘못을 꾸짖고 지형을 파악한 후에 군대를 동원해서 토벌하자	토벌 찬성
신상	예조판서	일단 정보를 충분히 수집한 후에 군대를 동원해 여진족을 잡고, 잘못을 사과하면 돌려주자	토벌 찬성
이맹균	참찬	그들의 말을 믿는 척해서 안심시키고 1, 2년 후에 군대를 동원해서 토벌하자	조건부 토벌 찬성
황보인	병조우참판	그들의 소행이 맞지만 명나라와의 관계를 고려한다면 당장 군대를 동원하는 일은 반대한다	토벌 반대
이순몽	동지중추원사	모르는 척해서 그들을 안심시킨 후에 제한적인 보복전을 펼치자	소규모 토벌 주장
최사강	병조판서	그들의 소행이 괘씸하지만 섣불리 군대를 동원했다가 국경 지역이 내내 분쟁에 휩싸일 수 있다	토벌 반대
조계생	공조판서	이만주의 소행이 맞고, 시일을 봐서 토벌해야 한다	토벌 찬성
성억	참찬	변방의 장수가 탐문을 해서 실상을 파악한 후에 기습적으로 토벌하자	토벌 찬성
조뇌	동지돈녕부사	일단 믿는 척해서 그들을 안심시킨 후에 군대를 보내 토벌하자	토벌 찬성
유맹문	예조우참판	명나라가 허락하지 않을 가능성이 높으니까 포기하자	토벌 반대
박안신	예조좌참판	명나라의 허락을 받은 후에 군대를 동원하자	조건부 토벌 반대
정연	병조좌참판	그들의 소행이 확실하지만 명나라와의 관계를 고려해서 신중하게 움직이자	조건부 토벌 반대
김익정	이조좌참판	일단 국경의 방어를 확실하게 한 후에 군대를 동원하자	조건부 토벌 찬성
이긍	공조우참판	우선 그들의 잘못을 꾸짖은 후에 군대를 보내 위엄을 떨치자	토벌 찬성

준비를 하라고 지시한다. 야인이 눈치채지 못하게 부교를 놓을 준비를 하고, 파저강을 정벌할 때 다른 지역의 야인이 쳐들어올 것에 대한 대비책도 세워놓는다. 3월 7일에는 애초 동원하기로 한 3000명으로는 부족하고 최소한 1만 명은 동원해야 한다는 최윤덕의 보고서가 도착한다. 애초에는 한두 부락만 토벌하려고 했는데 다른 부족민들이 협공을 가해오면 피해가 늘어날지 모른다는 이유에서였다. 대규모 군을 여러 갈래로 나눠서 각 부락을 공격하여 이웃부락을 구원하지 못하게 하자는 최윤덕 장군의 의견을 좇아 조정에서는 1만 명 이상의 대군을 동원하기로 결정한다.

최종적으로는 평안도에서 보병과 기병 1만 명, 황해도에서 기병 5000명을 동원하기로 한다. 3월 14일에는 진헌사 김을현이 명나라가 조선의 여진족 정벌을 승인했다고 보고한다. 다음 날에는 드디어 평안도와 황해도에 병력 징발령이 떨어진다. 3월 21일에는 염탐을 보냈던 박호문이 돌아와서 여진족 추장들인 이만주와 임할라林哈拉, 심타나노沈陀納奴 등의 동정을 알렸다. 3월 22일에는 집현전 부제학副提學 이선을 보내어 정벌에 나설 장수와 병사들에게 교서를 반포한다. 총지휘관인 최윤덕을 비롯한 장수들에게는 이번 기회에 백성들을 괴롭히는 여진족을 기필코 뿌리 뽑을 것을 지시했다. 더불어 병사들 중에 용감히 싸우는 자에게는 상을 줄 것이라 발표하고, 포로를 잡으면 험하게 대하지 말며 술은 적당히 마시라고 지시하는 등 특유를 꼼꼼함을 드러냈다. 동시에 여진족을 정벌하는 일로 명나라에 보낸 사절이 돌아왔다는 것을 외부에 발설한 통사 김정수를 처벌하는 등 비밀 유지에도 신경을 썼다. 4월 2일에는 상호군 김을현을 명나라에 보내서 여진족 토벌을 승인해준 것에 대해서 고마움을 피력한다.

명나라가 조선의 군사행동을 승인하면서 마지막 장해물이 사라졌지만 그래도 불안했는지 4월 5일에는 김종서 등을 불러서 다른 부락의 여진족이 구원을 올지 모르니 미리 대비를 하는 게 좋지 않겠느냐는 논의까지 한다. 전쟁을 결정하고 진행하는 과정에서 끊임없이 벌인 토론과 논의는 만약의 사태에 대비하고자 하는 세종대왕의 조심성을 읽을 수 있는 대목이다.

전쟁을 준비하는 세종대왕을 보자면 마치 전쟁 준비의 교본을 보는 듯하다. 세종은 회의를 통해 합의를 이끌어내고 외교적인 문제부터 차근차근 해결했다. 그러면서도 현장 지휘관의 의견을 최대한 반영하려는 자세를 보여주었다. 세종은 자신감에 차 있으면서도 자만에 빠지지 않았고, 신중하게 고민하면서도 필요한 순간에는 과감한 결단을 내렸다. 이제 남은 건 공격 일자를 결정하는 것뿐이었다. 세종대왕은 5월에는 장마가 오니 4월 중에 작전을 마무리하라고 지시한다.

정명섭 안녕하십니까? 조선 전쟁사를 중계해드릴 정명섭입니다. 일러스트를 그려주신 김원철씨가 중계를 도와주시기 위해 이 자리에 나오셨습니다. 진행 과정을 쭉 보면 나무방패를 쓸지 말지, 강을 건널 때 쓸 부교의 재료를 눈에 안 띄게 어떻게 숨겨야 할지에 대해서까지 토론과 논의를 거쳤는데요. 뒤집어 보면 그만큼 부담이 가는 전투라는 뜻일까요?

김원철 어쨌든 여진족 본거지로 들어가는 일이고, 만에 하나 패배라도 한다면 타격이 적지 않을 겁니다.

정명섭 강계江界, 평안북도 북동부의 지역으로 북서쪽으로 압록강과 접해 있다에 집결한 1만5000명의 조선군이 4월 10일 기습적으로 압록강을 건넙니다. 드디어 조선과 여진족의 한판 승부가 눈앞에 다가옵니다. 그런데 한군데로 건너지 않고 나눠서 도강한 후에 따로따로 진격하는군요.27쪽 참조 군을 분산하면 각개격파당할 위험이 있지 않나요?

김원철 현장 지휘관인 최윤덕 장군의 의견에 따른 작전인데요. 여진족이 한 군데 모여살지 않고 여기저기 떨어져서 지내기 때문입니다. 조선군이 여진족 부락 한군데를 공격하면 다른 부락에서 응원을 오거나 멀리 도망치는 걸 방지하기 위해서죠. 대신 4월 19일에 일제히 공격하기로 계획합니다.

정명섭 그러니까 흩어져 있는 여진족 부락들을 한꺼번에 공격하려는 계획이군요. 여진족은 조선이 설마 강을 건너올 것이라 예측하지 못했나요?

김원철 여진족 중에는 이만주처럼 명나라 관직을 받은 경우가 많습니다. 설마 조선이 명나라 관직을 받은 자기들을 공격할 줄은 몰랐겠죠.

정명섭 조선군의 모습을 본 여진족이 저항을 포기하고 산으로 도주합니다.

김원철 본군이라고 할 수 있는 최윤덕 장군이 이끄는 부대의 움직임을 중점적으로 살펴보겠습니다. 4월 10일 도강해서 8일 동안 행군한 끝에 파저강의 지류 중 하나로 추정되는 어허魚虛강에 도착합니다.

정명섭 여기에 목책을 설치하고 수비 병력으로 600명을 남겨놓는군요. 다음 날인 19일 새벽에는 여연군 침공사건의 주모자로 지목된 임할라의 부락을 전격적으로 기습합니다. 아, 하지만 눈치를 챈 여진족이 숲으로 도망쳐버린 상태입니다. 여진족이 산 위에서 지켜보는 가운데 텅 빈 집과 창고들을 조선군이 남김없이 불태워버립니다. 조선 백성들을 약탈하던 여진족이 고스란히 돌려받은 셈이네요.

김원철 다음 날 홍사석 장군의 부대가 합류하면서 다시 주변 수색에 들어가네요. 조선군이 떠난 줄 알고 있던 여진족이 혼비백산합니다.

정명섭 숲 속에 숨어 있던 여진족이 화살을 쏘면서 저항하지만 역부족입니다. 조선군은 숨어 있던 야인 장정 31명을 생포하는 데 성공합니다. 하지만 이들이 탈출을 시도하자 부득이하게 26명을 죽이고 맙니다. 해가 저물자 조선군은 어허강의 숙영지로 다시 철수합니다. 전투보다는 수색이 더 큰 비중을 차지하고 있네요.

김원철 기껏해야 수백 명씩 모여서 약탈을

조선군의 압록강 도하 조선군이 어떤 방법으로 압록강을 건넜는지는 알 수 없다. 세종대왕은 부교를 놓거나 배를 타고 건너가는 방법 중에 현장 지휘관이 재량껏 판단하라고 지시했다. 이 그림은 부교를 이용한 도하를 묘사했다.

하던 여진족이 수천 명의 조선군과 정면대결한다는 건 계란으로 바위 치기죠.

정명섭 철수했던 최윤덕 장군은 다음 날 부대를 나눠서 다시 수색에 들어갑니다. 여진족이 숨겨놓은 곡식들을 찾아내서 불태우고, 농경지도 완전히 폐허로 만들어버리네요. 너무 심한 것 아닌가요?

김원철 이렇게 본때를 보여주는 것이 필요하죠. "너희들도 이렇게 당할 수 있다"라는 메시지를 확실히 던져줘야지만 쉽사리 약탈을 못 할 겁니다.

정명섭 이렇게 본때를 보여주는 한편 철수를 위해 길을 정비합니다. 그나저나 여진족이 깊은 산속으로 몸을 숨겨서 수색은 별다른 성과를 내지 못하네요. 잔뜩 긴장했는데 의외로 싱겁게 끝났어요.

김원철 다른 방향으로 진출한 조선군의 전황도 이곳과 비슷합니다. 기습적으로 도하했다고는 하지만 본거지로 이동하는 동안 소식을 접한 여진족이 저항을 포기하고 도망쳐버려서 본격적인 교전은 벌어지지 않았습니다.

정명섭 조선이 코앞까지 대규모로 공격해올 줄은 몰랐던 모양입니다.

김원철 전체적인 전황은 다음 표를 보면서 설명드리도록 하겠습니다.

제1차 파저강 정벌군의 편제와 지휘관

지휘관		병력(명)	공격 목표	전과(명)		아군 피해(명)	
지위	이름			사살	생포	전사	부상
중군 절제사	이순몽	2,515	파저강 유역	–	56	–	–
좌군 절제사	최해산	2,070	거여 방면	3	1	–	–
우군 절제사	이각	1,770	마천 방면	43	14	–	–
조전 절제사	이징석	3,010	우라산성 방면	5	68	–	–
조전 절제사	김효성	1,888	임할라 부모의 거주지	13	16		2
여연 절제사	홍사석	1,110	팔리수 방면	21	31		3
중군 상장군	최윤덕	2,599	임할라의 거주지	98	62	4	20
합 계		14,962		183	248	4	25

김원철 애초에는 부대를 나눠서 진격해 목표물들을 동시에 타격하려던 계획이
었죠. 하지만 계획에 약간씩 차질이 생기면서 최윤덕 장군의 부대를 제
외하고는 큰 성과를 내지 못했습니다. 하지만 아군 피해가 적었다는 점,
그리고 조선군이 언제든 강을 건너서 본거지를 공격할 수 있다는 것을
보여줬다는 점이 이번 정벌의 의의라고 할 수 있겠습니다.

정명섭 아, 그렇다고는 해도 준비 과정이 길고 동원 병력도 많아서 큰 전투가 벌
어질 줄 알았는데 생각보다 싱겁게 끝났군요.

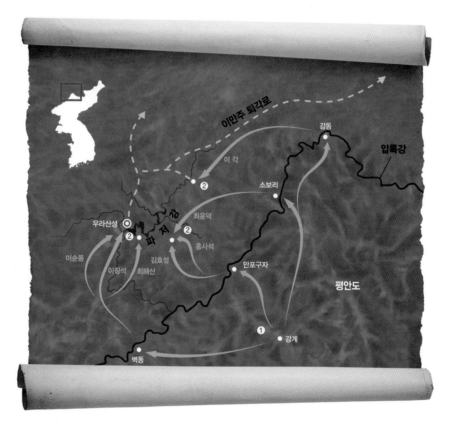

제1차 파저강 전투 진격로 조선군은 대규모 군을 나눠서 일시에 여진족의 부락을 공격하는 방식을 택했다.
❶ 4월 10일 강계에서 출군
❷ 4월 19일 각 부락을 일제공격

김원철 조선군의 병력이 워낙 압도적이어서 여진족이 저항을 포기했기 때문이죠. 사상자가 적게 나온 것 역시 여진족이 저항을 포기하고 도주했기 때문입니다.

정명섭 그래도 몇 달 동안의 대토론과 1만5000명이나 동원한 대규모 원정치고는 빈약한 성과로 보입니다. 그나저나 주모자인 이만주는 어찌됐나요?

김원철 조선군의 공격을 받아 부상을 입고 동북쪽의 어시랑굴於時郞窟이라는 곳으로 도주했습니다. 그가 도망친 어시랑굴의 정확한 위치는 알려지지 않았는데요. 혜산진 북쪽의 사화산 일대로 추정됩니다.

정명섭 전과도 미약하고 주모자도 놓쳤다면 이번 원정은 실패라고 봐야 하나요?

김원철 원정을 결정한 세종대왕도 한두 번의 원정으로 여진족의 근거지를 뿌리 뽑을 것이라고는 생각하지 않았습니다. 여진족은 완전 유목민이 아니라 농사와 유목을 병행합니다. 따라서 집이 불타고 논밭이 망가지면 당장 생계가 곤란해집니다. 먹고살려고 국경을 넘어 약탈했는데 본거지가 몽땅 털렸으니 본전도 못 찾은 셈이죠. 사실 조선은 지형에 익숙하고 말과 활을 잘 다루는 여진족과 전투를 벌이면 적지 않은 피해를 입곤 했습니다. 여진족의 근거지를 보복공격하는 게 이번 정벌의 목적이었고, 소기의 목적은 달성했습니다. 세종대왕 역시 이번 정벌을 큰 성공으로 봤습니다. 안 그랬다면 지휘관인 최윤덕 장군이 무신으로는 드물게 병조판서를 거쳐 좌의정과 우의정까지 역임할 수 없었겠죠.

정명섭 어쨌든 조선은 이제 한숨을 돌리게 됐군요.

김원철 저도 그랬으면 좋겠습니다. 승전 보고를 받은 세종대왕이 성과에 만족하지 않고 국경의 수비를 강화하라는 지시를 내립니다.

정명섭 아, 그런데 명나라가 조선에 포로로 잡은 여진족을 돌려보내라고 하는군요. 언제는 괜찮다고 했다가 이게 뭔가요?

김원철 아무래도 여진족에 대한 조선의 영향력이 커지는 걸 막으려는 것 같습니다.

정명섭 그래도 그렇지 자기네가 무슨 심판인가요? 아무 때나 휘슬을 부는군요. 아, 도망쳤던 이만주도 부하를 보내서 포로들을 돌려달라는 요청을 하는군요. 얄미울 정도로 타이밍을 잘 잡습니다. 결국 조선은 여진족 포로들을 송환하는 것으로 마무리합니다. 그럼 이걸로 여진족과의 분쟁은 마무리된 건가요?

김원철 글쎄요. 조금 더 지켜봐야 할 것 같습니다.

정명섭 일이 대략 마무리된 10월 29일, 함길도 관찰사 조말생의 보고서가 새로운 파장을 불러일으킵니다.

김원철 조선에 비교적 우호적이었던 알타리족의 추장 퉁밍거티무르童猛哥帖木兒와 그 아들 퉁관투童管頭가 양무타우楊木答兀가 이끄는 우디거족의 공격을 받고 살해당했다는 내용입니다. 여진족에 잡혀 있는 명나라 포로들을 송환받으려는 관리 배준에게 퉁밍거티무르가 협력하자 이에 앙심을 품고 저지른 짓이죠. 큰 타격을 입은 알타리족은 근거지였던 알목하를 버리고 경원 방면으로 이주합니다.

정명섭 우호적이던 부족이 적대적인 부족의 공격으로 몰락했으니 조선이 적지 않은 위기감을 느끼겠는데요.

김원철 보고를 접한 세종은 이 지역에 다른 여진족이 자리잡기 전에 먼저 선점하자는 의견을 제시합니다. 즉 영북진寧北鎭을 알목하로 옮기고 경원부慶源府를 소다로蘇多老로 옮겨서 영토에 편입시키자고 한 거죠.

정명섭 위기를 기회로 삼은 거네요. 일부 대신들은 이번에도 신중하자는 의견을 제시하는군요.

김원철 영토를 넓히는 문제는 생각보다 어렵습니다. 점령한 땅을 지키려면 성을 쌓고 수비 병력을 배치해야 하는데 막대한 비용과 인명이 소모되기 때문에 국고에 적지 않은 부담이 되지요.

정명섭 하지만 대체적으로는 세종대왕의 뜻에 동조하는군요. 1차 파저강 정벌
로 자신감을 얻은 모양이네요. 하지만 여진족의 반발도 만만치 않았을
텐데요?

김원철 맞습니다. 조선은 한숨 돌렸다고 생각했지만 착각이었죠. 평화는 짧았
습니다. 1차 파저강 정벌이 끝나고 2년 후인 1435년 1월 13일, 우랑카이
족 2700명이 여연군에 침입해 성을 포위했다가 물러납니다. 다음 해인
1436년 5월 23일에도 여진족 기병 500기가 여연과 조명간구자趙明干口子,
여연군 관할의 국경 요새를 공격해서 백성 14명과 말, 소를 끌고 가네요.

정명섭 지속적으로 조선과 충돌을 벌이는군요. 오히려 예전보다 규모가 더 커졌
네요.

김원철 이전에는 단순한 약탈이 목적이었다면 지금은 조선이 북쪽으로 진출하
는 것에 대한 저항의 성격을 띠고 있습니다. 당연히 더 격렬해지고 규모
도 커졌죠.

정명섭 이만주나 범찰 같은 추장들이 조선이 쳐들어와서 다 잡아갈 것이라는 식
의 선전을 하면서 이웃부족까지 끌어들이네요. 이렇게 되면 결국 1433년
의 파저강 정벌 효과가 사라지는 셈인데요. 아니나 다를까 여진족이 계속
쳐들어오는군요.

김원철 1436년 9월 26일 우디거 부족 3000명이 경원성慶源城을 포위했다가 물
러납니다. 다음 해인 1437년 5월 1일에는 우랑카이족 기병 300기가 조
명간구자에 침입했다가 만호萬戶, 조선시대 종사품 무관직 신귀에게 격퇴당합
니다.

정명섭 그 와중에 흥미로운 사건이 하나 터지는군요.

김원철 박귀생이라는 군인의 아내인 미구가 여진족에게 잡혀서 강을 건너던 중
에 배를 흔들어서 뒤집고 헤엄을 쳐서 빠져나왔네요. 같은 배에 탄 여진
족 두 명은 갑옷을 입은 채 활을 차고 있어서 그대로 빠져 죽었다고 합

니다. 정말 대단한 배짱입니다.

정명섭 세종대왕이 남자도 하기 어려운 일이라며 칭찬하고 쌀과 콩을 내려주는
군요. 하지만 파저강 정벌이 끝나고도 계속 여진족의 침입이 계속됩니
다. 이렇게 되면 다시 손을 봐줘야 하는 건가요? 세종대왕이 어떤 판단
을 내릴지 귀추가 주목됩니다.

❶ 원주형 투구

❷ 지포엄심갑

❸ ❹ ❺ 총통

❻ 세전

❼ 화약통

❖ **조선 초기 총통수**

조선 전기 군사제도의 핵심은 모든 양인이 16세부터 60세까지 병역의무를 이행해야 된다는 것이다. 이들은 실제로 군대에 입대하는 정군(正軍)과 정군을 경제적으로 보조해주는 봉족(奉足)으로 나뉜다. 이외에도 전직 관리와 노비 등으로 구성된 예비군인 잡색군(雜色軍)이 존재했다. 건국 초기의 조선군은 비교적 기병의 비율이 높은 오위진법을 바탕으로 한 전술을 구사했다. 기병은 창을 쓰는 창기병과 활을 사용하는 궁기병으로 구성되었다. 보병은 활을 쓰는 궁수, 방패로 무장한 팽배수, 창을 사용하는 창수, 총통을 발사하는 총통수, 장검으로 무장한 검수가 있었다.

휴대할 수 있는 소형 총통을 사용하는 총통수는 조선 초기의 오위진법에 의하면 방패를 휴대한 팽배수의 뒤에 자리잡고 원거리 사격을 담당했다. 위의 그림은 『조선왕조실록』과 『국조오례의』 등을 토대로 조선 초기 총통수의 모습을 복원한 것이다. 이 병사는 가벼운 종이갑옷을 입고 총통에 꽂은 나무막대를 쥐고 있으며 환도(군복에 차던 군도)는 휴대하지 않았다. 1422년 북방의 군인들에게 총통 쓰는 법을 익히게 하라는 기록이 있지만 두 차례의 파저강 야인정벌에 이런 형태의 총통수가 참전했는지에 대해서는 명확하지 않다.

❶ 조선 초기에 많이 사용되었던 챙이 없는 원주(圓冑)형 투구

흰색 베
종이
검은 무명

❷ 종이와 무명으로 만든 지포엄심갑(紙布掩心甲)은 조끼 형태의 갑옷으로 소금물에 담갔다 말린 종이를 여러 장 겹치고 무명으로 바깥을 마무리했다.

❸ 이총통(二銃筒)은 휴대할 수 있는 총통 중 가장 크다. 소전(小箭) 1개나 세장전(細長箭) 6개 또는 차세장전(次細長箭) 9개를 한 번에 넣고 동시에 발사하게 되어 있다.

❹ 삼총통(三銃筒)은 이총통보다 조금 작은 휴대용 총통이다.

❺ 사전총통(四箭銃筒)은 세전(細箭) 4개를 한꺼번에 넣고 쏠 수 있다.

❻ 세전은 대나무로 제작했으며 사전총통이나 팔전총통에 넣고 쓰는 발사체로 이총통에서 쓰는 세장전보다는 조금 작았지만 차세장전보다는 조금 컸다.

❼ 화약을 보관하는 화약통

❶ 비녀장

❷ ❸ 띠돈

❖ **조선 초기 보병**

그림에 나오는 보병은 쇠고리와 쇠미늘을 엮어서 만든 경번갑(鏡幡甲)을 착용하고 첨주형 투구를 썼다. 환도와 활로 무장한 조선 초기 보병의 환도 패용 방식을 살펴보자. 손잡이를 앞쪽으로 해서 허리띠에 꽂거나 손에 들고 다니는 드라마나 영화와는 달리 환도를 거꾸로 찼다. 이 방식은 도보 이동과 활을 쏘기에 편한 반면 빠른 시간에 환도를 뽑을 때에는 불편하다. 이런 문제를 해결하기 위해 조선군은 '띠돈매기'라는 환도 패용 방식을 사용했다. 칼집과 허리띠의 중간 고리인 띠돈은 회전이 가능하기 때문에 환도를 뽑을 때 앞쪽으로 돌릴 수 있다.

❶ 비녀장은 일종의 안전장치로써 환도가 칼자루에서 빠지지 않도록 하는 고정장치다. 환도를 뽑을 때는 이 비녀장을 눌러서 칼코등이(칼자루 윗부분에 두른 테) 윗부분의 구멍을 통과시켜야 한다.

❹ 원형 고리 형태인 띠돈은 칼자루에 두 줄의 끈목으로 연결한다. 이런 방식은 짧은 시간에 뒤로 돌려맨 환도를 앞으로 돌려서 쉽게 뽑을 수 있게 해준다.

❷ 띠돈은 칼자루와 연결된 두 줄의 끈목과 회전을 가능하게 하는 원형 고리 그리고 허리띠에 끼우는 버클 형태의 사각형 고리로 구성되어 있다.

❸ 허리띠에 끼운 띠돈의 안쪽 모습이다.

❺ 띠돈을 이용하지 않으면 고리매기라는 방식으로 휴대할 수도 있다.

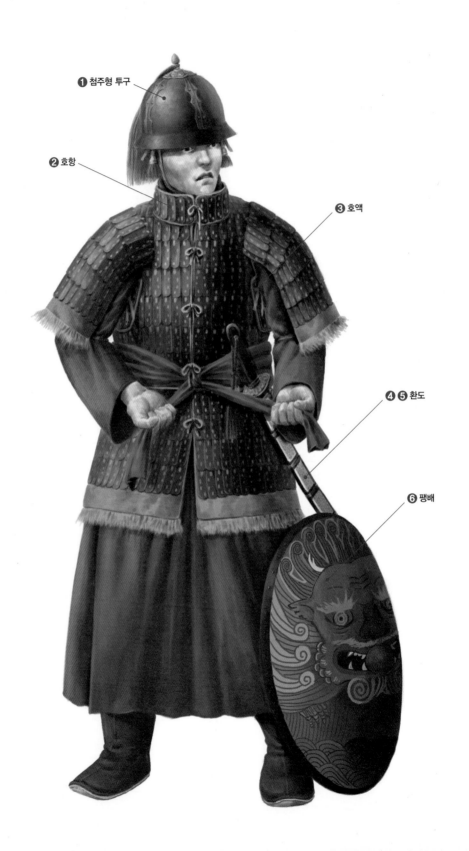

❶ 첨주형 투구

❷ 호항

❸ 호액

❹ ❺ 환도

❻ 팽배

❖ 조선 초기 팽배수

역시 『조선왕조실록』과 『국조오례의』를 참고로 그린 조선군 팽배수다. 원형 방패와 환도로 무장한 팽배수는 보병들 중 제일 전열에 서는 부대로 적의 공격을 방패로 막고 환도를 이용해 접근전을 펼쳤다. 이 팽배수는 첨주형 투구에 찰갑을 입었으며 괴수의 얼굴을 그려넣은 원형 방패와 환도를 휴대했다. 겨드랑이에는 호액을 착용하고, 목을 보호해주는 호항까지 완벽하게 착용했다. 이 병사의 경우 활을 휴대하지 않았기 때문에 환도의 패용 방식이 띠돈매기가 아니라 고리매기다.

❶ 챙이 있는 첨주(簷冑)형 투구   ❷ 목을 보호하는 보조갑주인 호항(護項)   ❸ 겨드랑이를 가리는 보조갑주인 호액(護腋)

❹ 『조선왕조실록』을 참고로 그린 환도

❺ 『국조오례의』를 참고로 그린 환도

❻ 화려한 그림이 그려진 팽배(彭排, 원형 방패)

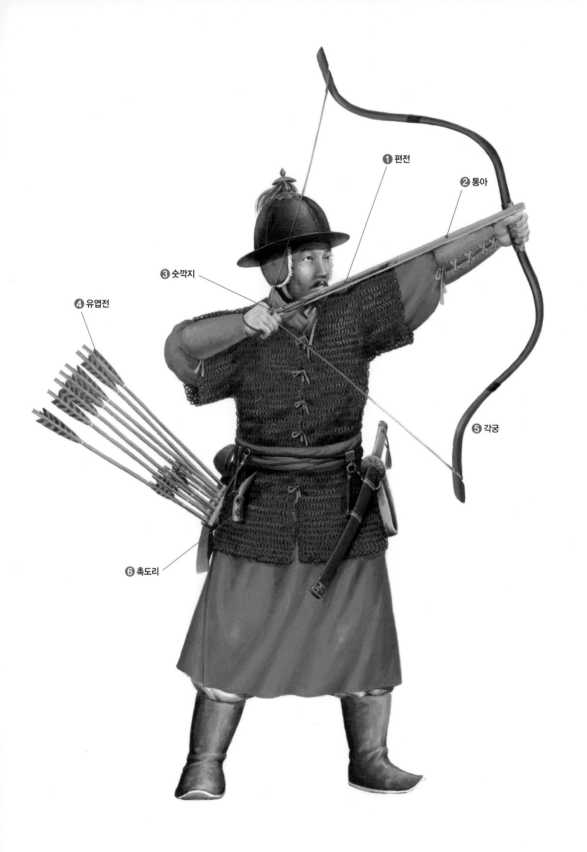

❶ 편전

❷ 통아

❸ 숫깍지

❹ 유엽전

❺ 각궁

❻ 촉도리

❖ 조선 초기 궁수

통아를 이용해 편전을 사격하려는 자세를 취하고 있는 궁수는 쇠고리를 엮어서 만든 쇄자갑(鎖子甲)을 입고 첨주형 투구를 썼다. 오른쪽 허리 뒤에는 편전과 유엽전을 넣어둔 시복(矢箙)을 차고 있다. 활동개라고도 불리는 시복 옆에는 휘어진 화살촉을 펴는 데 쓰는 촉도리가 보인다. 왼쪽 허리에 패용한 환도는 발사에 방해가 되지 않도록 띠돈으로 돌려맨 상태. 활은 조선군의 주요한 무기로 큰 비중을 차지했다. 하지만 드라마나 영화처럼 검지와 중지를 이용해 활시위를 당기는 모습은 대표적인 오류다. 그림의 궁수처럼 엄지와 검지를 이용해서 당겨야만 한다.

❶ 편전(片箭)은 일반 화살보다 크기가 작기 때문에 '애기살'이라고 불렸다. 크기가 작아서 통아가 있어야만 발사가 가능했고 발사절차가 복잡한 만큼 익히기 어려웠지만 작고 가볍기 때문에 멀리 날아갈 수 있다는 장점이 있다. 또한 작기 때문에 날아가는 모습이 보이지 않아서 피하기가 어려웠다. 조선은 이 편전의 발사방법이 여진족이나 왜구에게 알려지지 않도록 많은 노력을 기울였다.

❷ 통아(桶兒)는 절반으로 쪼갠 나무대롱으로 길이가 짧은 편전의 발사를 보조해주는 도구다. 통아 끝의 끈을 팔목에 감고 편전을 발사하는 방식으로 옆 그림 궁수의 오른쪽 팔목을 보면 통아에 연결된 끈이 감겨져 있다.

❸ 숫깍지는 활시위를 당길 때 오른쪽 엄지손가락에 끼우는 깍지의 한 종류로 툭 튀어나온 돌기가 있어서 여기에 활시위를 걸고 쐈다. 반지 형태로 생긴 깍지는 암깍지라고 부른다. 깍지 구멍은 손가락을 끼우기 편하게 타원형으로 만들었으며 '확'이라고 불렀다. 깍지는 활시위를 당기다가 손가락이 부상을 입는 것을 막고 활시위를 안정적으로 당길 수 있게 해주었다. 숫깍지는 돌기 때문에 다루기 불편하지만 시위를 강하게 당길 수 있다는 장점이 있다. 주로 물소뿔이나 쇠뿔, 사슴뿔로 제작되었다. 그림의 숫깍지는 2007년 동래성 해자에서 출토된 유물을 토대로 그렸다.

❹ 유엽전(柳葉箭)은 화살촉이 버드나무 잎사귀처럼 생겼다고 해서 붙여진 이름이다. 장전(長箭)이라고도 불렀다.

❺ 긴 사정거리와 정확도를 자랑하는 각궁(角弓)은 조총이 등장하기 전까지 조선군의 주력 무기였다.

❻ 촉도리는 휘어진 화살촉을 펼 때나 과녁에서 뽑을 때 썼다. 보통 짐승의 뼈나 멧돼지 어금니로 만들었다.

김원철 1436년 함길도 절제사 김종서金宗瑞 장군이 여진족을 토벌하자고 건의한
　　　것을 때가 아니라는 이유로 반려했습니다만 이제 생각이 바뀌었나 봅니
　　　다. 평안도 절제사 이천李蕆 장군에게 여진족을 토벌할 계책을 올리라는
　　　지시를 내리는군요.

정명섭 이천 장군은 어떤 분이신가요?

김원철 1376년생으로 충청도 병마절도사를 거쳐서 1419년 우군절제사로 대마
　　　도 정벌에 참가하죠. 앙부일구 같은 천문기구들을 만들고, 군선을 비롯
　　　한 무기의 개량작업을 하는 등 다재다능해서 세종대왕의 총애를 받은
　　　분이죠.

정명섭 이번에도 토론을 벌이나요?

김원철 아니요, 그런 과정 없이 6월 19일 비서실장 격인 도승지 신인손에게 좌
　　　찬성 신개의 집에 가서 구체적인 작전계획을 짜라고 하는 게 전부네요.

정명섭 '날치기'인가요?

김원철 조정이 국회가 아니니까 '날치기'는 아니지만 토론 과정을 건너뛰었네요.
　　　아마 한 번 성공했다는 자신감이 그런 과정들을 생략하게 만든 것 같습
　　　니다. 두 사람이 바친 12가지 계책에 스스로 추가한 4가지를 덧붙여서
　　　이천에게 보내는군요. 이천의 보고서를 받은 다음 날인 7월 18일에야 병
　　　조판서 황보인을 불러 여진족을 토벌하겠다고 알려줍니다.

정명섭 한 번 해봤으니까 혼자서도 잘할 수 있다고 믿는 건가요? 아무튼 토론이
　　　생략되니까 후딱후딱 진행되긴 하네요. 같은 날 작전 지침이 내려가는군
　　　요. 목표는 역시 이만주인가요?

김원철 맞습니다. 조선은 이만주가 여진족을 선동해서 국경을 어지럽히고 명나

라에 모함을 한다고 믿는 눈치입니다. 한마디로 조선판 '악의 축'이죠.

정명섭 1차 정벌에 비해서 정말 빨리 결정이 나는군요. 7월 25일 세종이 정벌군을 지휘할 평안도 절제사 이천에게 교서를 내리고, 9월 7일에는 이천이 이끄는 조선군이 압록강을 건넙니다. 드디어 제2차 파저강 야인정벌이 개시됩니다.

정명섭 전투 과정은 어떻게 진행될까요?

김원철 아마 1차 정벌과 비슷하게 진행되지 않을까 싶습니다. 이번에는 3군으로 나눈 덕분에 움직임이 한눈에 보이네요.

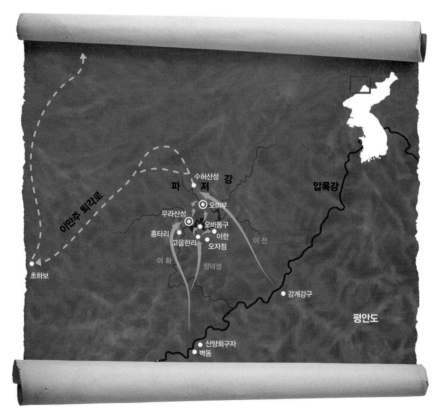

제2차 파저강 전투 진격로 제2차 파저강 야인정벌은 1차와 마찬가지로 조선군이 여러 갈래로 진격해서 여진족 부락을 토벌하는 형태였다. 9월 7일 압록강을 건넌 조선군은 9월 11일 여진족의 주요 부락을 일제히 공격했다.

정명섭 압록강을 건넌 조선군이 3군으로 나뉘어 진격합니다. 역시 이번에도 별다른 저항이 없군요. 9월 11일 좌군과 우군이 최초의 목표인 고음한리古音閑里로 진출합니다. 역시 예상한 대로 여진족은 저항을 포기하고 산으로 도망칩니다.

김원철 지난번 전투를 통해 정면대결하면 승산이 없다는 사실을 눈치챈 거죠.

정명섭 조선군은 이번에도 집과 창고를 불태우고 가축들을 약탈합니다. 산 위에서 지켜보던 여진족이 통곡을 합니다만 덤비지는 못합니다. 부락을 불태운 좌군은 홍타리紅拖里로, 우군은 아한阿閒 방면으로 진격합니다. 이천 장군이 지휘하는 중군은 어디쯤 있습니까?

김원철 좌우군이 고음한리를 공격한 날 오자점吾自岾에 도착합니다

정명섭 여기서는 여진족이 저항을 시도하는군요. 마을을 지키려는 여진족이 조선군에 활을 쏘자 조선군도 지지 않고 활과 총통으로 응사합니다. 여진족이 필사적으로 막습니다만 결국 조선군이 수적 우세를 앞세워서 마을을 점령합니다.

김원철 여진족이 저항을 시도하지만 역부족이네요.

정명섭 이천 장군의 중군은 여진족 35명을 사살하는 전과를 올립니다. 반면 조선군은 1명이 전사하는 피해를 입었군요. 승리한 조선군이 마을을 잿더미로 만들어버립니다. 이제 우군이 합류할 차례인가요?

김원철 맞습니다. 아한 일대를 수색해서 1명을 사살한 우군이 여진족의 집과 식량을 불태우고 12일에 중군과 합류합니다.

정명섭 승세를 탄 조선군은 13일 새벽에 중군과 우군이 당초 목표인 오미부吾彌府에 도착하지만 여진족은 이미 몸을 피한 상태입니다. 조선군이 빈 집을 불태우고 철수하는군요. 좌군 쪽도 전과를 올리고 있나요?

김원철 홍타리 일대를 수색 중인 좌군은 여진족 10명을 죽이고 9명을 생포합니다. 주변을 철저하게 소탕한 좌군이 소토리所土里에서 기다리고 있던 우

군과 합류합니다.

정명섭 아, 우군과 좌군이 합류해서 다소 혼란스러운 13일 밤에 여진족이 반격에 나섭니다. 야습을 시도하는 여진족! 하지만 조선군의 반격을 받고 힘없이 물러납니다. 다음 날 아침에는 좌군 진영으로 공격을 감행하지만 역시 화포 공격을 받고 퇴각합니다. 전과 다르게 쉽게 물러나지 않는군요.

김원철 아무래도 근거지를 잃을 수 있다는 절박함이 여진족을 싸우게 만드는 모양입니다.

정명섭 철수 과정에서도 여진족과 전투가 벌어지는군요. 여진족 기병 수십 명이 길을 막고 있다가 조선군에게 활을 쏘면서 공격합니다. 하지만 조선군이 이번에도 총통을 쏴서 물리칩니다.

김원철 9월 16일 좌우군이 대기 중인 중군과 합류해서 압록강을 건너오는 것으로 제2차 파저강 야인정벌이 마무리됩니다.

정명섭 이번에도 큰 승리는 없었네요.

김원철 다음의 표를 보면서 설명드리겠습니다.

제2차 파저강 정벌군의 편제와 지휘관

지휘관			병력(명)	공격 목표	전과(명)		아군 피해 (명)
군	직책	이름			사살	생포	
좌군	상호군	이 화	1,818	우라산 남쪽 홍타리	10	9	–
우군	대호군	정덕성	1,203	우라산 남쪽 아한	1	–	–
중군	평안도 절제사	이 천	4,772	오미부	35	5	전사 1
합 계			7,793		46	14	전사 1

정명섭 전과가 사살이 46명에 생포가 14명, 그리고 전사자가 1명 발생했군요. 동원병력이 1차의 절반 정도였다는 점을 감안해도 전과가 미약한데요.

김원철 사실 이 2차 정벌은 성과가 미흡하다는 평가가 지배적입니다. 거기다 이번에도 이만주를 놓쳐버렸죠.

정명섭 미꾸라지 같은 이만주 때문에 심기가 불편해진 세종대왕이 우의정 노한 盧閈에게 갑자기 화를 내는군요.

김원철 정벌군을 지휘한 이천에게 적의 농장 한두 곳을 불태우고 노약자와 명나라 사람들을 몰살했다고 비난한 것 때문에 그런 것 같습니다. 여연판관與判官 이종효에게 수백 명을 이끌고 공격시켜도 그것보다 더 많은 전과를 올렸을 것이라고 말한 게 화근이었습니다.

정명섭 인내심 강하기로 유명한 세종대왕도 이 얘기를 듣고 폭발해버렸군요.

김원철 내시 김충을 보내서 "네 생각대로 수백 명만 보내서 이 정도 성과를 거두었다면 내가 어찌 북방의 일로 골치를 앓겠느냐"라고 짜증을 냅니다.

정명섭 겁먹은 노한이 자신의 말은 이종효 단독으로 공격하는 것이 아니라 정벌군이 현지로 출동한 이후에 일부를 나눠서 공격을 했더라도 이만한 성과를 거뒀을 것이라는 의미였다고 해명합니다.

김원철 보고를 받은 세종대왕이 영의정 황희에게 정확히 어떤 발언을 했는지 캐묻습니다.

정명섭 '오해'라는 말인가요? 황희 정승께서 구원에 나서나요? 아, 노한의 발언은 이종효에게 단독으로 공격을 시킨다는 의미였다고 증언합니다.

김원철 분노한 세종대왕이 가차 없이 노한을 파면하는군요.

정명섭 이 와중에도 북방의 일을 걱정하는 세종대왕이 이천에게 특이한 명령을 내립니다. 사형수들 중에 두세 명을 뽑아서 사면을 조건으로 파저강의 여진족을 정탐시키라고 합니다. 영화에서나 볼 법한 얘기입니다. 실제로 사형수들로 구성된 특수 정찰대가 파견되나요?

김원철 세종대왕의 명령에 평안도 절제사 이천은 사형수들 중에 쓸 만한 자가 없고 풀이 무성하게 자라는 여름까지 기다리자고 보고하네요. 그리고 다음 해인 1438년 2월 23일에는 귀화한 여진족 야질대也叱大와 동산童山을 안내역으로 삼고 용맹한 사형수 두세 명을 붙여서 적진을 정탐시키겠다고 세종대왕에게 보고합니다.

정명섭 점점 흥미롭게 진행되네요. 쓸 만한 사형수를 고르라는 명령이 평안도 감사에게 떨어집니다. 실제로 선발되나요?

김원철 네, 탁사우, 김마웅거두, 이홍실, 김거차리 등을 추천합니다. 감옥에 갇혀 있던 화적들이죠.

정명섭 투항자와 사형수로 구성된 정찰부대라, 영화로 찍어도 될 법한 스토리네요. 실제로 정탐에 나서나요?

김원철 아쉽게도 그 부분에 대한 기록은 없군요. 평안도 감사가 추천한 죄수들 중 탁사우를 제외한 나머지 죄인들이 그해 12월 19일 참형에 처해집니다. 작전이 취소되고 처형이 집행되었는지 혹은 임무를 수행하고 돌아왔다가 다시 강도짓을 저질러서 처형되었는지는 알 수 없습니다.

정명섭 말씀 잘 들었습니다. 비록 눈에 띄는 큰 전과를 올리지 못했지만 두 차례의 파저강 야인정벌은 조선 초기 영토 확장에 중요한 계기가 되었습니다. 이것으로 조선 전쟁사의 첫번째 중계를 마무리하겠습니다. 다음 시간에는 조선의 운명을 위기로 몰아넣었던 임진왜란으로 찾아뵙겠습니다.

조선군과 여진족의 전투 위와 같은 접근전은 제1차 파저강 전투보다는 제2차 파저강 전투에서 벌어졌을 가능성이 높다. 여진족 기병의 기습공격에 조선군 팽배수들이 앞에서 공격을 막는 사이, 총통수와 궁수 들이 반격을 가하고 있다. 전투가 벌어진 장소 는 고구려의 첫번째 도읍인 졸본성이 있었던 곳으로 추정되는 오녀산 부근이다.

4군 6진 개척, 실패인가? 성공인가?

조선 초기의 주요한 군사적 활동으로 대마도 정벌과 파저강 야인정벌을 꼽을 수 있다. 대마도 정벌도 그렇지만 파저강 야인정벌 역시 군사적인 성과는 크지 않았다. 1만 명이 넘는 대규모 원정군을 두 차례나 파견했지만 골칫거리인 이만주를 제거하는 데 실패했고, 전과도 미미했다. 또한 두 차례의 정벌 이후에도 여진족의 침략은 끊이지 않았다. 하지만 이 시점부터 여진족의 투항과 귀화 역시 늘어났다. 대마도 정벌 이후 왜구의 침략이 줄어든 것처럼 조선군에 본거지를 공격당할 수 있다는 사실을 깨달은 일부 여진족이 저항을 포기한 탓이다. 특히 1433년과 1437년, 두 차례에 걸친 파저강 야인정벌은 비슷한 시기에 진행된 4군 6진의 설치와 더불어 두만강과 압록강을 국경선으로 확정짓는 데 중요한 계기가 되었다.

결국 세종대왕의 구상대로 강을 경계로 한 국경선이 완성된다. 이렇게 정해진 국경선이 지금까지 그대로 이어져왔다는 점은 세종대왕의 안목이 얼마나 뛰어났는지를 반증한다. 전투 자체의 성과는 미미했지만 그것이 가져온 파급 효과는 조선이 치른 그 어떤 전쟁보다 컸던 셈이다.

한편 두 차례나 용케 빠져나간 이만주는 이후로도 내내 조선을 괴롭히다가 세조 13년(1467년), 세조가 파견한 남이, 강순 장군이 이끄는 조선군에 붙잡혀 참살당한다.

피와 눈물

세종 21년(1439년) 2월 14일, 전라도 관찰사가 조정에 보고서 한 통을 올린다. 옥과현의 호장(戶長) 조두언이 함길도(현재의 함경도)로 이주하라는 명령을 받자 자살했다는 내용이다. 하지만 보고를 받은 조정에서는 죽은 조두언의 큰아들로 하여금 가족들을 이끌고 함길도로 떠나라고 명령한다.

세종 23년(1441년) 12월 17일에는 임지로 떠나는 경상도도사 권기에게 세종대왕이 다음과 같이 말한다.

> 함길도로 이주시킨 백성들이 수천 명에 불과한데 이를 두려워하여 스스로 손을 끊고, 혹은 자살하는 자까지 있으니, 내가 심히 걱정스럽다.

역사 교과서에서는 세종대왕의 업적 중 하나로 4군 6진의 개척을 꼽고 있다. 조선 초기의 북방 영토 개척은 미국의 서부 개척과 비슷하게 진행되었다. 성을 쌓고 관리와 이주민 들을 파견했다가 안정되면 다시 전진하는 방식이었다. 물론 서부 개척이 인디언의 반발을 불러온 것처럼 조선의 북진 역시 이미 그곳에 살던 여진족의 반발을 불러왔다.

더불어 잘 알려지지는 않았지만 남부지방에서 뽑힌 이주 대상자들을 개척된 지역으로 이주시키는 정책 역시 적지 않은 반발과 원망을 불러왔다. 특히 집과 농토를 버리고 떠나야 하는 농민들의 반발이 만만치 않았다. 물론 조정에서는 이주를 원하는 양반들에게 관직을 주거나 농민들에게 세금을 면제해주는 당근을 제시한다. 하지만 살던 집과 농토를 떠나야 하는 이주 대상자들은 도주나 자해를 하거나 심지어 자살까지 감행한다.

자기 가족과 집밖에 모르던 백성들은 영토 개척이라는 장대한 계획에 대해서 알리도 없고, 희생할 준비도 되어 있지 않았다. 한번 떠나면 언제 고향으로 돌아올지 모르는 북방으로의 이주는 당사자에게는 악몽이나 다름없었다. 고향을 떠나고 싶지 않았던 백성들의 반발과 저항은 무시되었고, 그들이 북쪽으로 가면서 흘린 피와 눈물은 이렇게 몇 줄의 글 속에서만 기억된다.

2
탄금대 전투

1592년 4월 13일 조선은 일본의 침략을 받는다. 오랜 평화에 빠져 있던 조선은 전쟁 초반 무기력하게 패배한다. 위기에 빠진 조정은 조선 최고의 장수인 신립에게 일본군의 북상을 막으라는 임무를 맡긴다. 신립 장군은 온 나라의 기대를 한 몸에 받으며 병사들을 이끌고 남하한다. 1592년 4월 27일, 조령을 넘어온 일본군의 앞을 신립 장군 휘하의 조선군이 막아선다.

조선군 지휘관: 삼도순변사 신립
참전 병력: 8000명(추정)

일본군 지휘관: 제1군 지휘관 고니시 유키나가
참전 병력: 15000명(추정)

임진왜란은 왜 일어났는가

임진왜란은 명나라와 조선, 일본이 참가해서 16세기 후반을 뒤흔든 동아시아 최대의 전쟁이었으며, 이들의 운명을 영원히 바꿔놓았다. 임진왜란의 원인에 대해서는 오래전부터 다각도의 분석과 고찰이 있었다. 후대의 학자들은 도요토미 히데요시豊臣秀吉가 제국을 건설하겠다는 개인적인 야심과 다이묘*들의 충성심을 얻는 데 필요한 영토를 얻기 위해, 혹은 더 이상 필요 없어진 군사력을 소모시킬 속셈으로 전쟁을 일으켰다고 믿어왔다. 또한 명나라와 조선의 폐쇄적인 무역정책을 해결하기 위한 방편으로 전쟁을 일으켰다는 주장도 정설처럼 받아들여졌다. 사실 도요토미 히데요시는 일본을 통일하기 이전부터 중국과 조선을 정벌하겠다고 공언했다. 1586년 3월 16일 그는 오사카성大阪城에서 루이스 프로이스 신부가 통역으로 배석한 가운데 포르투갈 선교사 가스파르 코엘류Gaspar Coelho에게 다음과 같이 말했다.

> 나는 이제 최고의 지위에 올랐기 때문에 내 이름을 후세에 남기는 일 이외에는 하고 싶지 않다. 우선 일본 국내를 진정시킨 후 남동생 히데나가에게 맡기고 나는 조선과 중국을 정복하는 데 힘을 쓸 계획이다. 그 준비를 위해 나무를 벌채하여 2000척의 배를 만들어 군대를 보낼 생각이다. 내가 당신들에게 원하는 것은 대포로 무장한 큰 범선 2척을 빌려달라는 것이다. 비용은 충분히 지불할 것이며 배에 탑승할 선원들에게도 급여를 지급하겠다.

놀라서 입을 다물지 못하는 선교사 일행에게 도요토미 히데요시는 당근

---

* 다이묘(大名)는 일본의 지방을 통치하던 영주들을 가리킨다. 초기에는 지방의 행정을 대리하던 유력자들이 중앙의 통제력이 약화되면서 자립한 것이다. 1467년 벌어진 '오닌의 난' 이후 다이묘 간의 충돌이 빈번해졌다. 이 시기를 '전국시대'라고 부르며 최종적으로는 도쿠가와 이에야스에 의해 통일되었다.

을 제시한다. "만약 이 일이 성사된다면 중국 각지에 성당을 세워 천주교를 널리 퍼트리도록 하겠다. 일본 역시 천주교를 믿게 하겠다." 그의 호언장담은 1591년 포르투갈령 동인도 제도 총독에게 중국을 정복하겠다는 편지를 보내는 것으로 절정에 달한다. 여기까지가 우리가 알고 있는 임진왜란의 발발 원인들이다. 하지만 이런 주장들은 지나치게 결과만 본 측면이 있다. 침략군의 선봉이 도요토미 히데요시의 최측근인 고니시 유키나가小西行長와 가토 기요마사加藤清正였고, 최대의 라이벌인 도쿠가와 이에야스德川家康가 조선으로 가지 않았다는 점은 석연치 않다. 임진왜란 후반의 강화 협상에서 무역 정상화를 조건으로 내걸었지만 명나라와 직접 교섭을 시도하지도 않고 전쟁부터 벌였다는 점 역시 앞뒤가 맞지 않는다. 그렇다면 임진왜란은 왜 일어났을까?

히데요시의 결정적 한계

1592년 일본이 조선을 침략한 것은 도요토미 히데요시 때문이다. 그는 1582년 6월 2일 밤, 아케치 미쓰히데明智光秀가 교토의 혼노지本能寺에 머물고 있던 주군 오다 노부나가織田信長를 습격해서 죽인 '혼노지의 변本能寺の變' 덕분에 정권을 잡을 수 있었다. 그 사건이 벌어질 당시 다카마쓰성高松城을 둘러싸고 모리 데루모토와 일진일퇴를 거듭하던 도요토미 히데요시는 소식을 듣자마자 서둘러 강화를 맺고 군대를 돌린다. 전광석화같이 움직인 그는 6월 13일 야마자키山崎 전투에서 아케치 미쓰히데를 격파한다. 그리고 그 여세를 몰아 27일 기요스성淸洲城에서 열린 중신회의 중에 오다 노부나가의 손자 산보시를 후계자로 내세우고 후견인을 자청하면서 주도권을 장악한다. 경쟁자들을 차례로 제거한 그는 마지막까지 저항하던 규슈九州의 시마즈 가문과 간토關東의 고호조 가문을 굴복시키면서 사실상 일본을 통일하는 데 성공한다. 전국시대 다이묘들이 꿈꾸는 해피엔딩을 맞이한 셈이다. 이제 미나모토 요리토모源賴朝나 아시카가 다카우지足利尊氏처럼 도요토미 막부*를 열고 천황을 대신해 일본을 통치하면 끝이었다. 하지만 그는 조선을 침략할 준비에 돌입한다.

만약 시바타 가쓰이에나 도쿠가와 이에야스 혹은 오다 노부나가의 자식들 중 한 명이 이 혼란을 수습하고 정권을 장악했다면 임진왜란은 일어나지 않았을 수도 있다. 도요토미 히데요시와 이들의 차이점이 임진왜란이라는 미증유의 대참사를 불러온 것이다. 그는 출신이 너무나 명백하게 미천했기 때문에 막부를 열지 못했다. 막부를 열기 위해서는 형식적이긴 하지만 일본 천황에게 쇼군將軍**으로 임명되어야만 했다.

하지만 쇼군에 임명되기 위해서는 '천황가와 혈연'이라는 조건이 필요했다. 가마쿠라 막부를 연 미나모토 가문은 세이와淸和 천황의 후예라는 자격을 내세웠고, 뒤를 이은 무로마치 막부의 아시카가 가문 역시 미나모토 가문과 혈연이라는 명목으로 쇼군직을 세습한다. 더 이상 에조 정벌을 하지 않았던 시대였지만 여전히 '쇼군'과 '막부'라는 명칭을 고집한 전통은 온갖 적들과 싸워서 이겼던 히데요시도 맞서 싸울 수 없는 상대였다. 그는 무로마치 막부의 마지막 계승자인 아시카가 요시아키의 양자가 되어서 이 문제를 해결하려고 했지만 실패로 돌아가고 만다.

그리고 결정적으로 이 모든 성과물을 물려줄 후계자가 없었다. 뒤늦게 요도기미淀君에게서 아들 쓰루마쓰鶴松를 얻었지만 태어난 지 3년 만인 1591년 8월 5일 세상을 떠나고 만다. 일평생이 전쟁이었던 그는 자신의 눈앞에 있는 게 평화가 아니라 폭발을 향해 부지런히 째깍거리는 시한폭탄일 뿐이라는 사실을 명백하게 깨달았다. 히데요시는 이 미심쩍은 평화를 베어버리기 위해 전쟁이라는 칼을 뽑아들었다. 히데요시가 호조 가를 제압한 직후부터 명나라를 치고 인도를 정복하겠다고 큰소리를 친 것은 헛된 공명심이 아니라 냉정한 계산 끝에 나온 얘기다. 다시 아이를 낳아서 장성할 때까지, 혹은 친척 중에서 고른 후계자가 자리를 잡을 때까지 다이묘들에게 열중할 수 있는 것을 먹잇감을 던져줘야만 했다. 그리고 그가 고른 먹잇감이 바로 조선이다.

1591년 1월 히데요시는 전국의 다이묘들에게 배의 건조와 선원의 차출을 지시하고 내년 봄까지 셋쓰攝津, 이즈미和泉 항에 입항시켜 놓으라고 명령한다. 1591년 10월에는 조선 침략의 전진기지가 될 나고야성의 건축이 시작된다. 그리고 전쟁 준비에 필요한 비용을 조달하기 위해 교토의 호코지方廣寺에 세우고 있던 대불전大佛殿의 공사를 중단시킨다.

일본이 이렇게 치밀하게 전쟁 준비를 하는 동안 자신이 희생양이 될 줄은 꿈에도 모르고 있던 조선은 오랜 평화가 준 꿈속에서 갈피를 잡지 못한다. 조선 초기 빈번했던 왜구의 침략은 세 차례에 걸쳐 단행된 대마도 정벌**•로 어느 정도 잠잠해진 상태였다.

일본에 사절로 다녀왔던 신숙주는 성종에게 일본과의 우호관계를 중시해야 한다는 유언을 남겼다. 그럼에도 불구하고 조선의 관심은 오직 명나라로만 향했다. 1590년 4월, 조선은 쓰시마 도주 소 요시토시宗義智의 간청과 협박에 못 이겨 일본으로 통신사를 파견한다. 서인에 속한 정사 황윤길은 도요토미 히데요시가 담력과 지략이 있어 보인다며 침략에 대비할 것을 주장한 반면, 동인에 속한 부사 김성일은 그럴 만한 위인이 못 되니 전쟁은 벌어지지 않을 것이라고 단언한다. 당파가 다른 두 사람의 의견이 이렇게 갈려지면서 조선의 전쟁 대비는 소홀해진다. 물론 아주 손을 놓고 있었던 것은 아니고 북방에 배치되어 있던 무장을 남쪽으로 내려보내고 성곽을 수리하는 등의 조치를 취

• 막부(幕府)는 원래 원정을 떠난 장군의 지휘부를 뜻한다. 하지만 일본에서는 천황을 대신해 실권을 장악한 무사가 쇼군(將軍)의 자리에 올라 막부를 통해 통치하는 체제를 의미한다. 일본에서 최초의 막부는 미나모토 요리토모가 세운 가마쿠라(鎌倉) 막부였고 뒤를 이은 것은 아시카가 다카우지의 무로마치(室町) 막부였다.

•• 정식명칭이 세이타이쇼군(征夷大將軍)인 이 직책은 원래 동북쪽의 에조(蝦夷)라는 이민족을 토벌하기 위한 임시 직책이었다. 하지만 세력을 확장한 무사 집단이 실권을 장악하고 장군직을 세습하면서 실질적인 일본의 통치자를 가리키는 용어로 변질되었다.

**• 첫번째 대마도 정벌은 고려 창왕 2년에 박위가 이끈 고려군의 원정이었다. 그 후 조선이 건국되고 5년 후인 1396년에 있었고, 마지막이자 가장 잘 알려진 1419년의 원정은 이종무 장군이 지휘했다.

한다. 하지만 심각하게 생각한 사람도 기껏해야 삼포왜란*이나 을묘왜변** 수준의 노략질 정도로 예측했다. 뱃길로 불과 하루 거리인 일본 열도에서 무슨 일이 벌어지는지 외면한 대가는 끔찍했다.

조선의 에이스

1592년 4월 13일 쓰시마對馬 섬의 이즈하라嚴原 항에서 출발한 대규모 선단이 부산에 접근한다. 가덕도의 봉수대에서 봉화가 오르고 절영도에서 사냥을 하던 부산진첨절제사釜山鎭僉節制使 정발 장군은 급히 부산진성으로 돌아와서 방어태세를 갖춘다.

절영도 앞바다에서 하룻밤을 머문 일본군은 다음 날인 14일 아침, 상륙을 개시한다. 길고 참혹한 7년 전쟁이 시작된 것이다. 정발 장군은 방어 준비에 최선을 다했지만 북문이 돌파당하고 성이 함락되었다. 정발 장군도 조총에 맞아 전사했다. 부산진성을 함락한 일본군은 잠깐 휴식을 취하고 15일 새벽, 두번째 목표물인 동래성으로 향한다. 부산진성이 함락되었다는 소식을 들은 동래부사東萊府使 송상현宋象賢이 방어 준비를 하는 가운데 남문 밖에 진을 구축한 일본군은 '싸운다면 싸우겠다. 그러나 싸우지 않으려면 길을 빌려달라戰則戰矣 不戰則假道'라고 적은 목판을 세운다. 이에 송상현은 '싸우다 죽는 것은 쉽지만 길을 빌려주기는 어렵다戰死易 假道難'라고 답한다. 답변을 본 일본군은 기다렸다는 듯 공격을 감행한다. 동래성의 조선군은 성벽에 두꺼운 나무방패를 세우는 등 조총에 대한 나름대로의 대응책을 준비한다. 하지만 일본군은

---

* 삼포왜란은 중종 5년(1510년)에 부산포와 내이포, 염포 등에 거주하고 있던 일본인이 조선 정부의 대우에 불만을 품고 일으킨 폭동이다.

**을묘왜변은 명종 10년(1555년)에 일본인이 전라남도 지역을 약탈하고 방화한 사건으로 이 일로 인해 조선 정부는 쓰시마에 세견선을 5척으로 제한했다.

일본군의 편제와 지휘관

육군				수군		
구 분	지휘관	병력(명)		구 분	지휘관	병력(명)
제1군	고니시 유키나가	18,700		제1함대	구키 요시타카	1,500
제2군	가토 기요마사	22,800		제2함대	도도 다카토라	2,000
제3군	구로다 나가마사	11,000		제3함대	와카자키 야스하루	1,500
제4군	모리 요시나리	14,000		제4함대	가토 요시아키	750
제5군	후쿠시마 마사노리	25,100		제5함대	도쿠이 미치토시, 구루지마 미치후사	700
제6군	고바야카와 다카가게	15,700		제6함대	간노히라 우에몬	250
제7군	모리 데루모토	30,000		제7함대	구와야마 시게카쓰	1,000
제8군	우키다 히데이에	10,000		제8함대	호리우치 우지요시	850
제9군	하시바 히데카쓰	11,500		제9함대	스기와카 덴자부로	650
합 계		158,800		합 계		9,200

임진왜란 당시 조선을 침공한 일본 육군의 경우 15만8700명과 15만8800명이라는 두 가지 숫자가 확인된다. 이는 후쿠시마 마사노리(福島正則)가 지휘한 제5군의 실제 병력수가 2만5100명임에도 전군의 숫자를 기록한 모리 가문의 문서상에는 2만5000명이라고 기록되어 있기 때문이다.
일본 수군의 경우도 포르투갈 선교사인 루이스 프로이스의 기록에는 9450명으로 나와 있지만 『천정기』를 보면 9200명이라는 숫자가 확인된다.

긴 장대에 허수아비를 달아 조선군의 시선을 혼란시키는 방법을 쓴다. 결국 동문이 뚫리면서 성안으로 일본군이 밀려든다. 성안의 백성들은 기왓장을 던지면서 저항하지만 함락을 막지 못했다. 동래부사 송상현은 의연하게 최후를 맞는다. 같은 날 다대포多大浦도 함락되고 다대포 첨사僉使 윤흥신 장군도 전사한다. 두 성을 함락한 고니시 유키나가의 제1군은 양산을 거쳐 밀양으로 진격하고, 뒤를 따라 가토 기요마사의 제2군과 구로다 나가마사黑田長政가 이끄는 제3군이 속속 상륙한다.

한편 4월 17일 경상좌수사慶尙左水使 박홍의 장계를 받고 일본이 침략했다는 사실을 안 조정은 같은 날, 일본군을 방어할 장수들을 파견하기로 결정한다. 이일李鎰 장군을 순변사巡邊使로 임명해서 상주로 파견하고, 그 외에도 죽령을 방어할 좌방어사로 성응길成應吉, 추풍령을 막을 우방어사로 조경趙儆을

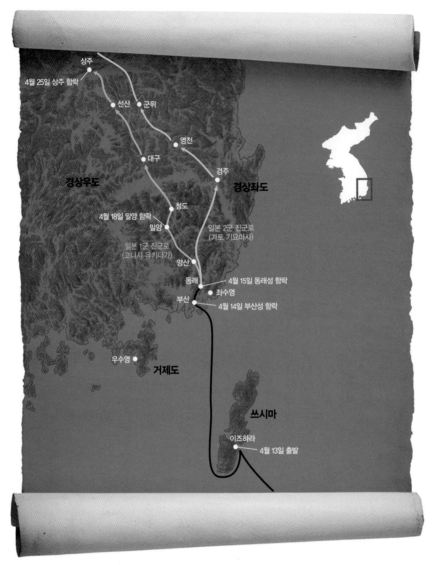

일본군 초기 진격로 4월 13일 쓰시마를 출발해서 다음 날인 14일 부산성을 함락한 일본군은 파죽지세로 진군하여 불과 2주도 지나지 않은 4월 25일, 상주까지 진출한다.

보내기로 한다. 또한 변기와 유극량을 조방장助防將, 지휘관을 보좌하는 장수으로 삼아 경상도로 보내기로 결정한다. 그것만으로는 부족하다고 느꼈는지 4월 20일에는 조선군 최고의 '에이스'라고 할 수 있는 신립申砬 장군을 삼도순변사三道

巡邊使로 임명한다. 선조는 신립이 출정할 때 보검을 하사하면서 명령을 어기는 자는 누구든 참수해도 좋다고 말한다. 백성들도 상점의 문을 닫고 신립을 배웅한다. 그만큼 그에게 거는 기대가 컸다는 것을 증명한다.

한편 거느리고 갈 병사가 없어서 3일을 기다리다가 출발한 이일 장군은 4월 23일 상주에 도착하지만 상주목사 김해가 도망치는 황당한 일이 벌어진다. 남아 있던 판관 권길이 주변 농민 800명을 모았지만 훈련도 제대로 받지 못한 오합지졸이었다. 일단 4월 25일 아침부터 상주 북천변에서 훈련을 시작하지만 척후를 세우지 않은 탓에 일본군의 접근을 눈치채지 못하고 만다. 일본군이 불시에 밀어닥치면서 조선군은 한 번에 쓸려나가고, 그 와중에 종사관從事官 윤섬, 박지 등이 전사하고 이일 장군만 겨우 탈출에 성공한다. 패장이 된 이일 장군은 조방장 변기가 지키는 조령으로 퇴각했다가 신립 장군이 충주에 도착했다는 소식을 듣고 그곳으로 향한다.

이일 장군이 대구에 집결한 병사들을 거느리고 일본군과 맞서는 사이 조령과 추풍령을 단단히 틀어막아서 일본군의 진격을 저지하고, 신립 장군이 반격을 한다는 당초의 전략이 무너지면서 조선은 이제 갈림길에 섰다. 신립 장군이 반격에 성공해서 일본군을 묶어두면 반격의 실마리를 찾을 수 있지만 만약 패배한다면 한양이 위험해졌다. 4월 26일에 충주에 도착한 신립 장군은 충주목사忠州牧使 이종장이 모집한 충청도 병력과 합류한다.

조선군 기병 vs 일본군 조총수

1583년 온성부사穩城府使였던 신립은 귀화한 여진인 니탕개尼湯介가 이끄는 여진족을 소수의 기병대를 이끌고 격파하면서 단숨에 스타로 떠오른다. 부산에 상륙한 일본군의 규모와 기세가 만만치 않다는 사실이 알려지면서 자연스럽게 한성부판윤漢城府判尹으로 재임 중이던 그에게 기대가 모아진다. 또한 예상치 못한 침략 때문에 고전하던 조선은 신립이라는 제대로 된 장수와 충주목사 이종장이 소집한 충청도 병력들을 활용할 수 있게 되었다. 하지만 어디서 싸울지를 놓고 신립 장군과 종사관 김여물, 충주목사 이종장 사이에 격론이 벌어진다. 김여물은 조령의 험한 지형을 의지해서 방어전을 펼치자고 주장했지만 신립은 들판에서 결전을 벌이자고 고집한다. 그러는 사이 고니시 유키나가가 이끄는 일본군은 상주 전투를 치른 다음 날인 26일 북상해서 하루 만에 문경에 도착한다.

양군 전력비교

구 분	조선군	일본군
지휘관	신립 (47세)	고니시 유키나가 (나이 불명)
직책	삼도순변사	제1군 지휘관
주요 경력	여진족 니탕개의 난 진압	상인 출신으로 보급 업무 담당, 규슈 토벌전 참가
목표	일본군의 진격 저지	조선의 도성인 한양 점령
휘하 병력(명)	8,000 (충청도에서 소집한 병력)	18,700 (규슈 지역에서 모집)

조령을 사이에 두고 대치하던 양쪽 군대 중에 먼저 움직인 쪽은 일본군이었다. 4월 27일 새벽 4시에 출발한 일본군은 급속 행군으로 조령을 통과한다. 이어서 10시간이 넘는 행군 끝에 4월 28일 오전에 안보역安保驛을 통과한다. 같은 날 아침 충주성을 나온 신립 장군은 전군을 이끌고 달천과 남한강이 만나는 곳에 배수의 진을 친다. 일본군은 정오경에 조선군이 진을 치고 있던 단월역丹月驛에 도착한다. 이미 달천변에 조선군이 진을 쳤다는 사실을 알고 있던 일본군은 바로 전투 준비에 들어간다. 고니시 유키나가가 7000명의 주력 부대와 함께 중앙을 맡고, 소 요시토시가 5000명을 이끌고 좌익, 마쓰우라 시게노부松浦鎭信가 3000명을 이끌고 우익을 담당한다. 후방은 아리마 하리노부有馬晴信가 책임졌다.

양국의 운명을 짊어진 두 지휘관은 극과 극의 삶을 살아왔다. 조선 최고의 명장으로 일컬어지는 신립 장군은 기병을 앞세운 과감한 돌파 전술이 장기였다. 또한 선조의 넷째 아들인 신성군信城君의 장인이기도 했다. 임진왜란이 벌어지기 바로 전인 1591년에 신성군이 임해군과 광해군을 제치고 세자로 책봉될 뻔했다는 점을 감안하면 비록 상대적으로 홀대받았던 무신이라고 해도 정치적인 입지 역시 탄탄했을 것으로 추정된다. 반면 상인 집안 출신이며 독실한 천주교 신자였던 고니시 유키나가는 주로 군수물자의 보급과 축성 등을 맡으며 도요토미 히데요시의 신임을 얻었다. 한편 조선군은 기병을 앞세웠고, 일본군은 철포, 즉 조총병을 비롯한 보병이 주력을 이뤘다. 신립은 일본군이 조총으로 무장했다는 사실을 알았지만 크게 신경 쓰지 않았다. 조총을 조심하라는 유성룡의 말에 '그게 쏜다고 다 맞겠느냐?'라고 반문한 것을 보면 조선이 보유한 승자총통 정도의 화력과 명중률을 예상했던 것 같다.

❶ 기병창

❷ 살동개

❸ 환도와 띠돈매기

❹ 각궁과 활동개

❖ **탄금대 전투 당시 조선군 기병**

탄금대 전투에서 일본군과 격돌했을 것으로 추정되는 조선군 기병이다. 조선 초기부터 사용했던 첨주형 투구에 찰갑을 착용했다. 다만 탄금대 전투 당시 조선군 기병이 창을 사용했는지는 확실하지 않다. 조선 기병의 주력 무기는 활이었다. 물소의 뿔과 힘줄을 이용해서 만든 각궁은 크기가 작아서 말 위에서 사용하기에 적합했다. 화살은 보통 유엽전이라고 부르는 통상적인 길이의 화살을 사용했지만 통아라는 나무대롱을 이용해서 편전이라는 작은 화살을 쏘기도 했다.(41쪽 참조)

❶ 기병이 들고 있는 창은 2007년 동래성 해자에서 출토된 유물을 토대로 그린 것이다. 삼각형 창날에 창날 아래에는 피가 튀는 것과 깊이 들어가는 것을 막기 위한 둥근 석반(錫盤)이 부착되어 있다.

❷ 화살을 넣는 살동개는 화살촉이 버드나무 잎사귀 모양인 일반적인 크기의 유엽전과 '애기살'이라고도 불리는 작은 크기의 화살인 편전을 각각 다른 곳에 보관하게 만들어졌다. 편전을 끼워서 쏘는 나무대롱인 통아도 편전과 함께 넣어두었다. 환도처럼 띠돈을 이용해 허리에 찼다. 보통 활은 왼쪽 허리 아래 오도록 차고, 화살은 오른쪽으로 기울어지게 해서 등 가운데 찼다. 살동개와 활동개를 끈으로 연결한 것을 동개(筒介)라고 불렀다.

❸ 환도는 창이나 각궁에 비해 사용 빈도가 적었다. 말을 타기 편하도록 띠돈을 이용해 돌려맸다.

❹ 각궁(角弓)은 물소의 뿔과 힘줄을 비롯한 여러 가지 재료들로 만든 복합 합성궁으로 조선군의 주력 무기였다. 각궁이 넣어진 활동개는 주로 검은 가죽으로 만들었으며 왼쪽 허리 아래에 찼다.

❶ 히나와

❷ 구치구스리이레

❸❹❺❻

❖ 탄금대 전투 당시의 일본군 뎃포 아시가루

진가사(陣笠, 삿갓 모양의 머리 보호구)를 쓰고 도마루(胴丸, 몸통을 보호하는 갑옷)를 착용한 뎃포 아시가루(鐵砲足輕, 조총을 다루는 일반 병사)가 발사 절차를 모두 마치고 히나와(火繩, 도화선)의 불을 돋우기 위해 입으로 힘껏 바람을 부는 중이다. 오른손에 총신과 함께 움켜쥐고 있는 막대기는 총구로 밀어넣은 탄환과 화약을 쑤실 때 쓰는 가루카(かるか)다. 보통은 나무로 제작되었으며 잘 부러지기 때문에 여러 개를 휴대했다고 한다.

❶ 히나와는 총을 발사하기 위한 도화선으로 염초에 담갔다 사용해서 불을 붙였을 때 타들어가는 시간을 최대한 길게 했다. 보통은 오른쪽 팔목에 감아서 사용했다.

❷ 구치구스리이레(口藥入れ)는 발화용 화약을 담는 작은 통이다.

❸ 도란(胴乱)은 화약이나 탄환 등을 보관하는 작은 가방으로 허리에 차거나 끈으로 어깨에 매고 다녔다. 도란 안에는 가야쿠이레, 하야고, 다마이레 등을 보관했다.

❹ 가야쿠이레(火藥入れ)는 화약을 담는 통으로 나무나 대나무, 혹은 소의 뿔로 만들었다. 이 뎃포 아시가루는 소뿔로 만든 가야쿠이레를 소지했다. 보통 뚜껑이 1회 발사분을 측정할 수 있는 계량컵 역할을 했다.

❺ 하야고(무슘)는 1회분의 화약과 탄환을 미리 넣어두는 일종의 카트리지로 종이나 대나무로 만들었다. 전장식 화승총의 발사 간격을 줄이기 위해 고안된 것으로, 유럽에서는 나무나 주석 깡통 안에 1회분의 화약과 탄환을 미리 넣어서 발사 간격을 줄였다.

❻ 다마이레(玉入れ)는 탄환을 넣어두는 통으로 총구에 한 발씩 장전하기 쉽게 주둥이가 새의 부리처럼 되어 있다. 주로 가죽이나 나무로 제작되었다.

정명섭 안녕하십니까? 조선전쟁 생중계의 두번째 시간이 돌아왔습니다. 도움
말씀을 주실 신효승씨와 함께하고 있습니다. 조선의 기병과 일본의 조총
병이 벌이는 한판 승부가 곧 펼쳐질 텐데요. 조선군이 어떤 전술을 들고
나올 것 같습니까?

신효승 일단 조선군은 지휘관인 신립의 의도대로 기병을 앞세워서 공격적으로
나올 것 같습니다. 기병을 이용한 공격법은 '창을 들고 적진에 뛰어드는
방법'과 '거리를 유지하며 활을 쏴서 피해를 입히는 방식'이 있습니다. 조
선에서는 전자를 '치돌馳突', 후자를 '치사馳射'라고 부릅니다. 조선군은
장기라고 할 수 있는 활의 긴 사정거리와 말의 기동력을 더한 '치고 빠
지기' 전술을 쓸 가능성이 높은데요. 이 방식은 주로 북방 유목민이 쓰
는 것으로 기동력이 약한 보병에게 특히 효과가 있죠. 문제는 탄금대 주
변의 지형인데요. 보시다시피 달천 일대는 집과 농경지가 많아서 기병이
움직이기가 좋은 곳이 아닙니다. 그리고 배수진을 친 상태 아닙니까? 이
건 배후를 공격당할 염려가 없고, 군대로 하여금 필사의 각오로 싸우게
하는 효과를 가져올 수 있지만, 퇴각할 경우 조직적인 철수가 불가능하
다는 단점을 가지고 있습니다.

정명섭 글자 그대로 '배수의 진'이군요. 반면 일본군은 지금까지 잘 싸웠지만 최
대의 고비를 맞은 셈이죠?

신효승 그렇습니다. 조선의 예상을 뛰어넘는 대규모 군대를 동원해서 경상도 일
대를 휩쓸었지만 탄금대에 진을 친 조선군은 지금까지 싸워온 조선군과
는 차원이 다르죠. 거기다 신립 장군은 조선이 자신 있게 내놓은 에이스
아닙니까! 일본의 약점은 아무래도 기병이 부족하다는 점이죠. 더군다

나 10시간 가까운 행군으로 지친 상태이기도 하고요. 반면 조총이라는 신무기가 있고 실전 경험, 특히 백병전에 익숙하다는 점이 큰 장점이죠.

정명섭 어쨌든 조선군이 공격적으로 나설 것이 예상되고 있는 이상, 일본군이 어떻게 효과적으로 대응하느냐가 승패를 결정짓게 되겠군요. 말씀드리는 순간 일본군의 접근을 눈치챈 신립 장군이 기병들에게 공격 명령을 내립니다. 조선군 기병들이 전진합니다!

신효승 예상대로 길이 좁고 논밭이 많아서 말을 달리기가 불편해 보이는군요.

정명섭 조선군 기병들이 머뭇거리는 틈을 타서 일본군이 먼저 움직입니다. 조선군의 좌측으로 치고 들어오는 일본군! 우측에서도 일본군의 공격이 거셉니다. 아, 이거 생각보다 일방적인데요.

신효승 아무래도 경험이 풍부한 일본군이 승세를 타는 것 같습니다.

정명섭 공격을 받은 조선군 전열이 무너집니다. 아, 밀리던 조선군 기병이 반격을 시도합니다. 치고 나오는 기병들이 일본군 전열에 접근합니다. 그대로 충돌하지만 일본군이 큰 칼로 반격을 합니다. 저게 무슨 칼인가요?

신효승 '노다치野太刀'라고 부르는 큰 칼입니다. 말의 목을 벨 수 있다고 해서 '참마도斬馬刀'라고도 불리죠.

정명섭 조선군이 어떻게든 반격하려고 합니다만 수도 적고, 조총과 대도로 반격하는 일본군에게 밀려나고 맙니다. 그 와중에 신립 장군이 어떻게든 병사들을 규합해서 반격하려고 합니다만 중과부적이군요.

신효승 다시 중앙에서 공격을 시도하려는 조선군. 기습적으로 치고 나옵니다.

정명섭 시도는 좋았습니다만 아쉽게도 조총의 집중사격에 무너집니다. 근거리까지 접근하는 데는 성공하지만 그게 끝이군요. 조선군 중앙의 본진이 무너집니다. 병사들이 달천으로 뛰어들지만 헤엄을 못 치는지 그대로 가라앉는군요. 손쓸 틈도 없이 그대로 무너지는 조선군입니다.

신효승 역시 경험이 풍부한 일본군의 진영을 뚫는 데 실패하고 말았군요.

정명섭 양군 전력을 봤을 때, 조선군이 이기기는 어렵지 않을까 생각하긴 했는데 이 정도로 무너질 줄은 몰랐습니다. 아, 신립 장군도 충격을 받았는지 달천으로 뛰어드는군요. 종사관 김여물도 뒤를 따라서 물속으로 뛰어들고 맙니다. 결국 조선군이 처참하게 패배하는 것으로 탄금대 전투가 막을 내립니다. 반격 한번 제대로 못 하고 밀렸네요. 원인이 뭘까요?

신효승 일단 조선군의 전술이 먹히지 않은 것이 가장 큰 패인이었습니다. 앞서 설명한 조선군의 기병 전술은 창을 들고 돌파하는 방법보다는 활을 이용해서 치고 빠지는 방식입니다. 같은 해 7월 18일과 19일에 벌어진 한극함이 이끄는 조선군 기병이 해정창海汀倉, 오늘날 함경남도 성진 부근에 있는 미곡 창고로 추정 전투에서 가토 기요마사의 일본군에 사용한 전술을 보면

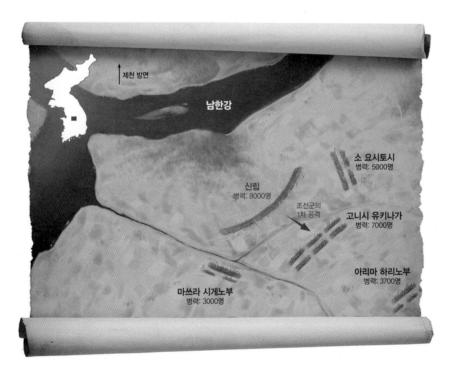

탄금대 전투 지도 중군과 좌우군으로 나눈 일본군의 맹렬한 공격에 배수진을 친 조선군이 전멸당한다. 신립 장군은 반격을 위해 최선을 다했지만 결국 패배하고 말았다.

조선군의 기병 전술을 유추해볼 수 있습니다.

정명섭 어떤 방식인가요?

신효승 『연려실기술』을 비롯한 조선 측 기록에는 '땅이 넓고 평평해서 조선군이 좌우에서 번갈아 말을 타고 달려나와 화살을 쏘았다'라고 묘사되어 있습니다. 탄금대 전투에서도 이런 방법으로 공격을 시도했지만 실패로 돌아간 것이죠.

정명섭 조총 때문인가요?

신효승 그것도 그렇고, 일단 치고 빠지는 식의 전술에 지형이 적합하지 않았던 것으로 보입니다. 공간이 부족했던 거죠.

정명섭 그나저나 전투 과정에 관한 얘기가 좀 짧습니다. 다른 기록은 없습니까?

신효승 지금까지 알려진 4월 28일 탄금대 전투의 진행 상황은 대략 세 가지로 나눠집니다. 조선군의 초반 반격이 성공적이었지만 수적 열세로 말미암아 어쩔 수 없이 패배했다는 설. 그리고 일본군이 거짓으로 패하면서 조선군을 조총의 사정거리 안으로 유인해서 공격했다는 설. 그리고 마지막으로 일본군이 선제공격을 감행해서 조선군을 패퇴시켰다는 설이죠.

> ◆ **첫번째 설** 조선군이 반격 끝에 패배했다는 설은 임진전란사 간행위원회에서 펴낸 『임진전란사(壬辰戰亂史)』나 국방부 전사편찬위원회에서 발간한 『임진왜란사(壬辰倭亂史)』를 비롯한 임진왜란 관련 서적과 논문 들에서 많이 볼 수 있다. 이 기록들은 신립 장군이 기병을 앞세워 몇 차례나 공격해서 적을 퇴각시켰지만 중과부적으로 패배했다고 서술한다. 하지만 당대 조선 측 기록인 『조선왕조실록』이나 『난중잡록(亂中雜錄, 의병장 조경남이 쓴 일기 형식의 기록)』은 물론 일본 측 기록인 『회본태합기(繪本太閤記, 임진왜란과 도요토미 히데요시의 일대기를 다룬 일본의 근대소설)』에도 이와 같이 전투가 진행되었다는 흔적은 보이지 않는다. 1967년 발간된 『임진전란사』에서도 어떤 기록을 가지고 이런 이야기를 했는지 출처를 밝히지 않았다.

정명섭 이번 중계는 그중 세번째 설대로 진행되었는데요. 그럴 만한 이유가 있나요?

신효승 우선 첫번째는 당대 기록에 나와 있지 않아서 배제했습니다. 두번째는 루이스 프로이스 신부의 기록을 토대로 한 것인데 현장에 없었다는 약점 외에도 조선군을 8만 명이라고 기록하는 등 부풀리기가 심해서 그대로 믿기가 어렵죠. 마지막 설은 현장에 있던 두 사람의 증언을 토대로 한 것이라 가장 신빙성이 높습니다.

정명섭 두 명이라면 누군가요?

신효승 조선군으로 이 전투에 참전했던 양재도찰방良才道察訪 신흠申欽과 일본의 종군승從軍僧인 덴케이天荊입니다. 차례대로 살펴볼까요?

> 신립이 군사들을 지휘하여 차례로 진격시켰으나 마을길이 비좁은데다 논밭이 많아 말을 치달리기에 불편하여 머뭇거릴 즈음에, 적이 우리 군사의 좌측으로 돌아나와 동쪽과 서쪽에서 끼고 공격해오는 바람에 우리 군대가 크게 어지러워지면서 적에게 난도질을 당한 결과, 시체가 산처럼 쌓였고 군자軍資와 군기軍器가 일시에 모두 결딴나고 말았다. 신립이 단신으로 말을 타고 강 언덕에 이르렀는데 적이 군대를 풀어 추격하자 물에 몸을 던져 죽었으며 김여물도 물속으로 투신하였다.
>
> ─ 신흠, 『상촌집(象村集)』

조선의 장군 신입석신립의 오기로 추정이 수만 명의 조선군을 이끌고 충주 북쪽의 송산이라는 곳에 진을 쳤다. 일본군 중 최초로 공격한 것은 고니시 유키나가의 사위인 소 요시토시가 이끄는 부대였다. 전투 끝에 조선군이 패배했으며 일본군은 3000개의 수급을 취했고, 수백 명을 사로잡았다.

– 덴케이, 『서정일기(西征日記)』

정명섭 이 기록들을 보면 조선군은 거의 아무것도 해보지 못하고 순식간에 패배했군요.

신효승 지휘관인 신립 장군은 자신의 무력함과 조선의 운명에 진저리를 치면서 강물 속으로 몸을 던졌을 겁니다. 어쩌면 지옥보다 더 지옥 같은 임진왜란의 서막을 열기에 적당한 최후였는지도 모르겠습니다. 가야 출신의 악공 우륵이 제자들과 함께 풍류를 즐기며 거문고를 연주했던 탄금대는 이날 인간들이 만들어낸 지옥으로 변해버렸죠.

정명섭 이렇게 해서 아쉽게도 탄금대 전투는 조선군의 패배로 끝이 나는군요. 이번 전투 결과를 좀 정리해주시겠습니까?

신효승 탄금대 전투는 기병 대 보병, 말 대 총의 대결이었고, 후자의 압승으로 끝났습니다. 신립 장군은 여러모로 불리한 상황에서 최선을 다했지만 병사들의 숙련도에서 너무 차이가 났습니다. 전략적인 측면에서도 아쉬운 점이 보였고요.

정명섭 종종 나오는 얘기입니다만 조령에서 막았다면 다른 결과가 나왔을까요?

신효승 글쎄요. 조령만큼 자주 이용하는 길은 아니지만 다른 우회로가 존재하는 상태에서 무작정 조령 방어만을 할 수는 없었겠죠. 그러다 소수의 병력이라도 우회해서 등 뒤로 나타났다면 오합지졸이었던 조선군은 순식간에 붕괴됐을 겁니다.

정명섭 일본군의 기세를 보면서 어렵지 않을까 하는 예상을 하긴 했는데 참으로 안타까운 결과가 나왔네요. 앞으로 전황은 어떻게 전망하십니까?

신효승 워낙 전력 차가 압도적이라 앞으로도 조선의 고전이 예상됩니다. 한양이 떨어지는 건 시간문제일 것 같네요.

정명섭 가토 기요마사가 이끄는 제2군도 충주에 도착하는군요. 하루 동안 전장을 정리한 일본군이 다음 날인 30일 다시 출발합니다. 남한강을 따라 진격하는 고니시의 제1군을 막는 조선군이 보이지 않습니다. 음성과 죽산을 거쳐 북상하는 가토의 제2군 역시 비슷한 상황입니다. 조선 조정에서는 신립 장군의 패전 소식을 듣고 어떤 반응을 보이고 있습니까?

신효승 한마디로 '패닉 상태'에 빠져버렸습니다. 보따리를 싼 선조가 30일 새벽에 살짝 한양을 빠져나갑니다.

정명섭 한양을 버리나요?

신효승 도원수都元帥 김명원이 한양 방어 임무를 맡았지만 역시 병력이 없어요. 예상대로 일본군을 보자마자 싸워보지도 않고 도망칩니다.

정명섭 오히려 일본군은 매복이 있을까봐 성안에 못 들어오는군요. 설마 도성을 싸움 한번 해보지 않고 포기했을 거라고는 상상도 하지 못했나 봅니다. 1592년 5월 3일 일본군이 동대문과 남대문을 통해 입성합니다. 부산에 상륙해서 한양까지 오는 데 얼마나 걸렸죠?

신효승 4월 14일 상륙했으니까 20일 정도 걸렸습니다. 부산에서 서울까지 거리가 400킬로미터가 넘는다는 점을 감안하면 하루에 20킬로미터 이상씩 도보로 이동한 셈이죠.

정명섭 전투가 아니라 국토 대장정을 했네요. 그런데 고니시의 표정이 어둡군요.

신효승 한양만 점령하면 이번 전쟁이 끝날 것이라는 예상이 빗나갔으니까요. 전국시대 일본에서는 다이묘가 있는 성을 함락시키면 전쟁이 끝났습니다. 그런데 조선의 다이묘인 선조가 싸워보지도 않고 도성에서 사라졌으니 황당했겠죠.

임진왜란 초기 일본군의 진격 상황

일자	일본 (1군 기준)	조선
4월 13일	일본 출발, 부산 앞바다 도착	부산진첨절제사 정발, 수비 준비
4월 14일	부산진성 공격, 함락	부산진첨절제사 정발 전사
4월 15일	동래성 공격, 함락	동래부사 송상현 전사
4월 17일	일본군 선두 부대 양산 진출	좌병사 이각, 저항을 포기하고 후퇴
4월 18일	일본군 주력 부대 밀양성 공격, 함락	밀양부사 박진, 성을 포기하고 후퇴
4월 19일		순변사 이일, 한양 출발
4월 20일		신립, 삼도순변사 임명
4월 23일		순변사 이일, 상주 도착, 방어군 편성
4월 24일	일본군 선두 부대 상주 진출	
4월 25일	상주 북천가에서 훈련 중인 조선군 기습	일본군의 기습으로 괴멸, 이일 도주
4월 26일	상주에서 북상, 문경을 거쳐 조령 진출	신립, 충주에서 충주목사 이종장과 합류
4월 28일	일본군 조령 통과 후 탄금대에서 조선군과 교전	신립, 탄금대에서 패전하고 전사
4월 29일	일본 제1군, 제2군과 충주에서 합류	탄금대 전투의 패전 소식이 조정에 전달
4월 30일		선조, 신하들과 함께 한양을 버리고 북상
5월 1일		선조, 개성 도착
5월 2일	가토 기요마사의 제2군 한강 접근	한양 방어선 붕괴, 도원수 김명원 도주
5월 3일	고니시 유키나가의 제1군, 한양 입성	선조, 한양 함락 소식을 듣고 개성을 떠나 북상

정명섭 이렇게 조선 최대의 비극이자 최악의 전쟁인 임진왜란의 전반부를 장식한 탄금대 전투가 막을 내렸습니다. 다음 이 시간에는 승전 소식을 전할 수 있기를 기대하면서 이번 중계를 마치도록 하겠습니다.

임진왜란 초기 조선군은 거듭 패배하면서 위기에 몰린다. 그리고 이렇게 허무하게 패배한 이유 중 하나로 조선군의 방어 전략이 진관鎭管체제에서 제승방략制勝方略체제로 전환했다는 것이 꼽히고 있다. 진관체제는 지방의 군, 현에 군사거점인 진鎭을 설치하는 것이다. 규모에 따라서 주진主鎭, 거진巨鎭, 제진諸鎭으로 나누고, 행정책임자가 군사지휘권까지 겸임하는 방식이다. 지금으로 치면 구청장이나 군수가 군대를 통솔한다는 뜻으로 행정권과 군통수권을 일원화한 것이다. 그리고 자전자수自戰自守, 즉 관할 구역을 직접 지키는 것을 원칙으로 한다.

한편 제승방략체제의 정확한 명칭은 '분군법分軍法'이다. 각 진의 병사들이 사전에 정해진 지역에 집결한 후 한양에서 파견된 장수의 지휘를 받는 방식이다. 임진왜란의 패배 원인을 다룬 서적들은 이렇게 모인 군대가 격파당해 후방 지역을 지킬 병사들이 없었기 때문에 순식간에 조선군이 패배한 것으로 설명한다. 하지만 임진왜란 같은 전면적인 침공에는 제승방략체제가 더 적합하다. 더군다나 진관체제 역시 외침外侵의 규모가 클 경우 가장 규모가 큰 주진의 통수권자가 각 진의 병력을 통합해서 운영하기에 임진왜란 같은 전쟁에서는 제승방략체제와 진관체제 사이에 큰 차이가 없게 된다.

진짜 문제는 제승방략체제로 전환할 수밖에 없게 된 당시 상황이었다. 사실 별다른 대가 없이 언제 죽을지 모르는 전쟁터로 끌려갈 수 있는 군역은 농민들에게는 피하고 싶은 일이었다. 이런 상황에서 등장한 편법이 바로 방군수포제放軍收布制와 대립제代立制였다. 방군수포제는 '포布', 즉 '베'를 국가에 납부하고 군역을 면제받는 것이다. 대립제는 돈으로 다른 사람에게 군역을 시키는 것을 말한다. 요즘으로 치면 국가에 세금을 내고 병역을 면제받거나 다른 사람에게 돈을 주고 대신 군 복무를 시킨 것이다. 하지만 시간이 지나면서 정상적으로 군역을 치르는 사람들보다 이렇게 편법을 쓰는 사람들이 점점 늘어났다. 결국 중종 36년인 1541년, 조정에서는 아예 나라에서 일괄적으로 세금을 걷어서 병사들을 고용하는 군적수포제軍籍收布制를 시행했다. 주로 땅을 잃고 떠돌던 농민이나 한양의 빈민층이 대상이 되었고 이로 인해 병사의 질이 점점 떨어졌다.

하지만 병사의 질보다 더 큰 문제는 병사로 징집할 만한 백성들이 점점 줄어들었다는 점이다. 인구가 줄었다는 의미보다는 군역을 담당하는 양인良人들이 줄었다는 표현이 더 적합하다. 당시 조선은 신분제 사회였고 군역을 담당하는 계층은 양인, 즉 농민이었다. 그런데 양반들의 토지 소유가 늘어나면서 농민들은 소작농이나 노비로 전락했다. 그밖에도 군역을 피하기 위한 온갖 편법들이 횡행하면서 징집 가능한 양인이 점차 감소했다. 지방의 경우 세금만 받고 병사를 고용하지 않는 경우가 빈번해지면서 장부의 수치와 실제 수치의 격차가 점점 벌어졌다.

임진왜란 초기 조선의 패배는 지나친 병력 집중이 아니라 군역 제도 자체의 붕괴와 허술함 때문이다. 제승방략체제이건 진관체제이건 기본적으로는 행정 구역별로 일단 병사들을 소집해야 한다. 제승방략체제는 이렇게 소집된 병력의 운용 방안이고 진관제는 지역별 방어 체제를 뜻한다. 둘 다 제대로 돌아갔다면 일본군의 침략을 막는 데 아무 문제없었을 것이다. 결국 문제는 늘 그렇듯 '시스템'이 아니라 '사람'인 법이다.

임진왜란 최대의 미스터리

평양으로 피란을 간 선조는 선전관 민종신에게 신립 장군이 왜 패배했는지 물었다. 민종신은 조령을 포기하고 탄금대에 진을 쳤기 때문이라고 대답한다. 전쟁이 끝난 후에 조선이나 명나라, 심지어는 일본도 신립 장군이 조령을 포기하고 탄금대에서 결전을 벌인 것을 앞다퉈 비판한다. 그렇다면 신립 장군은 왜 조령을 지키자는 부하들의 건의를 물리치고 탄금대에 진을 쳤을까? 신립 장군의 대답은 다음과 같았다.

저들은 보병이고, 멀리서부터 걸어왔으니 지쳤을 것이다. 또한 우리는 기병이 많으니 평야에서 결전을 펼쳐야 저들을 물리칠 수 있다. 그리고 우리 병사들이 모두 오합지졸인데 산속에 놓으면 도망칠 궁리만 할 것이다. 그러니 반드시 도망칠 수 없도록 강을 등지고 싸워야만 한다.

세상 모든 일이 그렇듯 성공하면 선견지명이나 치밀한 계산이 된다. 반면 실패하면 쓸데없는 고집과 자만심이 되는 법. 신립의 이런 대답은 출발 직전 일본군의 조총을 조심하라는 유성룡의 충고에, 그게 쏜다고 다 맞느냐고 답한 것과 더불어 그에 대한 비난의 주요 근거가 된다. 심지어 그에게 원령을 가진 혼령 때문에 조령을 포기했다는 전설까지 등장한다. 그렇다면 왜 그는 부하들의 건의를 물리치고 야전에서 결전을 벌이기로 결심했을까?

가장 잘 알려진 이야기는 기병전에 자신이 있던 신립 장군이 평야 지대를 고집했다는 것이다. 사실 일본군이 조총을 보유하고 있다고 해도 재장전 시간과 사거리를 생각하면 기병을 이용하는 것은 나쁜 선택이 아니었다. 따라서 기병을 활용해서 일본군을 물리치겠다는 신립 장군의 전략 자체는 비난의 대상이 될 수 없다.

신립 장군이 조령 방어를 포기한 가장 유력한 이유는 우회로의 존재였다. 경상도에서 한양으로 넘어오는 방법 중에는 조령이 가장 잘 알려져 있지만 추풍령과 죽령이라는 다른 우회로도 존재했다. 덧붙여 병사들의 훈련 상태가 부실한 것을 감안한다면 병력 통제가 힘든 산악 지형을 피하고 싶었을 것이다. 믿을 수 없는 부하들을 산속에 흩뿌려두면 도주할지도 모른다는 그의 판단은 임진왜란 동안 조선군이 보여준 모습을 떠올려 보면 과대망상으로 치부해버릴 수 없는 문제다.

③ 행주산성 전투

임진왜란 초반 맥없이 무너진 조선은 명나라에 급히 구원을 요청한다. 명나라는 조선이 일본의 손아귀에 떨어지는 것을 막기 위해 구원군을 파병한다. 한편 이순신 장군의 수군과 의병들의 맹활약으로 서서히 전세를 역전시킨 조선과 명나라 연합군은 일본군이 지키고 있던 평양성을 함락하면서 완전히 전세를 역전한다. 전라도 순찰사 권율 장군은 이에 발맞춰 한양을 공격하기 위해 병사들을 이끌고 한강 근교의 행주산성에 진을 친다.

조선군 지휘관: 전라도 순찰사 권율
참전 병력: 2300명~3000명

일본군 지휘관: 조선 원정군 총사령관 우키다 히데이에
참전 병력: 약 30000명

조선, 위기를 벗어나다

임진왜란의 초반은 일본의 일방적인 우세로 진행되었다. 일본군은 부산성을 함락한 지 20일 만에 한양을 점령하고 6월 15일에는 평양성마저 함락한다. 의주로 피란 간 선조는 명나라로 망명을 해야 할지 말아야 할지 고민에 빠진다. 설상가상으로 함경도에 근왕병勤王兵을 모집하러 보낸 왕자 임해군臨海君과 순화군順和君은 국경인鞠景仁이 이끄는 반란군에 사로잡혀서 일본군 장수 가토 기요마사에게 넘겨진다. 일본군이 파죽지세로 진격해오자 조정의 차별에 불만을 품고 있던 지역민들이 반란을 일으킨 것이다. *

게다가 전라감사全羅監司 이광이 이끌고 북상하던 5만 명의 조선군이 6월 6일 용인에서 와키자카 야스하루脇坂安治가 이끄는 소수의 일본군에게 격파당하고 만다. 전쟁은 당장 끝날 것처럼 보였다. 위기의 순간 조선의 반격은 남쪽 바다에서 시작되었다. 일본군이 한양을 점령하고 신나게 북상하고 있던 5월 7일, 조선 수군이 옥포와 합포에서 일본 수군을 격파한다. 다음 날인 5월 8일의 적진포 해전과 5월 29일의 사천 해전에서도 조선 수군은 승리를 거둔다. 일본 수군은 다음 달에도 당항포와 당포, 그리고 안골포에서 연거푸 패배했다.

잇따른 패전 소식을 전해들은 와키자카 야스하루는 휘하 수군을 집결시킨다. 7월 8일 일본 함대를 보자마자 꽁무니를 빼는 조선 수군을 본 와키자카 야스하루는 '그럼 그렇지' 하는 심정으로 뒤를 쫓았다. 하지만 50척의 조선 함대는 한산도 앞바다에서 환상적인 회두回頭, 뱃머리를 돌린다는 뜻와 함께 학익진鶴翼陣을 펴서 일본 수군을 포위한다. 앞선 해전에서는 일본 수군의 방심 탓이라는 변명이라도 통했지만 한산도 해전은 완벽한 실력 차이였다. 조선 수군의 학익진에 갇힌 일본 함대는 일방적으로 두들겨 맞고 전멸당한다. 이틀 후

---

* 임해군과 순화군은 퇴각하는 가토 기요마사와 함께 부산으로 끌려갔다. 이후 양측의 강화 협상이 진행 중이던 1593년 7월 22일 석방된다.

에 벌어진 안골포 해전까지 사흘 사이에 벌어진 두 차례의 해전에서 70척이 넘는 일본 전선戰船이 물속으로 사라졌다. 9월에는 일본 수군의 본거지라고 할 수 있는 부산 앞바다에 판옥선板屋船, 118쪽 참조과 거북선이 나타난다. 산속으로 도망친 일본 수군이 지켜보는 가운데 100척이 넘는 아다케부네安宅船, 115쪽 참조와 세키부네關船, 115쪽 참조가 격침된다. 이렇게 일본 수군이 남쪽 바다에서 학살당하는 사이 육지에서는 의병들이 벌떼처럼 일어난다. 도요토미 히데요시의 원대한 계획은 이순신 장군이 이끄는 조선 수군과 의병 덕분에 물거품이 되고 만다.

일본이 조선을 침략하면서 맞닥뜨린 가장 큰 의문은 바로 '의병'이었다. 일본에서 다이묘들끼리 전투를 벌이면 농민들은 제삼자였다. 극히 이례적으로 정토진종淨土眞宗이라는 불교 문파가 '잇코잇키一向一揆'라는 무장봉기를 벌이기는 했지만 농민들이 자발적으로 무장을 갖추고 저항하는 일은 없었다. 의병의 봉기는 일본군이 점령했다고 믿은 지역을 전쟁터로 만들었다. 조선 수군 때문에 해상 보급이 불가능해진 상황에서 육로를 통한 보급 역시 의병들 때문에 막힌 것이다. 일본군은 부족해진 식량을 채우기 위해 약탈을 벌였고, 결국 기만적인 점령 정책이 파탄 났다.

그사이 잠자코 지켜보던 명나라가 움직이기 시작한다. 방해어왜총병관防海禦倭總兵官 이여송李如松이 이끄는 4만3000명의 명군이 1592년 12월 25일 압록강을 건너온다. 선조에게는 더없이 반가웠을 구원군의 가세로 조선은 위기를 벗어난다. 물론 명나라는 조선이 점령당하면 일본의 직접적인 침략에 노출될 것을 우려해서 지원군을 파견하기로 결정한 것이다. 조선과 명나라 연합군은 해가 바뀐 1593년 1월 9일 마침내 평양성을 탈환하는 데 성공한다.

1592년 겨울 평양성 탈환에 나선 조선군

❶ 원형 방패를 든 보병은 조선 초기부터 사용했던 첨주형 투구와 찰갑을 입고 환도로 무장했다.

❷ 활을 든 궁수는 볏짚을 부츠 형태로 짠 방한용 짚신을 신었다. 화살을 쏘기 편하도록 소매가 없는 검은색 지포엄심갑을 착용하고 환도로 무장했다. 사극에서는 임진왜란 당시의 조선군을 별다른 보호 장비 없이 당파창(鐺鈀槍)만 가지고 있는 모습으로 묘사한다. 하지만 루이스 프로이스 신부의 기록에 의하면 조선군은 검정색 흉갑을 착용했다고 한다. 창과 활로 무장한 병사들도 보조무장으로 환도를 소지했다. 그림의 세 병사 모두 띠돈을 이용해서 환도를 패용했다.

❸ 두정갑(頭釘甲)을 입은 보병이 조선 중기부터 널리 사용된 것으로 알려진 간주형(幹柱形) 투구를 쓰고 창을 들고 있다. 이 병사가 들고 있는 창은 동래성 해자에서 출토된 유물을 근거로 그린 것이다. 창자루 끝에는 물미라고 부르는 뾰족한 쇠를 끼워서 땅에 꽂거나 고정시킬 때 사용했다. 두정갑은 비단으로 만든 옷감 안에 쇠판을 대고 못으로 고정시킨 갑주다. 다른 갑주에 비해 상대적으로 만들기가 편했고, 고치기도 쉬웠기 때문에 조선 중기에 널리 쓰였다.

전라도 점령 작전

1592년 6월 일본군이 한양을 함락하고 기세 좋게 북상하던 때, 고바야카와 다카카게小早川隆景가 이끄는 부대가 전라도를 점령하라는 임무를 가지고 남하한다. 전쟁 초기, 최대한 빨리 한양을 점령하기 위해 그냥 지나쳤던 전라도 지역을 점령하기 위해서였다. 충북 금산을 점령한 일본군은 그곳을 거점 삼아 전라도 일대를 공략할 계획이었다. 고바야카와는 안코쿠지 에케이安國寺惠瓊라는 승려 출신의 부하 장수에게 웅치熊峙를 거쳐 전라도로 진격하라고 명령하고는 본인은 이치梨峙로 향한다. 조선군 역시 둘로 나뉘어 방어전을 편다. 김제군수金堤郡守 정담을 비롯한 관군과 의병 연합군이 웅치를 지키고 광주목사 권율權慄 장군이 이끄는 관군이 이치를 수비한 것이다.

1592년 7월 7일 안코쿠지 에케이가 이끄는 일본군이 웅치를 공격한다. 조선군은 험한 지형을 이용해 잘 버티지만 결국 전멸당하고 만다. 하지만 일본군역시 적지 않은 피해를 입고 최종 목표인 전주성을 포위하지만 함락하는 데는 실패한다. 웅치 전투가 벌어진 다음 날인 7월 8일 이치에서도 전투가 벌어진다. 몇 차례 위기가 있었지만 조선군은 끝끝내 이치를 사수하는 데 성공한다. 일본군은 충청도 방면에서 진격하는 전략이 실패로 돌아가자 부산 방면에서 공격하는 것으로 계획을 변경한다. 조선 측이 철수하는 것으로 오해할 정도로 병력과 물자를 집중시킨 일본은, 10월 4일 진주목사 김시민金時敏이 이끄는 조선군이 방어 준비를 갖춘 채 기다리고 있던 진주성을 포위한다.

다음 날부터 치열한 전투가 벌어진다. 몇 차례 위기를 잘 넘긴 조선군은 결국 10월 5일부터 10일까지 벌어진 전투에 이겨서 진주성을 사수한다. 일본은 이 전투에서 진주목사 김시민이 불리한 상황에서도 끝까지 싸우는 모습에 굉장히 깊은 인상을 받아서 그를 '모쿠소木曾'라고 불렀다. 모쿠소는 목사라는 직책을 일본식으로 발음한 것인데 에도 시대의 가부키에 자주 등장한다.

일본군의 전라도 공략 작전이 지지부진한 가운데 드디어 명군이 참전한

행주산성까지의 조선군과 일본군 이동로 수원의 독왕산성에 주둔해 있던 권율 장군은 명군과의 한양 탈환 작전을 위해 한양 서쪽의 행주산성으로 진군한다. 하지만 벽제관 전투로 명군이 퇴각하면서 일본군의 공세를 소수로 막아야 하는 상황에 몰린다.

❶ 명군과의 연합 작전을 위해 권율 장군이 행주산성에 입성
❷ 1593년 2월 12일, 일본군의 행주산성 공략

다. 1593년 1월 9일 평양성을 빼앗긴 일본군은 한양으로 후퇴한다. 일본군이 전쟁 초기의 조선군처럼 도망친 덕분에 평양성 함락 후 불과 11일 만인 1월 19일에 조선과 명나라 연합군이 개성에 무혈입성한다. 하지만 1월 27일 소수의 기병만 거느리고 남하하던 이여송 장군이 벽제관에서 고바야카와 다카카게가

이끄는 일본군의 매복에 걸리고 만다. 아슬아슬하게 위기를 벗어난 이여송은 겁을 먹었는지 아예 임진강 너머로 퇴각한다.

양 진영이 카운터펀치를 한 번씩 주고받은 가운데 갑자기 수원의 독왕산성禿旺山城에 있던 권율 장군 휘하의 조선군이 북상해서 한양 서쪽에 있는 행주산성幸州山城에 입성한다. 조선군의 참패로 끝난 용인 전투에서 부하들을 이끌고 질서 정연하게 퇴각했던 권율 장군은 사실 문관 출신이다. 1582년 과거에 급제한 그는 임진왜란 초기 조선군의 참패로 끝난 용인 전투에서 다른 부대가 와해될 때도 부하들을 잘 이끌고 퇴각했고 곧이어 벌어진 이치 전투에서 일본군을 물리쳐서 명성을 떨쳤다. 이때의 공으로 전라도 순찰사巡察使로 승진한 권율 장군이 병사들을 이끌고 북진해서 독왕산성에 들어갔다가 행주산성으로 이동한 것이다. 무모해 보이는 조선군의 이런 이동은 애초에 남하하는 명나라군과 합세해서 한양에 집결한 일본군을 포위 섬멸하자는 계획의 일환이었다. 하지만 벽제관 전투로 명군이 퇴각하면서 계획이 틀어진 것이다.

정명섭 임진왜란과 관련해서 도움 말씀을 주실 이노우에 히로미씨가 함께 자리
　　　해주셨습니다. 한국에서는 1592년에 일본이 조선을 침략한 전쟁을 '임
　　　진왜란'이라고 부릅니다. '임진년에 왜구들이 일으킨 난'이라는 뜻인데요.
　　　일본에서는 이 임진왜란을 어떻게 부르고 있습니까?

이노우에 히로미 1592년(분로쿠文禄 1년)*부터 1593년에 휴전할 때까지를 '분로쿠
　　　의 전쟁분로쿠노에키, 文禄の役'이라고 하고 1597년(게이초慶長 2년)*부터 다
　　　시 일어난 일을 '게이초의 전쟁게이초노에키, 慶長の役'이라고 합니다. 보통
　　　은 둘 다 합쳐서 '분로쿠·게이초의 전쟁文禄慶長の役'이라고 부릅니다.

정명섭 우리나라 역사 교과서에서는 임진왜란이 큰 비중을 차지하고 있는데요.
　　　일본에서는 어떤 전쟁이라고 가르치고 있습니까?

이노우에 히로미 '분로쿠·게이초의 전쟁'에 대해서 보통 일본사람들은 그런 사실이
　　　있었다는 것 정도만 알고 있어요. 요즘에는 조선이 전쟁터가 되어 많은
　　　피해를 받기 때문에 '조선 침략'이라고 불리기도 하는데요. 최근 역사
　　　교과서를 봐도 그런 영향이 보이고 있죠.

정명섭 그렇군요. 이제 임진왜란이 벌어지고 있는 현장으로 돌아가보도록 하겠
　　　습니다. 1593년 2월 12일 이른 아침, 도요토미 히데요시의 측근이자 부
　　　교奉行, 행정 및 재판 등을 담당하는 무사의 직명로서 전황을 파악하고 장수들
　　　을 감시하기 위해 건너왔던 이시다 미쓰나리石田三成, 마시타 나가모리增
　　　田長盛, 오타니 요시쓰구大谷吉繼까지 가세한 3만 명의 대군이 행주산성
　　　을 향해 진군합니다. 병력이 꽤 많은데요.

이노우에 히로미 한양에 집결한 부대가 거의 다 동원되었다고 보시면 될 것 같습
　　　니다. 지휘관들도 거의 대부분 참가했죠.

정명섭 일본군이 행주산성의 조선군을 눈엣 가시처럼 여기는 건 이해가 갑니다 만 이렇게 대군을 동원해서 공격할 필요가 있을까요?

이노우에 히로미 일본군 입장에서는 한양과 가까운 거리에 조선군이 거점을 유지 하게 놔둔다면 퇴각하든 한양을 지키든 부담이 될 것은 불 보듯 뻔했으 니까요.

정명섭 그렇군요. 양쪽 전력을 간단히 소개해주시겠습니까?

이노우에 히로미 일본군은 약 3만 명, 반면 행주산성을 지키는 조선군은 기록마다 약간 차이가 있지만 처영 스님이 이끄는 승병까지 포함해서 대략 2300 명에서 3000명 정도입니다.

정명섭 조선군이 10대 1이 넘는 수적 열세를 안고 싸워야 하는 상황이군요. 지 형은 어떤가요?

이노우에 히로미 전투가 벌어진 곳은 해발 120미터의 덕양산입니다만 사실 산성 이라고 부를 만한 성벽은 없습니다.

정명섭 그나저나 행주산성의 남서쪽은 한강이 흐르고, 남동쪽은 한강으로 흘러 들어가는 창릉천으로 막혀 있군요. 어디서 많이 본 지형 같은데요.

이노우에 히로미 신립 장군이 탄금대에서 남한강과 달천강을 등지고 이런 식으로 진을 쳤죠.

정명섭 그때는 조선군이 패했습니다만 이번에는 어떤 결과가 나올지 궁금합니다. 산꼭대기에 흙으로 쌓은 장대에서 좌독기**가 말없이 펄럭거리고 있는 가 운데 전투가 곧 시작됩니다. 양군은 어떤 각오로 전투에 임할까요?

이노우에 히로미 조선군이야 산성이 함락되면 큰 피해가 예상되기 때문에 필사적 으로 방어에 임할 것이라 생각됩니다. 반면 일본군은 전황이 나빠졌다고

---

* 분로쿠, 게이초 모두 일본의 연호이다. 분로쿠는 1592년 ~1595년, 게이초는 1596년~1615년을 뜻한다.

** 좌독기(坐纛旗)는 조선시대에 사용한 군기의 하나로 지 휘관을 상징했다. 행군할 때는 지휘관의 바로 뒤를 따랐 고, 머물 때는 앞쪽 왼편에 세워두었다.

행주산성 공격군 편제와 지휘관

구분	지휘관	비고
제1군	고니시 유키나가	
제2군	이시다 미쓰나리, 마시타 나가모리 오타니 요시쓰구, 마에노 나가야스	※제2군의 이시다 미쓰나리, 마시타 나가모리, 오타니 요시쓰구는 감시역인 부교
제3군	구로다 나가마사	
제4군	우키다 히데이에	※제1군~제7군 총병력 약 3만 명
제5군	깃카와 히로이에	
제6군	모리 모토야스	
제7군	고바야카와 다카카게	

는 하지만 아직까지는 조선군이 자신들의 상대가 아니라고 여기고 있을 겁니다.

정명섭 왜 그런 거죠?

이노우에 히로미 비록 평양성을 빼앗겼다고는 하지만 그건 명나라가 가세한 탓이고, 진주성을 빼앗지 못한 것은 성이 워낙 튼튼했기 때문이라고 생각한 탓이죠.

정명섭 방패로 쓸 대나무 다발을 짊어지고 가는 일본군 병사들도 그렇게 믿는 눈치인 것 같네요. 뭐라고 떠들면서 가는 건가요?

이노우에 히로미 빨리 돌아가서 저녁이나 먹자고 하는군요.

정명섭 반면 조선군은 바짝 긴장한 모습을 보이고 있습니다. 수적 열세를 생각하면 당연하다고 볼 수 있겠네요. 지휘관인 권율 장군이 진내를 순찰하면서 병사들의 사기를 북돋워줍니다.

이노우에 히로미 성을 지키는 전투는 활과 대포 같은 원거리 공격용 무기를 잘 다루는 조선군에게 매우 유리하죠. 이번에 그 장점을 잘 살릴 수 있을지 매우 궁금합니다.

정명섭 드디어 일본군 선두가 행주산성이 보이는 벌판에 도착합니다. 목책을 보고는 웃는군요. 이 정도는 우습다 이건가요? 선두 부대가 바로 이동합니다. 지휘관이 누군가요?

이노우에 히로미 선두는 평양성 패전 이후 전열을 정비한 고니시 유키나가의 제1군입니다.

정명섭 덕양산의 서쪽과 남쪽이 한강과 창릉천으로 막혀 있는 탓에 유일한 접근로인 북서쪽의 야트막한 구릉지대로 선두 부대가 접근합니다.

이노우에 히로미 물론 권율 장군도 이 사실을 잘 알고 있어서 이곳에 승자총통勝字銃筒과 화차火車를 집중배치하긴 했습니다만 과연 수적 열세를 극복할 수 있을지 지켜봐야겠어요.

❖ 행주산성 전투에서 조선군이 사용한 무기들

조선은 다양한 화약무기들을 적절히 사용해서 행주산성을 공략하는 일본군에 맞섰다.

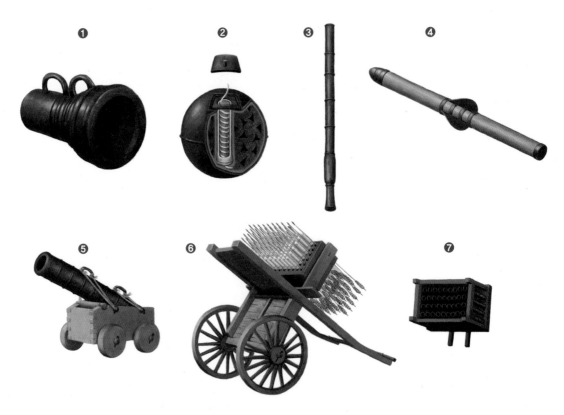

❶대완구(大碗口)는 둥글게 다듬은 돌이나 비격진천뢰를 발사하는 화기로, 포구가 밥사발처럼 둥글기 때문에 완구라고 불렸다. 포탄을 포구 안에 집어넣고 발사하는 방식이 아니기 때문에 사정거리가 짧았지만 무거운 발사체를 쏘기에 적당했다.

❷비격진천뢰(飛擊震天雷)는 이장손(李長孫)이 개발한 무기로 대완구에 넣어서 발사하는 폭발성 포탄이다. 약선(藥線)을 감은 목곡(木谷, 약선을 감을 때 쓰는 나무막대기)을 대나무 통 속에 넣어서 비격진천뢰 안에 넣고 뚜껑을 닫은 다음에 도화선을 살짝 빼놓는다. 이때 빨리 폭발시키려면 짧게 감고, 길게 시간을 끌려면 길게 감았다. 폭발 효과를 높이기 위해 내부에 쇳조각과 화약을 채워넣었다.

❸승자총통(勝字銃筒)은 선조 때 전라좌수사 김지(金遲)가 개발한 휴대용 총통으로, 북방 야인과의 전투에서 큰 효과를 발휘했다. 다른 총통에 비해 총열이 길기 때문에 명중률이 높았다. 가죽깃이 달린 화살이나 철환을 발사했다.

❹장군전(將軍箭)은 지자총통에서 사용하는 화살형 발사체로서 촉과 날개 모두 쇠로 만들었다.

❺지자총통(地字銃筒)은 천자총통보다 작은 크기의 화포로 장군전이나 조란환(鳥卵丸)을 넣고 발사한다. 원활한 이동과 발사를 위해서 네 개의 바퀴가 달린 동차(童車) 위에 올려놓고 고정시켰다.

❻신기전(神機箭)은 최무선이 개발한 주화(走火)를 개량한 화약무기다. 화살에 화약통을 부착해서 화약의 힘으로 멀리 날아가게 만든 것이다. 나무로 만든 발사대나 대나무 통에 넣고 쏘기도 했지만 그림처럼 화차(火車)에 올려진 신기전기(神機箭機)라는 전용 발사대에서 한꺼번에 쏘기도 했다.

❼최무선의 아들 최해산이 개발하고 문종이 개량한 화차(火車)에는 총통을 한꺼번에 쏠 수 있게 만든 총통기(銃筒機)를 장착할 수도 있다.

❖ 일본군의 공성장비

일본군은 행주산성을 공략하기 위해 다양한 공성장비들을 준비했다.

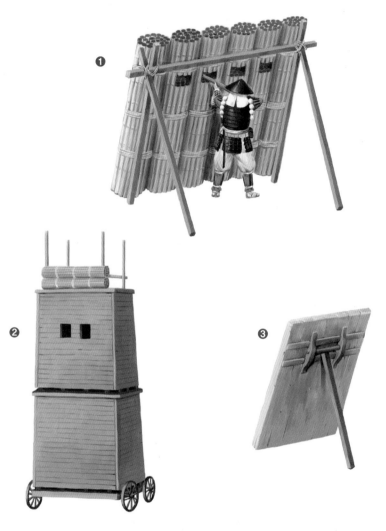

❶ 다케타바(竹束)는 대나무 다발로 만든 방패를 말한다. 가벼운 대나무는 운반하기가 편했고, 파손시 수리나 교체가 손쉬웠기 때문에 일본군이 애용하였다.

❷ 이로우(井樓)는 성벽을 넘거나 혹은 성벽을 위에서 내려다보면서 공격하기 위한 탑이다.

❸ 오타테(大楯)는 거치식 나무 방패로 총병이나 궁수가 주로 사용했다. 다케타바에 비해 무겁고, 파손되면 고치기 어려웠기 때문에 점차 다케타바로 대체되었다.

정명섭 일본군 선두 부대가 북서쪽의 목책에 거의 도달하는군요. 기다리고 있던 조선군은 북소리를 신호 삼아 승자총통을 일제히 사격합니다. 탄환에 맞은 병사들이 힘없이 굴러떨어지네요. 선두에서 기어오르던 고니시의 제1군 병사들은 총통의 포환과 화살세례를 뒤집어쓰고 글자 그대로 녹아내리고 맙니다. 초반이긴 하지만 우리 예상과는 다르게 돌아가는데요.

이노우에 히로미 이치에서 일본군과 교전을 해본 경험이 있던 권율 장군이 지형과 화약무기라는 두 가지 카드를 조합한 것이 효과를 본 것 같습니다. 지형을 최대한 이용한 방어진지를 구축하고, 화차를 비롯해서 진천뢰震天雷, 발화통發火筒 같은 폭발성 무기나 수차석포水車石砲 같은 투석기를 준비했던 것이 큰 도움이 되었네요.

정명섭 고니시의 제1군이 큰 피해를 입고 물러났지만 아직까지 일본군 사이에서는 낙관적인 분위기가 감돌고 있습니다. 아직 이쪽 숫자가 많다 이거죠. 이시다 미쓰나리를 비롯한 부교들이 지켜보는 가운데 마에노 나가야스前野長康가 지휘하는 제2군이 동료들의 시체를 뚫고 진격합니다. 선두에서 장창을 들고 돌격하는 병사들이 꽤 위협적으로 보이네요.

이노우에 히로미 일본에서는 장창으로 무장한 보병을 '나가라 아시가루長柄足輕'라고 부릅니다.

정명섭 그런가요? 나가라 아시가루들이 대열을 짜고 전진합니다. 목표는 역시 다른 곳보다 지형이 낮고 평평해 걸어서 접근할 수 있는 북서쪽의 성문이군요. 말이 성문이지 목책 사이에 통나무로 빗장을 걸어둔 수준에 불과합니다. 일본군은 민가에서 뜯어온 문짝과 대나무 다발을 묶어서 만든 방패 덕분에 큰 피해 없이 목책까지 도달합니다. 대열 중간에서 호령을 하는 게 지휘관인가요?

이노우에 히로미 30명에서 50명 사이의 아시가루들을 지휘하는 '아시가루 코가시라足輕小頭'로 보이네요.

정명섭 벌써 성문 앞에 도달하는 일본군. 이때 구멍이 숭숭 뚫린 나무판이 수레에 실린 채 목책 위로 모습을 드러냅니다. 아! 어마어마한 폭음과 함께 나무판에 뚫린 둥근 구멍에서 총알이 쏟아집니다! 선두에 선 일본군 병사들이 쓰러지고 어리둥절한 뒷줄의 병사들 역시 피하지 못합니다. 순식간에 성문 앞의 일본군이 전멸당합니다. 저게 화차라는 무기인가요?

이노우에 히로미 네. 40개의 승자총통을 조합해서 만든 화차입니다. 이것 말고도 신기전을 사격할 수도 있죠.

정명섭 성문 앞의 일본군을 청소한 화차90쪽 참조가 재장전을 위해 뒤로 빠졌습니다. 아, 산 밑에서 지켜보던 장수가 행주산성 쪽으로 접근해옵니다. 누구죠?

이노우에 히로미 제2군 지휘관인 마에노 나가야스가 독전督戰하기 위해 산 아래까지 다가오는 것 같습니다.

정명섭 두번째 목책에서 대기하고 있던 궁수들이 통아를 끼운 편전39쪽 참조을 시위에 걸고 힘껏 쏩니다. 통아를 박차고 나간 편전이 화약 연기로 더럽혀진 하늘을 가로질러 날아갑니다! 말 앞에 서 있던 가신이 날아오는 화살을 보고 몸을 날리려고 했지만 한발 늦는군요! 일본 활로는 상상할 수도 없는 거리를 날아온 편전이 마에노 나가야스가 입고 있던 오요로이大鎧, 일본의 헤이안 시대 이후 사용된 갑옷의 센단노이타栴檀板, 활을 쏠 때 가슴과 겨드랑이 사이의 틈을 보호하기 위한 보조갑주에 명중했습니다. 놀란 가신들이 마에노 나가야스를 데리고 퇴각하면서 두번째 공세도 끝나고 맙니다. 두 번의 공세를 잘 넘긴 조선군. 하지만 구로다 나가마사 휘하의 제3군이 공격을 준비합니다. 그런데 준비 과정이 조금 달라 보이는군요. 뭐하는 거죠?

이노우에 히로미 조총을 쏘는 뎃포 아시가루들이 탄환을 막기 위해 대나무 다발로 만든 방패91쪽 참조의 지지대에 바퀴를 달아서 움직이기 편하게 만드네요. 창을 내려놓은 나가라 아시가루들도 민가에서 뜯어온 문짝과 널빤지를 밧줄로 얽어서 커다란 방패를 만들었습니다.

정명섭 뎃포 아시가루들이 미는 이동식 방패가 앞장서는 가운데 뒤에 선 병사들이 커다란 방패를 머리 위로 들어올리네요.

이노우에 히로미 정면과 위쪽의 공격을 막으려는 계획인 것 같습니다.

정명섭 덕분에 이동 속도가 느려지긴 했지만 날아드는 화살과 탄환을 막아내는 효과는 확실하네요. 지금까지 잘 막던 조선군이 이 위기를 어떻게 넘길지 궁금합니다. 말씀드린 순간 일본군 선두가 조총의 사정거리까지 접근하네요. 목책 뒤에서 돌덩어리 같은 게 날아와 바퀴가 달린 방패에 명중합니다만 아쉽게도 부수지는 못합니다.

이노우에 히로미 이제 조금만 더 접근하면 조총의 사정거리에 일본군이 도달하는데요. 어떻게든 처리하지 않으면….

정명섭 앗! 갑자기 엄청난 굉음과 함께 아까 날아온 돌덩어리가 폭발합니다! 방패와 함께 산산조각난 일본군 시신이 눈 위에 우수수 떨어집니다. 이거 그냥 돌덩이가 아니었네요.

이노우에 히로미 비격진천뢰90쪽 참조군요. 목곡에 감겨 있던 약선이 다 타들어간 다음에야 폭발이 일어나기 때문에 방심하고 있다가 그냥 당하고 말았어요.

정명섭 이렇게 대나무 방패들이 제거되자 방패를 머리 위로 든 채 뒤따라가던 나가라 아시가루들의 정면이 고스란히 노출됩니다. 조선군 승병들이 목책 위로 올라와 불붙은 비격진천뢰를 굴립니다. 데굴데굴 굴러오는 비격진천뢰를 본 선두의 병사가 피하려고 했지만 너무 늦고 말았습니다. 다시 폭발이 일어나고, 부서진 방패의 잔해들과 함께 조각난 병사들의 시신이 뒤따르던 병사들의 머리 위로 우수수 떨어졌습니다. 그 와중에도 일부 병사들이 목책까지 도달했지만 기다리고 있던 조선군의 창에 찔려 힘없이 나가떨어지는군요.

이노우에 히로미 병사들의 피해가 늘어나자 구로다 나가마사도 어쩔 수 없이 퇴각 명령을 내리네요. 이걸로 일본군의 세번째 공세도 실패로 돌아갑니다.

정명섭 제4군 지휘관인 우키다 히데이에宇喜多秀家가 말을 몰고 직접 선두에 나서는군요. 총사령관의 독전에 힘을 낸 병사들이 피해를 무릅쓰고 전진합니다. 화살과 탄환이 많이 떨어졌는지 아까보다는 조선군의 저항이 덜하군요. 힘을 좀 냈으면 좋겠는데 아쉽습니다. 일본군 병사들이 목책 아래에 볏짚을 쌓아두고 불을 붙이네요. 조선군이 어떤 대응책을 들고 나올지 관심이 가는데요. 아, 조선군 병사들이 갑자기 엎드립니다. 뭐죠?

이노우에 히로미 화차가 재장전을 마친 모양입니다! 목책을 타넘으려던 일본군 병사들이 화차에서 발사된 탄환을 맞고 쓰러지네요.

정명섭 독전을 위해 목책 가까이 접근했던 우키다 히데이에에게도 탄환이 날아듭니다. 놀란 가신들이 몸으로 막아섰지만 투구에 탄환이 명중합니다. 휘청거리며 쓰러진 우키다를 부축한 가신들이 급히 뒤로 물러나고 있습니다. 일본군 병사들도 슬슬 물러섭니다. 그사이 물동이를 가져온 조선군 병사들이 목책의 불을 끄면서 위기를 넘깁니다. 하지만 일본군의 다음 부대가 바로 공격에 나섭니다.

이노우에 히로미 깃카와 히로이에吉川廣家가 이끄는 제5군이 공격을 개시하네요. 궁수들이 방패 뒤에 숨어서 불화살을 쏘며 목책을 불태우려고 합니다.

정명섭 조선군 병사들이 물을 뿌려서 불을 끄려고 했지만 숨 쉴 틈 없이 쏟아지는 화살세례에 제대로 움직이지 못하고 있습니다. 북서쪽의 목책이 속수무책으로 타버리네요. 기세가 오른 일본군이 함성을 지르며 돌격해옵니다.

행주산성을 둘러싼 조선군과 일본군의 치열한 공방전 권율 장군이 지킨 행주산성은 정상부를 둘러싼 내성과 산중턱을 감싼 외성으로 구성되어 있었다. 이곳은 한강 유역을 감시할 수 있는 요충지였기 때문에 이미 삼국시대에 성을 쌓았지만 흙으로 쌓은 토성이었기 때문에 조선군이 전투 직전에 목책 등으로 보강했다고 알려져 있다. 남쪽은 한강, 동남쪽은 창릉천으로 막혀 있지만 정상의 높이가 120미터에 불과했고, 성벽도 튼튼하지 못했기 때문에 일본군은 손쉽게 함락할 수 있을 것이라고 믿었다.

이노우에 히로미 하지만 그 함성은 불길 너머에서 날아온 비격진천뢰들이 터지면
　　　　　서 비명소리로 변해버립니다!

정명섭 밧줄로 당겨서 쏘는 수차석포에서 날린 돌들이 목책을 넘으려고 안간힘
　　　　을 쓰는 일본군 병사들을 강타합니다. 조선군이 목책을 넘어오려던 일
　　　　본군을 기어코 밀어냅니다. 아, 정말 대단합니다! 패배를 시인한 깃카와
　　　　히로이에가 철수 명령을 내리는군요. 아, 그런데 이건 또 뭔가요?

이노우에 히로미 모리 모토야스毛利元康의 여섯번째 부대가 소나무를 엮어서 만든
　　　　　커다란 누대에 대나무 다발과 소나무 가죽을 두른 이로우91쪽 참조를
　　　　　만들었습니다.

정명섭 이로우 위에 올라간 수십 명의 뎃포 아시가루가 쏜 탄환이 목책 너머로
　　　　날아듭니다. 이러면 조선군에는 높이가 주는 이점이 모두 사라지는데
　　　　요. 시급히 대책을 세우지 않으면 위험할 것 같습니다. 조방장 조경趙儆
　　　　이 급히 명령해서 지자총통을 배치하고 있습니다. 격목을 끼우고 장군
　　　　전을 쑤셔넣은 포수가 신중히 동차를 앞뒤로 움직여서 이로우의 다락을
　　　　조준합니다. 과연 성공할까요. 발사! 명중! 명중입니다! 장군전90쪽 참조
　　　　의 몸통에 칼을 날개처럼 달아놓은 게 효과를 봤습니다. 다락 위의 뎃
　　　　포 아시가루들을 갈가리 찢어버렸네요.

이노우에 히로미 살아남은 뎃포 아시가루들이 사다리에 몰리면서 균형을 잃은 누
　　　　　대가 그대로 넘어지는군요! 몇 개의 누대가 그런 식으로 당하면서 제6군
　　　　　의 공세도 멈추고 말았습니다.

정명섭 전투가 끝날 것이라고 예상했던 점심을 훌쩍 지나서 해가 저물어갑니다.
　　　　땅거미가 지기 시작한 땅은 눈이 녹으면서 발목까지 푹푹 빠지는 진흙탕
　　　　으로 변해버립니다. 이제 남은 건 고바야카와 다카카게의 제7군뿐이죠?
　　　　아, 그런데 전장을 살펴보던 고바야카와가 살짝 미소를 짓습니다. 이거
　　　　왠지 불길한데요. 칼을 뽑아든 고바야카와가 전진을 명령하자 하루 종

일 기다리고 있던 부하들이 함성을 지르며 뛰쳐나갔습니다. 앞선 부대가 줄줄이 패배한 걸 보고도 사기가 별로 꺾이지 않았네요?

이노우에 히로미 평양성을 빼앗기고 절체절명의 위기에 빠졌을 때 벽제관에서 명군을 패퇴시킨 게 그의 부대였거든요. 병사들은 이번에도 해결사 노릇을 할 것이라고 자신하는 것 같습니다.

정명섭 말씀드리는 사이 목책에 접근한 일본군과 조선군 사이에서 치열한 백병전이 벌어졌습니다. 일본군이 조금씩 밀어붙이는 중입니다. 체력이 다 떨어진 조선군은 기진맥진합니다. 아, 그런데 한강에 조선 수군이 나타납니다!

이노우에 히로미 경기수사 이빈과 충청수사 정걸이 지휘하는 조선 수군입니다!

정명섭 적절할 때 등장한 수군 덕분에 기운을 낸 조선군의 반격이 거세졌습니다. 고바야카와도 사상자가 급증하자 결국 철수 명령을 내리네요. 조선군은 하루 종일 싸운 끝에 열 배가 넘는 일본군을 물리치고 끝끝내 성을 지켜냈습니다!

이노우에 히로미 패배를 인정한 일본군은 전사자의 시신을 쌓아놓고 불을 지릅니다. 시체들을 태운 불길이 꺼져갈 무렵 머리에 붕대를 감은 우키다 히데이에를 선두로 한 일본군은 조용히 한양으로 돌아갑니다.

정명섭 조선군이 행주산성에서 기적적인 승리를 거뒀다는 소식을 전해드리면서 이번 중계를 마치도록 하겠습니다. 다음 시간에는 남쪽 바다에서 벌어진 해전 소식을 가지고 찾아뵙겠습니다.

전투는 승리하고, 전쟁은 고착되다

행주산성에서의 믿을 수 없는 승리는 권율 장군의 철저한 방어 준비와 지휘 덕분이었다. 행주산성의 성벽 자체는 허술했지만 창릉천과 한강으로 막혀 있어서 일본군이 서북쪽 방향만 공격했던 것도 유리하게 작용했다. 또한 변이중이 개발한 화차를 비롯한 화약무기들을 효과적으로 사용했던 것도 주효했다.

행주산성 전투에서 조선군은 10대 1이 넘는 전력 차에도 불구하고 결국 승리를 달성함으로서 일본군에게 조선군은 쉽게 이기지 못한다는 점을 각인시켰다. 하지만 승리한 권율 장군은 2월 16일 부하들과 함께 행주산성을 나와서 북쪽으로 이동한다. 승리했다고는 하지만 명군이 벽제관에서 참패하고 물러난 이상 조선군 단독으로 한양을 공격하는 건 아직까지는 무리였다. 파주에 있는 도원수 김명원의 부대와 합류한 권율 장군은 파주산성에 진을 친다. 이 소식을 들은 한양의 일본군은 또다시 출동하지만 크게 당한 기억 탓인지 금방 퇴각하고 만다.

한편 한양의 일본군 장수들은 도요토미 히데요시에게 약간의 부상자가 발생해서 퇴각한 사이 적이 스스로 물러났다는 내용의 보고서를 보냈다. 행주산성에서 패배하고 한양으로 돌아온 일본군 수뇌부는 조선을 배제하고 명나라와 단독으로 강화 협상을 한다. 명나라 역시 벽제관에서 크게 당한 이후에는 전투보다는 협상을 통해 문제를 해결하려고 했다.

4월 19일, 드디어 일본군이 한양을 버리고 도망친다. 일본군의 철수를 확인하자마자 파주산성에서 나온 권율 장군이 추격에 나섰지만 명군의 이여송 장군이 노량진의 나룻배를 모두 거둬들이는 바람에 실패로 돌아간다. 정신없이 퇴각하던 일본군은 보급이 용이한 남해안 일대에 성을 쌓고 명나라와 강화 협상을 시작한다. 전쟁은 잠시 소강상태에 빠져든다.

한때 협상이 잘 진행되면서 조선에 있던 일본군의 일부가 철수한다. 하지만 전쟁의 불씨는 완전히 꺼지지 않았다. 몇 년간의 강화 협상이 성과 없이 끝나자 도요토미 히데요시는 재침을 결정한다. 일본군은 임진년의 뼈아픈 경험을 바탕으로 한양을 서둘러 점령하고 항복을 받는 대신, 한반도 남부 지역을 먼저 공략하기로 계획을 세운다. 전쟁이 거의 끝난 것으로 판단한 명나라는 군대를 대부분 철수한 상태였고, 선조와 대신들은 이런 상황에서 뜻밖의 자충수를 두고 만다. 조선은 또다시 위기를 겪게 된다.

전쟁의 자화상

우리의 선입견과는 달리 일본군은 부산진성과 동래성 같은 경우를 제외하고는 처음부터 약탈과 학살을 저지르지는 않았다. 한양을 함락했다는 소식을 전해들은 도요토미 히데요시는 오히려 피란민을 돌아오게 하고 함부로 괴롭히지 말라는 지시를 내렸다. 물론 백성들을 구슬려서 군량을 확보하고 조선을 명나라 공격의 전진기지로 삼으려는 속셈이었다. 뒤이어 조선을 일본식 행정체계로 구분해서 각 지역의 통치자로 부하 장수들을 임명한다. 장수들은 점령지를 통치할 다이칸쇼(代官所)를 설치해서 백성들을 통치하려고 시도했다. 함경도로 쳐들어간 가토 기요마사는 왕자들을 잡아 바친 국경인을 일본식 관직인 판형사제북로(判刑使制北路)에 임명한다. 강원도에 진주한 제4군 지휘관인 모리 요시나리(毛利吉成)는 아예 강원감사를 자처하고 나섰다.

어쨌든 반상의 차별을 없애고 세금을 줄이겠다는 일본군의 발표에 적지 않은 조선인들이 동조한다. 한양에 살던 백성들 역시 일본군이 내주는 출입증을 받고 시장을 여는 등 나름대로 상황에 적응하는 것에서 한발 더 나아가 일본군을 위해 밀정 노릇을 한다. 일본군과 조선 민중의 기묘한 동거가 틀어진 이유는 식량 부족과 전황의 악화였다. 이순신 장군이 이끄는 조선 수군이 일본 수군을 연전연파하면서 해상 보급에 문제가 생긴 것이다. 설상가상으로 의병들이 일어나면서 육상 보급선도 위태로워지고 말았다. 식량이 부족해진 일본군은 본색을 드러내면서 약탈을 감행했고, 전세가 변할 기미가 보이자 조선인들 역시 슬슬 등을 돌린다. 양쪽의 어색한 동거는 조명 연합군에게 평양성이 탈환되고 양주목사 고언백(高彦伯)이 한양 탈환을 위해 백성들과 접촉했던 사실이 알려지면서 끝나버렸다. 1593년 1월 24일, 내응을 두려워한 일본군은 한양 주민 수천 명을 학살해버린다. 그리고 철군 직전인 4월에는 남은 백성들도 죽였다.

고니시 유키나가의 사위이자 대마도주인 소 요시토시를 따라 임진왜란에 참전한 승려 덴케이가 쓴 『서정일기』 속에는 한양에서 주막집을 하는 이효인이라는 인물이 등장한다. 그는 덴케이에게 일본에 저항하는 조선인들을 밀고하고 상을 받는다. 나중에는 아예 이름을 '이마무라 신스케(衿村新助)'라는 일본 이름으로 바꿨다. 아마 적지 않은 조선인이 이런 식으로 일본에게 협력했던 것 같다. 『조선왕조실록』에도 비슷한 이야기가 실려 있다.

> 전라 병마절도사(兵馬節度使) 이광악이 서장(書狀)을 올리기를,
> "사류(士類)들도 아울러 왜적에게 부조(附助)하고 있는데 이러한 사람들을 모조리 주살(誅殺)한다면 유인하는 길이 막힐까 하여 사유를 갖추어 치계합니다. 그중에 순천 사는 사족(士族) 박사유(朴思裕)는 처음부터 왜적에게 붙어 자기 딸을 소서행장(고니시 유키나가, 小西行長)에게 시집보냈는데 행장이 하는 일은 모두 사유가 지휘한 데에서 말미암은 것이었습니다. 사유는 스스로 주율(誅律, 형벌을 받는 것을 말한다)을 면치 못할 것을 알고 아들 박정경(朴廷卿)과 왜물(倭物)을 바리로 싣고서 남원에 나와 중국 장수 오도사(吳都司)에게 말을 바치고 여러 가지로 아첨을 하였고, 또 다른 아들인 박여경(朴餘卿)은 그 누이동생을 따라 아직도 행장에게 있으면서 우리나라의 허실(虛實)을 관망하며 중국 장수에게 부탁하고 있어 처지가 낭패스러우니 조정에서 선처하소서."
> 하였다. 비변사(備邊司)가 아뢰기를,
> "박사유가 자기 자녀를 거느리고 흉적(凶賊)에게 투항하여 있으면서 제 마음 내키는 대로 몹쓸 짓을 자행하였으니 잠시라도 목숨을 붙어 있게 해서는 안 되는데, 이미 중국 장수에게 부탁하여 형세가 처치하기 어렵게 되었습니다. 서서히 일의 기미를 관찰하여 조처하라고 행하는 것이 어떻겠습니까? 감히 아룁니다."
> 하니 아뢴 대로 하라고 하였다.
> — 『조선왕조실록』 선조 31년(1598년) 2월 10일

조선시대 향촌을 지배한 사족이었던 박사유와 약삭빠른 장사꾼이었던 이효인은 전형적인 변절자의 모습을 보여주고 있다. 기록이 남아 있지는 않지만 아마 더 많은 사람들이 이런 식으로 일본에게 협력해서 목숨을 보존하거나 출세를 꿈꿨을 것이다. 이것이 바로 희생과 용기, 애국이라는 물감으로 덧칠된 전쟁의 숨겨진 자화상이다.

4 칠천량 해전

임진왜란 초기 충무공 이순신 장군은 조선 수군을 이끌고 일본 수군을 연전 연파한다. 한산도대첩 이후 일본 수군은 전투를 회피하고, 전황은 교착 상태에 빠진다. 하지만 결정적인 승리를 원하던 선조와 대신들은 이순신 장군을 해임하고 원균을 삼도수군통제사로 임명해버린다. 신임 통제사 원균은 왕과 대신들의 기대를 한 몸에 받으며 일본 수군을 격멸하기 위해 출동한다.

조선군 지휘관: 삼도수군통제사 원균
참전 병력: 판옥선과 거북선 약 160척

일본군 지휘관: 와키자카 야스하루
도도 다카토라
가토 요시아키
구키 요시타카
참전 병력: 전선 500척(추정)

나는 이순신을 잘 모르지만 지혜가 부족한 듯하다. 임진년 이후에 한 번도 적과 싸우지 않았고, 이번 일도 하늘이 준 기회를 마다했다. 법을 범한 사람을 어찌 매번 용서할 수 있겠는가? 원균으로 대신해야 하겠다. 중국 장수 이제독李提督 이하가 모두 조정을 기만하지 않는 자가 없다더니, 우리나라 장수들도 그걸 본받는 자가 많다. 부산의 왜영을 불태운 일도 김난서金鸞瑞와 안위安衛*가 몰래 약속하여 했다고 하는데, 이순신은 자기가 계책을 세워 한 것처럼 하니 이는 옳지 않은 일이다. 그런 사람은 비록 가등청정加藤清正의 목**을 베어 오더라도 용서할 수가 없다.

1597년 1월 27일 선조와 대신들이 일본군의 재침략에 대해서 논의하던 도중 선조가 이순신 장군에 대해서 내뱉은 말이다. 이 말을 시작으로 조정 대신들 — 심지어 유성룡柳成龍조차 한발 물러섰다 — 은 돌아가면서 충무공을 비난한다.

> 지난번 비변사에서 이순신의 죄상을 이미 의논해서 임금께 아뢰었습니다. 온 나라의 백성들이 이순신이 지은 죄에 분노하고 있으니 위급할 때는 장수를 바꾸는 것이 아니라고 하지만 이순신은 파직시켜야 할 듯합니다.
>
> – 판중추부사 윤두수

> 임진년에 원균의 공로가 많았다고 합니다.
>
> – 영돈녕부사 이산해

---

* 1596년 12월 12일 밤, 부산에 있는 일본군의 진영에 큰불이 일어났다. 이순신 장군은 같은 달 27일 장계로 이 일을 보고했는데 도체찰사(都體察使) 이원익이 거느린 군관 정희현의 공을 가로챘다는 오해를 받았다.

** 이순신 장군은 가등청정(加藤清正), 즉 가토 기요마사가 재침략을 위해 조선으로 건너오는 것을 잡으라는 선조의 명령을 거부했다. 이 일은 이순신 장군의 해임과 체포의 중요한 이유가 된다.

원균은 매양 이순신이 공을 빼앗았다고 신에게 말하였습니다.

– 호조판서 김수

이순신이 원균의 공을 가로채서 권준의 공으로 삼기 위해 원균과 상의도 하지 않고 먼저 장계를 올린 것입니다. 이순신이 왜선 안에서 구출한 조선 여인에게 이 사실을 듣고 곧바로 장계를 올렸다고 합니다.

– 좌승지 이덕열

박진의 말로는 이순신 휘하의 군관이 원균의 밑에서 잠시 지내다 돌아왔는데 군중에서 이상한 말을 했다는 이유로 쫓겨났다고 합니다. 이로 미뤄보건대 둘의 사이가 점점 나빠지고 있는 것 같습니다.

– 병조판서 이덕형

이순신 성토대회는 다음 날 선조가 좌부승지左副承旨 유영순을 통해 원균에게 비망기備忘記, 임금이 승지에게 지시를 내리는 문서를 보내는 것으로 막을 내린다.

우리나라가 믿는 바는 오직 수군뿐이다. 그런데 통제사 이순신은 나라의 중한 임무를 맡고서도 조정의 명을 어기고 적을 토벌하지 않아 청정(가토 기요마사)으로 하여금 안연晏然히 바다를 건너게 하였다. 죄를 생각하면 잡아다 국문鞠問하고 용서하지 말아야 하겠지만, 바야흐로 적과 진을 맞대고 있기 때문에 신중하게 움직여야만 한다. 나는 평소 너의 충심을 알고 있어 이제 경상우도慶尙右道 수군절도사水軍節度使 겸 경상도 통제사로 삼노니, 경은 더욱 책려하여 나라를 위해 힘을 다하라. 우선 이순신과 합심하여 전의 과오를 깨끗이 씻고 해적을 다 섬멸해 나라를 구하여 이름을 역사에 남기고, 훈공이 역사에 새겨지게 하라. 이를 원균에게 알리도록 하라.

이순신 장군과 여러모로 비교되는 원균은 북방의 야인과 싸우며 경력을 쌓은 무관이다. 일본의 침략이 일어났을 때 이순신보다 먼저 전라좌수사에 임명되지만 적임자가 아니라는 대신들의 반대로 부임하지 못했다. 임진왜란 발발 당시 경상우수사였던 그는 일본군의 침략을 받고 제대로 싸워보지도 못한 채 도망치기에 급급했다. 이순신 장군의 도움으로 겨우 재기에 성공하지만 자신이 더 선임자라는 이유로 내내 갈등을 일으키다가 1594년 충청도병사忠淸道兵使로 자리를 옮겼다. 하지만 재임 기간 내내 난폭하고 부하들을 함부로 대한다는 평을 들었다.

임금과 대신들이 똘똘 뭉쳐서 충무공 이순신 장군을 죽이려고 하는 아이러니한 사태가 벌어진 것은 너무 잘 싸웠기 때문이다. 지나치게 잘 싸운 덕분에 선조와 대신들의 의심을 받은 것이다. 한산도대첩 이후 조선의 남쪽 바다에서 일본 수군은 그림자도 찾아보기 어려웠다. 의병과 조선 수군 때문에 보급선을 확보하지 못한 일본군은 육지에서도 공세에 나설 여력이 없었다. 결국 일본 육군은 남해안 일대의 해안가에 성을 쌓고 버티기에 들어간다. 명나라 역시 언제까지 조선을 도와 전쟁을 치를 상황이 아니었고 전쟁터가 된 조선은 두말할 필요가 없었다. 참전국들의 이런 사정 덕분에 첫해인 임진년과 다음 해인 계사년 이후 전투가 줄어들면서 교착 상태에 빠졌다. 싸우다 지친 세 나라는 이렇게 슬금슬금 서로의 눈치를 보면서 전쟁을 마무리할 생각을 한다. 하지만 한 사람만은 그럴 생각이 없었다.

짜고 치는 고스톱

사실 강화 협상은 전쟁 초기부터 있었다. 특히 명나라가 적극적으로 나섰다. 전쟁 초반에 교섭을 주도한 이가 바로 심유경沈惟敬이다. 그의 협상 파트너는 일본군의 선봉장을 맡은 고니시 유키나가였다. 1593년부터 시작된 협상이 1596년 9월 성사 직전까지 갔다가 결렬된 것은 안 맞는 카드를 억지로 맞추려고 한 심유경과 고니시 유키나가 때문이었다. 하지만 어느 정도 타협을 했다고 해도 결국 전쟁은 다시 재개되었을 것이다. 이런 형태의 종전은 도요토미 히데요시가 바란 시나리오가 아니었기 때문이다.

도요토미 히데요시가 명나라 사신에게 제시한 조건들을 보면 진지하게 협상에 나섰다고 보긴 어렵다. 명나라 황제의 딸을 시집보낼 것, 명나라와 일본 간의 무역을 재개하고 외교관계를 정상화할 것, 그리고 조선의 남부지방을 할양割讓하고, 왕자와 대신들을 인질로 보내며 항복문서에 서명할 것, 대신 포로가 된 두 왕자를 돌려주는 것이 일본의 조건이었다. 평양까지 점령한 초반이라면 몰라도 한양까지 내주고 패주한 상황인 걸 감안하면 이런 조건들은 사실상 협상하려는 의지가 없다는 것을 의미한다. 덕분에 강화 협상은 쉽게 말하면 물주를 속이는 '짜고 치는 고스톱'처럼 진행되었다. 명나라 쪽 '타짜'는 심유경과 경략經略 송응창宋應昌이었고, 일본 쪽 '타짜'는 고니시 유키나가와 그의 사위 소 요시토시였다. 결론만 얘기하자면 심유경과 고니시 유키나가는 도요토미 히데요시가 내건 조건을 명나라와 조선이 받아들이지 못할 것을 알고 꼼수를 부렸다. 칙서를 위조해서 도요토미 히데요시를 일본국왕으로 책봉해주는 정도에서 끝내려고 한 것이다. 조선 역시 독자적인 강화 협상에 나서지만 가토 기요마사 같은 현지 지휘관과의 협상이라 별 성과가 없었다.

명나라 사절인 이종성이 부산에서 도망치는 우여곡절 끝에 1596년 6월, 양방형楊方亨을 정사로 하는 명나라 사절단이 일본으로 출발한다. 9월 2일 오사카성에서 명나라 사절 양방형과 도요토미 히데요시가 만나지만 속임수가

임진왜란 주요 전투 연표

선조 25년(1592년)

일자	내용	비고
4월 14일	부산진성 함락	정발 장군 전사
4월 15일	동래성 함락	동래부사 송상현 전사
4월 26일	상주에서 이일 장군 패전	
4월 28일	탄금대에서 신립 장군 패전	신립 장군 전사
5월 3일	한양 함락	선조, 평양으로 피란
5월 7일	이순신 장군 옥포와 합포에서 승리	
5월 8일	이순신 장군 적진포에서 승리	
5월 29일	이순신 장군 사천포에서 승리	거북선 최초 사용
6월 2일	이순신 장군 당포에서 승리	
6월 5일	이순신 장군 당항포에서 승리, 전라도 근왕군 용인에서 패전	
6월 6일	이순신 장군 율포에서 승리	
6월 15일	평양 함락	
7월 7일	웅치 전투에서 조선군 패배 이순신 장군 한산도에서 승리	김제군수 정담 전사
7월 8일	이치 전투에서 권율 장군의 조선군 승리	
7월 9일	제1차 금산 전투	의병장 고경명과 아들 고인후 전사
7월 10일	이순신 장군 안골포에서 승리	
7월 27일	의병장 권응수 영천성 수복	
8월 18일	제2차 금산 전투	의병장 조헌, 영규대사와 의병 700명 전멸
9월 1일	이순신 장군 부산포 공격	정운 장군 전사
9월 2일	의병장 이정암이 연안성 전투에서 승리	
9월 8일	경상도 병마사 박진 경주성 탈환	비격진천뢰 사용
10월 6일	제1차 진주성 전투 시작	10월 10일 종료, 조선군 승리했지만 김시민 장군 전사

선조 26년(1593년)

1월 6일	조선, 명나라 연합군 평양성 공략	1월 9일 평양성 함락
1월 27일	명군, 벽제관에서 패배	
2월 12일	권율 장군이 행주산성에서 일본군 격파	
4월 19일	일본군 한양에서 철수	다음 날 권율 장군 한양 입성
6월 22일	제2차 진주성 전투 시작	6월 29일 진주성 함락, 목사 서예원, 의병장 김천일 등 전사

선조 27년(1594년)

일자	내용	특기 사항
3월 4일	이순신 장군 당항포에서 승리	
8월 3일	명군 철수 시작	주력 부대 철수
9월 29일	이순신 장군 영등포와 장문포에서 전투	10월 4일 종료, 육군과 합동전투였지만 성과 미흡

들키면서 세기의 사기극은 끝을 맞이한다. 자신의 요구는 아무것도 들어주지 않고 달랑 일본국왕으로 책봉한다는 문서 한 장과 옷 한 벌뿐이라는 사실을 안 도요토미 히데요시는 크게 분노했다. 하지만 노발대발한 도요토미 히데요시의 질책을 받은 고니시 유키나가는 예상과는 다르게 별다른 처벌을 받지 않았다. 때문에 도요토미 히데요시가 이 협상을 막후에서 조정했다고 보는 견해도 있다. 즉 본인은 모른 척 협상을 진행시키고 그사이에 전력을 보강할 시간을 벌었다는 얘기다.

사상 최악의 코미디

이렇게 일본의 재침이 눈앞에 다가온 상황에서 조정은 이순신 장군을 해임하는 것도 모자라 체포까지 감행했다. 왜 이런 어처구니없는 일이 벌어진 것일까? 직접적인 이유는 1597년 1월 경상우병사慶尙右兵使 김응서金應瑞가 올린 한 통의 장계다. 이전부터 왕래가 있었던 요시라要時羅라는 일본인에게 들었다면서, 가토 기요마사가 이달 4일에 쓰시마에 도착해서 조선으로 건너올 준비를 마쳤다는 것이다. 따라서 수군을 보내면 가토 기요마사를 잡을 수 있다는 내용이었다. 강경론을 주장하는 가토 기요마사를 제거하면 화친론을 주장하는 고니시 유키나가의 입지가 강화될 것이니 이는 조선에도 유리한 일이 아니냐는 친절한 설명까지 덧붙여서 말이다. 적장을 잡을 수 있다고 흥분한 조정에서는 당장 이순신 장군에게 가토 기요마사를 잡으라는 명령을 내린다.

하지만 삼도수군통제사 이순신 장군은 적의 말을 듣고 섣불리 움직일 수 없다며 출동 명령을 거부한다. 이순신 장군 입장에서는 정보의 출처와 의도가 몹시 의심스러운 상황이었다. 설사 제보한 내용이 사실이라고 해도 쓰시마에서 부산으로 가는 가토를 잡기 위해서는 부산 근해에서 매복을 해야만 했다.

해전에서는 무적인 조선 수군이지만 보급을 받거나 휴식을 취하기 위해서는 육지에 상륙해야만 했다. 하지만 부산 일대는 일본군이 완전히 장악하고 있는 상태라서 정박이 불가능한 일이었다.

가토 기요마사를 잡을 수 있는 기회를 눈앞에서 날렸다고 믿은 선조와 대신들은 분통을 터뜨린다. 무시당했다는 느낌과 함께 전세를 유리하게 이끌 수 있는 기회를 날려버렸다는 좌절감이 이순신 장군에 대한 성토대회가 열린 계기가 되었다. 이런 분위기 탓인지 1월 27일 회의에 참석한 대부분의 대신들은 입을 다물거나 이순신 장군을 탄핵했다. 이순신 장군과 절친한 유성룡 대감이나 훗날 신구차伸救箚, '죄 없음을 굽어살피소서'라는 뜻의 상소문 제목를 올려서 이순신 장군을 구명해준 정탁鄭琢조차도 한발 뺄 정도로 분위기가 험악했다. 하지만 가토 기요마사를 잡을 수 있는 절호의 기회를 놓쳤다는 것은 단지 표면적인 이유일 뿐이었다.

선조가 했던 발언들 중에 '조정을 무시하고 임금의 뜻을 따르지 않았다'라는 부분이 반복되는 걸 주목해볼 필요가 있다. 권력의 속성상, 특히 당시 조선처럼 절대권력이 흔들리고 있는 상황에서 가장 큰 적은 일본군이 아니라 권력을 흔들 만한 내부의 반란 세력이었다. 1596년 7월 홍산에서 이몽학李夢鶴이 반란을 일으켰을 때 가담자가 기하급수적으로 늘어난 것은 백성들 사이에서 조정에 대한 불신이 얼마나 컸는지를 보여준다. 이에 대한 조정의 대책은 불안감의 근원을 제거하는 것이었다. 결과적으로 이몽학과 한패라는 의심을 받고 체포당한 의병장 김덕령金德齡이 고문을 당한 끝에 사망했다. 지금의 우리는 그가 억울하게 죽었다는 것을 알고 있다. 아마 선조와 조정 대신들도 알았을 것이다. 하지만 권력 앞에서 진실은 별 의미가 없었다. 의심스러운 의병장을 손봐야 했고, 김덕령 장군이 '시범 케이스로' 걸린 것이다. 나라를 위해 싸운 사람에게 어떻게 이럴 수 있느냐고 울분을 토해봤자 쇠귀에 경 읽기였다. 당시 선조를 비롯한 조정 대신들은 조선을 구한 것이 명나라라고 믿었으니까 말이다. 위기를 벗어난 것이 의병들 덕분이라고 인정하는 순간 자신들의 무능력과 실패를 자백하는 셈이 될 테니까 죽어도 인정하지 않은 것이다.

이순신 장군 역시 김덕령 장군과 비슷한 케이스로 걸려들었다. 임금과 한 배를 탄 조정 대신들도 같은 목소리를 냈다. 이순신 장군을 임진년 이후에는 나가 싸우지 않고, 천재일우의 기회를 놓친 무능한 겁쟁이라고 성토한 것이다. 2월 4일 사헌부는 높은 벼슬을 받았음에도 나가 싸우지 않는 이순신을 잡아들이라고 선조에게 아뢴다. 천천히 생각해보겠다고 뜸을 들인 선조는 이틀 후인 2월 6일 선전관을 보내 이순신 장군을 잡아들이라고 명령한다. 그것도 모자라 3월 13일에는 사실상의 사형 선고까지 내린다.

> 이순신이 조정의 명령을 무시한 것은 곧 임금을 무시한 것이다. 또한 적을 놓아주고 공격하지 않은 것은 나라를 저버린 죄이며, 심지어 남의 공을 가로채기까지 했으니 용서할 수 없다. 이렇게 많은 죄를 지은 자는 절대로 용서할 수 없으니 죽어야 마땅하다. 신하로서 임금을 속인 자는 절대로 용서할 수 없다. 지금 형벌을 시행하여 죄상을 캐내고 있으니 대신들은 이 일을 어떻게 처리할 것인지 상의해서 보고하라.

이순신 장군은 죽어야 했다. 조정을 속이고 무시한 것은 권력의 기반을 흔들 수 있기 때문에 패배한 것보다 더 나쁜 범죄였다. 그리고 다들 속으로 이렇게 생각했을 것이다.

'이순신도 잘 싸웠으니 원균도 그만큼은 하지 않겠어?'

대궐 밖에서 이순신 장군의 부하들이 무릎을 꿇고 애원하는 가운데 역설적으로 그를 살린 건 다름 아닌 원균이었다. 이순신만큼 해줄 것이라는 선조와 대신들의 믿음은 그가 일본군의 수급 47개를 바치면서 절정에 달한다. 하지만 이 승전보는 사실 코미디 중의 코미디였다. 1597년 3월 8일, 거제의 기문포에 일본 전선이 나타났다는 보고를 받은 원균은 급히 출동해서 다음 날 일본군을 포위한다. 갑자기 나타난 조선 수군에게 일본군은 자신들이 경상우병사 김응서에게 벌목을 허가받았다는 문서를 보여준다. 일단 그들을 풀어준 원균은 배를 타고 돌아가는 일본군을 공격한다. 공격을 당한 일본군이 반격하는 와중에 고성현령固城縣令 조응도의 판옥선에 일본군이 올라탄다. 놀란 조선 수군이 앞다퉈 물속으로 뛰어들었고, 그 와중에 조응도 역시 전사하고 만다. 일본군이 판옥선을 탈취해서 도망가자 조선 수군은 추격해서 포위하고 격침한다. 원균은 아군의 피해와 조응도의 전사를 숨긴 채 3척의 배를 포획하고 일본군 47명을 사살했다는 장계를 올린다. 하지만 3월 10일 경상감사慶尙監司 이용순이 전사한 고성현령 조응도의 후임을 임명해달라는 장계를 올리고, 3월 19일에는 전라우수사全羅右水使 이억기李億祺의 보고를 받은 도원수 권율의 장계가 올라오면서 진상이 밝혀진다. 뒤이어 일본 측에서 미리 약속을 하고 나무를 베러 갔는데 조선군이 공격했다고 항의하면서 선조와 대신들은 슬슬 불안해한다.

거기다 화끈하게 한 건 해줄 거라고 믿었던 원균은 기대를 저버리고 육군을 동원해서 안골포와 가덕도의 일본군을 먼저 공격해야 한다며 물러서는 모습을 보여준다. 당장 도원수 권율이 비밀리에 반대의 뜻이 담긴 장계를 올린다. 이렇게 원균이 실망스러운 모습을 보여주자 선조는 이순신 장군을 처형하는 문제를 다시 생각한다. 만약 원균이 선조나 대신들의 기대에 걸맞은 성과를 보여줬다면 이순신 장군은 김덕령 장군의 뒤를 이었을 가능성이 높았다. 하지만 원균의 거듭된 실수와 몸 사리기는 혹시나 하는 불안감을 안겨주었다. 1597년 7월 15일, 이런 불안은 악몽이 되었다.

❖ 일본 수군의 함선들

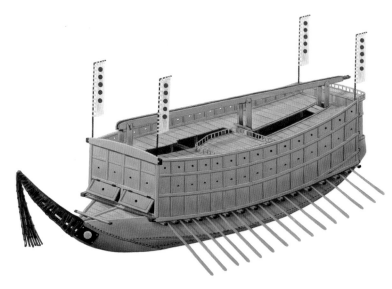

세키부네 일본 수군의 주력 함선으로 바닥이 뾰족해서 빠른 속도를 자랑했지만 대포를 탑재하지 못해 판옥선과의 전투에서 크게 불리했다.

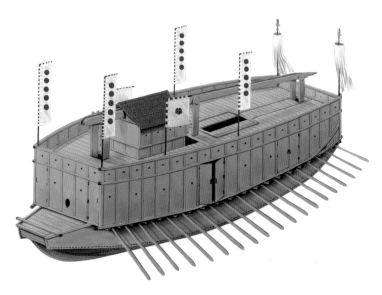

아다케부네 일본 수군의 대형 함선으로 주로 지휘관이 탑승하는 기함으로 사용되었다. 세키부네와는 달리 대포를 탑재할 수 있으며 판옥선처럼 2층 구조로 되어 있다.

정명섭 독자 여러분, 안녕하십니까. 이번 전투는 '망해도 이렇게 망한 전투는 없
다'의 대명사 칠천량 해전입니다. 도움 말씀에 신효승씨가 나오셨습니다.
일단 여기까지 오게 된 상황을 살펴봤는데요. 아무리 봐도 이해가 되지
않아요. 대체 왜 이런 일이 벌어진 겁니까?

신효승 위에 말씀드렸다시피 이순신 장군에게 씌워진 죄목은 조정의 명을 어기
고 무시했다는 겁니다. 한마디로 건방지다는 거죠. 혹은 건방져질 위험
성이 있다는 말입니다. 상대방을 무시하면 오히려 칼을 들이댈 수도 있
다고 믿는 사람한테는 중요한 죄목이 되는 겁니다. 그리고 한 가지 더,
너무 잘 싸웠기 때문에 타깃이 된 것도 있죠.

정명섭 너무 잘 싸운 것도 문제가 되나요?

신효승 선조나 대신들이 이순신 장군을 두고 임진년 이후 나가 싸우지 않았다
는 식으로 판단했습니다. 그 얘기는 뒤집어보면 다른 사람으로 대체해도
잘 싸우지 않겠냐는 생각이 깔린 판단이죠. 거기다 원균이라는 후보가
존재했으니 쳐내도 별 문제가 없을 것이라고 믿었던 겁니다.

정명섭 원균이라니, 이억기도 있고 이순신 장군 휘하의 다른 장수들도 많은데
왜 하필 원균이었습니까? 조선을 말아먹으려고 팀플레이라도 한 것 같
습니다.

신효승 일단 이억기 장군은 종친이고 이순신 장군과 가깝기 때문에 제외된 것
같습니다. 이순신 장군 휘하의 다른 인물들이야 아예 처음부터 후보가
아니었을 겁니다. 명심해야 될 것은 우린 이미 결과를 다 알고 있으니 조
선 수군의 승리가 이순신 장군 덕분이라고 얘기할 수 있습니다. 하지만
그것을 몰랐던 선조와 대신들 사이에는 아무나 갖다놔도 잘 싸우지 않

겠느냐는 낙관론이 팽배했을 겁니다. 이런 점을 감안하지 않으면 이순신 장군을 처벌하자고 주장한 선조와 대신들을 이해할 수 없게 됩니다.

정명섭 결과를 예측하지 못했다고 하지만 뒤에 벌어진 일을 생각하면 섣불리 생각한 대가치고는 너무 가혹하군요. 이순신 장군이 감옥에서 곤욕을 치르는 사이 원균이 신임 삼도수군통제사로 임명됩니다. 아, 살판났네요. 이순신 장군이 회의장으로 쓰던 운주당에서 음주가무를 즐기는군요. 근데 자기를 삼도수군통제사에 임명하면 일본군을 다 쓸어버릴 것처럼 입에 거품을 물지 않았나요? 좀처럼 나가 싸울 생각을 하지 않는군요.

신효승 상황이 좀 변했죠. 조선 수군에 연전연패한 일본은 해전을 포기하고, 대신 남쪽 해안가에 성을 쌓고 장기 주둔합니다. 당시 조선이나 일본의 선박 모두 원양항해 능력이 떨어졌고, 특히 밤에 묘박錨泊, 배가 닻을 내려서 해안 근처에 머무는 것을 하기 위해서는 해안가에 접근해야만 했습니다. 섣불리 밀고 들어갔다가는 일본군에 야습을 당하는 일이 벌어질 수도 있는 거죠. 원균도 이런 상황을 인식하고 있었고 말입니다.

정명섭 3월 29일 원균이 장계를 올려서 육군이 가덕도와 안골포의 일본군 진지를 먼저 공격하라는군요. 육군보고 '총알받이' 하러 가란 얘긴가요? 거기다 정병 30만 명이 있으니 싸워볼 만하다? 어디 명나라에서 살다왔나요? 그리고 7, 8월은 너무 늦으니까 늦어도 5월 안에 공세를 취하자고 하는군요. 자기 일이 아니라고 너무 쉽게 얘기하는 거 아닙니까?

신효승 맞습니다. 그 당시 조선이 30만 명을 동원할 수 있었다면 전쟁을 이렇게 질질 끌지도 않았죠.

정명섭 이 소식을 뒤늦게 들은 도원수 권율이 5월 8일 원균의 계획을 반대하는 내용의 상소를 올립니다. 상급자인 권율 장군과 사전 협의도 없이 멋대로 장계를 올렸나보군요.

신효승 권율 장군도 지지 않고 수군이 출동해서 부산포 일대를 봉쇄하여 일본군의 진출을 저지하자고 건의합니다.

정명섭 서로 나가 싸우라고 등을 떠미는군요.

신효승 그 와중에 원균이 6월 11일에 같은 내용의 장계를 또 올립니다. 권율 장
군이 수군은 싸울 생각 없이 육군만 싸우라고 한다며 화를 내는군요.
당시 조선군의 전력을 생각하면 권율 장군의 판단이 맞을 것 같네요. 거
기다 상급자인 자신에게는 상의도 안 하고 육군의 일에 이래라저래라 참
견을 하니까 화를 참지 못합니다. 결국 도체찰사 이원익이 보낸 종사관
남이공南以恭까지 내려가서 원균에게 출격을 재촉합니다.

정명섭 등 떠밀기는 결국 상급자인 권율 장군의 승리로 끝나는군요. 조짐이 불
길한데요. 드디어 1597년 6월 18일 새벽, 종사관 남이공이 지켜보는 가
운데 한산도에 정박 중이던 조선 수군의 판옥선 100여 척이 출동합니
다. 장문포에서 하룻밤을 보낸 조선 수군이 다음 날 아침 안골포로 진

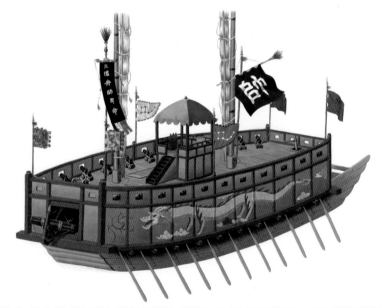

판옥선 왜구와 싸운 오랜 경험과 토론 끝에 탄생된 판옥선은 조선 수군의 주력 전투함으로 단병접전(短兵接戰)
에 능한 일분 수군과의 전투에 최적화한 전투함이다. 기존의 함선과는 달리 노를 다루는 격군들을 안전한 선내
에 보호하고, 선체를 높게 해서 상대방이 쉽사리 넘어오지 못하게 만들었다.

격하는군요. 잠시 저항하던 일본군은 배를 버리고 육지로 뿔뿔이 흩어집니다. 빈 배 2척을 노획한 조선 수군은 두번째 목표물인 가덕도로 향합니다. 해전을 포기한 일본 수군은 육지로 올라와 저항하다가 조선 수군이 퇴각하자 배를 타고 나와서 공격을 감행합니다. 탄환과 화살이 오가는 치열한 전투가 벌어졌지만 서로에게 결정적인 타격을 주지 못하고 끝납니다. 하지만 이 전투에서 보성군수 안홍국이 머리에 탄환을 맞아 전사하고 평산포만호 김축이 눈 아래에 탄환을 맞아 중상을 당합니다. 뭔가 찜찜한데요.

신효승 원균은 이 정도라면 체면치레를 다했다고 생각하겠지만 조급증이 난 조정은 만족하지 못하죠.

정명섭 또 출격 명령이 내려왔네요. 7월 4일 조선 수군이 다시 바다로 나갑니다. 7월 5일 거제도 북쪽의 칠천도에 정박해 밤을 보낸 조선 수군은 옥포와 가덕도를 거쳐 7월 7일 부산 인근의 다대포에 도착합니다. 조선 수군을 발견한 일본 수군은 이번에도 배를 버리고 육지로 도망치는군요. 지칠 대로 지친 조선 수군이 부산 외해에 위치한 절영도에 도달합니다. 이때 쓰시마에서 부산으로 들어오던 1000여 척의 일본 함선들과 접촉하지만 상대방이 전투를 회피하고 먼바다로 흩어져 공격에 실패합니다. 오히려 심한 풍랑과 바람 때문에 7척의 판옥선이 울산의 서생포에 표류했다가 일본군의 기습을 받고 승무원이 전멸당합니다. 이거 제대로 싸우지도 못하고 말리는 느낌인데요.

신효승 다른 5척의 판옥선도 두모포에서 비슷한 일을 겪죠. 권율 장군 휘하에서 백의종군 중인 이순신 장군은 중군 이중필에게 절영도 전투에서 이런 식으로 20척의 전선을 잃었다는 소식을 전해 듣고는 분하다고 『난중일기』에 적습니다. 본격적인 교전보다는 표류를 하다가 뭍에 내린 상태에서 기습을 당했다는 사실에 더 화가 난 것 같습니다.

정명섭 분통이 터진 건 이순신 장군만이 아니군요. 두 차례의 출전이 별다른 성과를 거두지 못하자 권율 장군은 원균의 태업을 의심하네요. 7월 11일 소환 명령을 받은 원균은 권율 장군이 머물고 있던 사천에 도착합니다. 왜 나가 싸우지 않느냐고 추궁하는군요. 원균이 뭐라고 대답하나요?

신효승 아이러니하게도 일본군이 부산 인근의 해안가와 섬들을 장악한 상태라서 섣불리 움직일 수 없다고, 이순신 장군과 똑같은 대답을 합니다. 자기에게 맡겨주기만 하면 다 쓸어버릴 것처럼 굴 때는 언제고….

정명섭 그러자 권율 장군은 기다렸다는 듯 원균이 전라병사로 재임하던 시절 썼던, 절영도로 진출해서 부산을 봉쇄하자는 제안을 담은 장계를 꺼내 보이는군요. 왜 한 입으로 두말을 하느냐고 윽박지르자 원균은 아직 요새화가 되기 이전인 그때와 지금은 사정이 달라졌다고 답변합니다.

신효승 상황이 변했으니 신중해야 한다는 주장은 원칙적으로는 틀린 말이 아니죠. 하지만 누가 그 말을 하느냐에 따라 합리적인 설명이 되기도 하고 치졸한 변명이 되기도 합니다. 원균의 변명에 권율 장군이 몹시 화가 난 모양입니다. 휘하 장수인 원균의 뻣뻣함에 더해 육군이 먼저 움직여야 한다는 장계를 멋대로 조정에 보내서 입장을 난처하게 했던 분노가 폭발합니다. 결국 원균에게 곤장을 치라는 명령을 내리는군요.

정명섭 물론 주변의 만류로 원균의 엉덩이에 곤장이 떨어지는 추태는 피했지만 망신살은 피할 수 없겠군요.

신효승 휘하 장수들이 보는 앞에서 면박과 모욕을 당한 원균은 한산도로 돌아와 술에 파묻혀 지냅니다.

정명섭 하지만 숨 돌릴 틈 없이 선조가 보낸 선전관宣傳官 김식金軾이 한산도에 도착합니다. 고주망태가 되어 있던 원균은 또다시 적을 놓아주고 싸우지 않으면 국법으로 엄단할 것이라는 최후통첩에 떠밀려 출격하고 맙니다. 7월 14일, 따사로운 아침 햇살 아래 돛대를 나란히 한 판옥선들에

노꾼과 사수 들이 탑승합니다. 급하게 출동 명령이 떨어진 탓에 식수와 식량을 제대로 챙기지 못한 것 같은데요. 통제영 상선의 장대將臺, 판옥선 갑판 위의 누각. 지휘관이 탑승한다에 오른 원균 옆에는 선조가 보낸 선전관 김식이 보입니다. 그나저나 판옥선118쪽 참조이 꽤 많아 보이는데 얼마나 되나요?

신효승 정확한 숫자는 안 나와 있지만 유추할 수 있는 자료들은 몇 개 있습니다. 칠천량 해전이 벌어지기 두 달 전인 5월 12일 권율 장군이 한산도에 집결한 판옥선이 134척, 아직 도착하지 않은 판옥선이 대여섯 척, 그리고 20일까지 건조가 완료될 판옥선이 48척이라는 보고를 올린 적이 있습니다. 도합 188척 정도의 판옥선과 거북선이 갖춰진 것이죠. 5월 13일에 체찰부사體察副使 한효순이 판옥선 134척, 노를 젓는 격군格軍이 1만3200명이라는 보고를 올린 것과 비슷합니다. 절영도 전투에서 20척을 상실했다는 점을 감안해도 150척에서 160척 정도의 판옥선과 거북선185쪽 참조이 출동한 것으로 보입니다.

정명섭 비록 조짐이 좋지는 않지만 임진왜란 동안 조선 수군이 가졌던 최대의 전력을 동원한 싸움에서 패배하리라고 믿는 사람은 드물었겠죠. 적어도 이 시점에서는 말이죠.

신효승 문제는 어디로 가느냐, 그리고 어떻게 싸우느냐입니다. 선조와 권율 장군에게 등 떠밀린 원균은 망망대해를 보면서 암울했을 겁니다. 적은 사방에 있지만 싸울 수가 없었으니까요.

정명섭 부산을 향해 느리게 동진하는 조선 수군. 험한 산세에 의지해 쌓아놓은 일본군의 성채에서 조선 수군의 동태를 알리는 듯한 봉화가 피어오릅니다. 거제도와 칠천도 사이의 칠천량에서 하룻밤을 보내고 다음 날 절영도에 도착한 조선 수군은 일본군을 찾아 교전을 시도했지만 뜻대로 되지 않습니다. 바다 위의 일본 함선들은 판옥선을 보자마자 뒤도 안 돌아

보고 항구 안으로 도망쳐버리네요. 항구에 접근하기 위해서는 높은 산 위에 진을 친 일본군의 화망火網을 돌파해야만 하는데 쉬워 보이지 않습니다. 애초에 뚜렷한 목표가 없는 상태였던 원균은 어쩔 줄 몰라 합니다. 명령을 내리고 취소할 때마다 전열은 점점 더 엉망이 되어갑니다.

신효승 결국 아무런 성과도 거두지 못한 조선 수군은 휴식처를 찾아 퇴각하죠. 이미 해가 져서 한산도까지 돌아가는 것은 불가능한 상태입니다.

정명섭 급하게 출격하느라 식수와 식량도 제대로 싣지 못했기 때문에 가덕도에

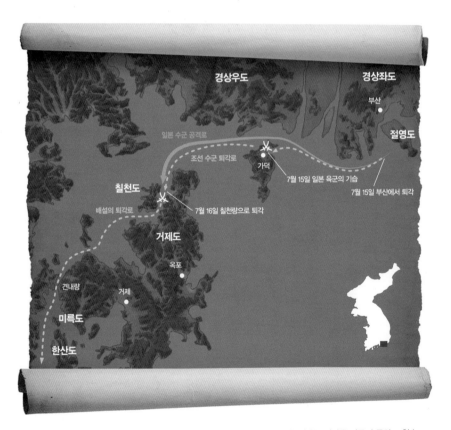

조선 수군과 일본 수군의 이동로 7월 14일 부산을 향해 출발한 조선 수군은 별다른 성과를 거두지 못하고 철수하던 중 칠천량에서 일본 수군의 공격을 받고 괴멸당한다. 배설이 이끄는 소수의 수군만이 한산도로 탈출하는 데 성공했다.

도착할 무렵에는 병사들이 갈증과 배고픔을 호소합니다. 할 수 없이 가덕도에 정박해서 식수를 구하기 위해 뭍에 올랐지만 기다리고 있던 일본군이 기습합니다. 아, 일본군의 기습에 400명의 병사들이 제대로 싸워보지도 못하고 전사합니다. 놀란 조선군은 서둘러 가덕도를 벗어나 거제도 북단의 영등포로 이동했지만 이곳 역시 일본군이 기다리고 있네요. 이제 어디로 가나요?

신효승 결국 거제도와 칠천도 사이의 칠천량에 묘박하기로 하는군요. 경상우수사 배설襄楔은 적의 기습이 우려되는 상황에서 좁은 칠천량에 머무는 것은 위험하다고 반대했지만 묵살당합니다.

정명섭 한편 기회를 잡은 일본 수군은 반격에 나섭니다. 조선 수군이 칠천량에 정박한 것을 눈치챈 와키자카 야스하루와 도도 다카토라가 이끄는 일본 수군이 조선 수군에 접근합니다. 만약 경계가 철저했다면 최악의 참사는 모면했겠지만 아무도 일본 수군의 접근을 경계하지 않습니다. 자포자기한 건가요? 조선 수군의 경계망 사이로 일본 수군의 정찰선이 드나들면서 위치를 파악하고는 판옥선에 불을 지르는 것으로 신호를 보냅니다. 운명의 7월 16일 새벽, 일본 수군이 불빛을 신호 삼아 칠천량을 포위합니다. 거제도에 있던 시마즈 요시히로島津義弘 역시 대포를 쏘면서 공격에 가담하는군요.

신효승 완벽하게 포위당했군요. 빠져나갈 길이 없어 보입니다.

정명섭 잠에서 깬 조선 수군은 바다를 가득 메운 일본 함대를 보고는 경악합니다. 도도 다카토라, 가토 요시아키, 구키 요시타카 등 이순신 장군에게 뼈아픈 패배를 당했던 일본 장수들은 그동안 당한 것에 대한 분풀이라도 하듯 적극적으로 공격을 펼칩니다. 기동할 공간이 사라진 칠천량의 좁은 바다에서 먹잇감을 노리는 상어 떼처럼 일본 수군이 판옥선을 둘러쌉니다. 접근전이 벌어지면서 조선 수군의 장점은 모두 사라졌네요.

화포를 발사할 여유가 없어진 판옥선에 칼을 든 일본군 병사들이 뛰어
듭니다. 조선 수군은 필사적으로 탈출을 시도하지만 거제도와 칠천도에
가로막힌 바다는 좀처럼 출구를 열어주지 않습니다. 탈출로를 찾지 못한
충청수사 최호崔湖와 전라우수사 이억기는 스스로 물에 빠져 목숨을 끊
고 맙니다. 아, 안타깝네요. 간신히 포위망을 뚫고 탈출한 조선 수군은
진해만과 당항포, 그리고 견내량으로 뿔뿔이 흩어져서 도망칩니다. 탈출
한 배들은 어느 정도인가요?

신효승 견내량을 통과해서 한산도로 탈출한 배설 휘하의 12척만 온전하게 전력
을 유지할 수 있었죠. 인명 피해는 생각보다 크게 난 것 같지는 않은데
요. 이런 식으로 다 흩어져서 도망치면 사실 전멸된 거나 다름없죠.

정명섭 그나저나 조선 수군을 이 꼴로 만든 원균은 어디 갔나요?

신효승 포위망을 돌파한 원균은 고성 추원포에 상륙한 후 실종됩니다. 동행했다

조선 수군의 괴멸 조선 수군은 해상과 육상에서 동시에 공격을 받고 전멸당했다. 지휘관의 무능력과 고집, 그
리고 상층부의 부당한 개입은 조선 수군의 전멸이라는 최악의 결과를 가져왔다.

가 살아남은 김식은 원균과 조선 수군의 최후를 이렇게 진술하죠.

신臣은 통제사 원균 및 순천부사 우치적과 간신히 탈출하여 추원포에 상륙했는데, 원균은 늙어서 빨리 움직이지 못해 맨몸으로 칼을 잡고 소나무 밑에 앉아 있었습니다. 신이 달아나면서 돌아보니 왜병 6, 7명이 칼을 휘두르며 원균에게 달려들었는데 그 뒤로는 생사를 자세히 알 수 없었습니다. 경상우수사 배설과 옥포, 안골의 만호 등은 간신히 목숨만 보전하였고, 많은 배들이 불에 타서 불꽃이 하늘을 덮었으며, 무수한 왜선들이 한산도로 향하였습니다.

스스로 덫에 들어간 조선군 거제도와 칠천도 사이의 좁은 칠천량에 갇힌 조선 수군은 경계 소홀로 인해 큰 패배를 당하고 만다. 경상우수사 배설이 이끈 12척의 판옥선만이 겨우 탈출에 성공한다.

정명섭 결과를 알고 있긴 했지만 막상 눈앞에서 보니까 허탈하네요.

신효승 사실 칠천량에서는 해전이라고 부를 만한 전투가 벌어지지 않았습니다. 하지만 이 싸움 같지 않은 싸움으로 삼도수군통제사 원균과 충청수사 최호, 전라우수사 이억기가 전사했습니다. 그리고 최소한 140척의 판옥선과 거북선이 침몰해버렸죠. 반면 칠천량 전투에 참전한 일본 장수들이 남긴 기록은 하나같이 이날의 전공을 자랑스럽게 말합니다. 도도 다카토라의 행적을 담은 『고산공실록高山公實錄』에는 격침하거나 포획한 판옥선의 숫자를 174척으로 기록합니다. 그리고 그가 도요토미 히데요시로부터 받은 감사장에는 160척을 포획하고 조선 수군 1000여 명을 참획했다고 적혀 있습니다. 선두에 서서 육박전을 펼친 가토 요시아키는 조선군이 쏜 화살에 맞아 물에 빠졌지만 다시 올라와서 배를 차지했다고 합니다. 시마즈 요시히로 역시 육지에 적절히 부하들을 매복시켜 배에서 도망친 조선 수군을 공격해 전과를 올렸습니다. 와키자카 야스하루 역시 16척의 판옥선을 포획했죠. 이 소식을 들은 도요토미 히데요시는 기쁨을 감추지 못했습니다.

정명섭 그럴 만도 하겠네요. 눈엣가시 같던 조선 수군을 한순간에 전멸시켰으니까요. 남은 조선 수군은 어떻게 움직입니까?

신효승 한산도의 본영은 포기해야만 했습니다. 유일하게 전력을 보존하고 물러난 경상우수사 배설은 한산도의 주민들을 철수시키고 병영에 불을 지릅니다.

정명섭 이순신 장군이 몇 년 동안 애써 모아놓은 군량과 무기 들이 한순간에 잿더미로 변해버리는군요. 겁먹은 일본 수군이 아예 교전 자체를 회피하는 바람에 몇 년 동안 '개점휴업' 상태였던 조선 수군은 전투다운 전투도 치러보지 못하고 와해됩니다.

신효승 당대에 '한산의 패전' 내지는 '한산이 무너졌다'라는 표현을 사용한 이 칠천량 해전은 조급증에 못 이겨 출격을 재촉한 선조와 대신들, 그리고 지휘관인 원균의 무능함이 만들어낸 최악의 참사였습니다. 한 가지 다행인 것은 생각보다 인명 피해가 크지 않았다는 점이죠.

정명섭 정말이요? 다 죽은 게 아니었나요?

신효승 원균이 도망치는 것을 본 조선 수군이 전의를 잃고 가까운 해안가에 내려와 뿔뿔이 흩어진 겁니다. 파괴된 판옥선의 대부분은 빈 채로 해안가에 버려져 있던 것들을 일본군이 불태운 거죠. 장수들 역시 앞서 얘기한 3명을 제외하고는 전사한 인물이 없습니다. 전사한 것으로 알려졌던 조방장 김완 역시 일본군의 포로가 되었다 탈출합니다. '원균 명장론'을 주장하는 측은 이 패전의 원인을 상부의 부당한 압력과 이순신 장군 휘하에 있던 부하들의 불복종이라고 말합니다. 하지만 칠천량 패전의 가장 큰 원인은 경계 소홀과 조직력 와해였고, 당대에도 이 사실을 명백하게 인식했죠. 1598년 4월 2일자 『조선왕조실록』을 볼까요.

> 사신은 논한다. 한산의 패배에 대하여 원균은 책형磔刑을 받아야 하고 다른 장졸들은 모두 죄가 없다. 왜냐하면 원균이라는 사람은 원래 거칠고 사나운 하나의 무지한 위인으로서, 당초 이순신과 공로 다툼을 하면서 백방으로 상대를 모함하여 결국 이순신을 몰아내고 자신이 그 자리에 앉았기 때문이다. 겉으로는 일격에 적을 섬멸할 듯 큰소리를 쳤으나, 지혜가 고갈되어 군사가 패하자 배를 버리고 뭍으로 올라와 사졸들이 모두 어육魚肉이 되게 만들었으니, 그때 그 죄를 누가 책임져야 할 것인가. 한산에서 한번 패하자 뒤이어 호남이 함몰되었고, 호남이 함몰되고서는 나랏일이 다시 어찌할 수 없게 되었다. 시사를 목도目睹하건대 가슴이 찢어지고 뼈가 녹으려 한다.

정명섭 이렇게 선조가 기획하고 원균이 주연을 맡은 희대의 코미디는 시작부터 삐걱거렸고, 황당한 결말로 끝나고 말았습니다. 정말 뭐라고 할 말이 없습니다. 늦은 감이 있긴 한데 패전의 원인을 다시 짚어주시겠습니까?

신효승 패전의 원인은 여러 가지가 있겠지만 지휘관인 원균의 책임을 묻지 않을 수 없습니다. 선조나 권율 장군 같은 경우 무리한 출격을 강요하긴 했지만 최종적인 책임은 현장 지휘관의 몫이죠. 그리고 정말 큰 문제는 칠천량 패전이 끝이 아니라 시작이었다는 점입니다. 수군이라는 빗장이 없어지자 전라도로 일본군이 물밀듯이 밀려오기 시작한 겁니다.

정명섭 그러게 말입니다. 이제 조선 수군의 씨가 말랐으니 일본 수군만 살판났겠군요.

신효승 맞습니다. 1596년 9월 명나라와의 강화 협상이 무산되면서 일본이 다시 쳐들어올 것이라는 예측이 지배적이었습니다. 그걸 막을 유일한 수단은 바로 수군이었죠. 하지만 임진년부터 연전연승한 조선 수군이 일본 수군을 막아줄 것이라는 선조와 대신들의 기대감은 신중한 이순신을 겁쟁이로 만들었고, 포악하고 무능한 원균을 용맹한 장수로 만들었습니다. 이번 이야기의 대미를 장식하는 것은 이런 상상도 못 할 사태를 야기한 원균이 멀쩡하게 살아서 도망쳤을 가능성이 살짝이나마 존재한다는 겁니다.

정명섭 네? 정말이요?

신효승 7월 21일 도원수 권율이 선조에게 올린 장계에는 원균의 생존설을 제기할 만한 기록이 나옵니다.

신臣의 군관인 최영길이 한산도에서 머물다가 지금에서야 나왔는데 그가 말하기를 '원균이 사지를 벗어나 진주로 향하면서 이야기하기를 사량蛇梁에 도착한 대선大船 18척과 전라선全羅船 20척은 본도에 산재해 있고, 한산에 머물러 있던 군민軍民, 남녀, 군기軍器와 여러 곳에서 모여든 잡선雜船 등을 남김없이 창선도昌善島에 모아놓았다. 군량 1만여 석은 일시에 운반하지 못하여 덜어내어 불태웠으며 도망하다 패배한 배는 모두 육지 가까운 곳에 정박시켰으므로 격군 중에 사망자는 많지 않다고 하였다.'

사실 선전관 김식의 증언은 나무 아래 앉아 있는 원균에게 일본군이 칼을 들고 몰려갔다는 얘기뿐이지 그의 죽음을 직접 목격한 것은 아니었습니다. 이 기록은 한산도에 머물다가 퇴각한 조선 수군을 직접 목격한 군관의 증언이라 어느 정도 신빙성이 있긴 하지만 원균에 대한 기록은 더 이상 찾아볼 수 없습니다.

정명섭 설사 살아 있다고 해도 나타날 리 없겠죠. 그나저나 이제 조선은 끝장인 건가요? 그런데 한양에서 남쪽으로 선전관이 내려가네요?

신효승 조선의 마지막 희망이죠. 원균과 동행했던 선전관 김식의 장계를 받은 22일, 선조는 대신들과 대책을 논의합니다. 그리고 백의종군 중인 이순신 장군을 다시 삼도수군통제사에 임명하기로 결정하고 선전관 양호를 파견합니다.

정명섭 안 싸운다고 잡아가둘 때는 언제고 이제 와서 다시 복직시킨답니까? 그리고 천하의 이순신 장군이라고 해도 뭐가 있어야지 싸울 거 아닙니까?

신효승 맨주먹이라고 해도 싸울 거라는 거 잘 아시잖아요.

정명섭 저 같으면 안 한다고 버티겠는데요? 거기다 백의종군 중이던 4월 11일에 어머니가 돌아가셨으니 상중이라고 거절을 해도 뭐라 할 사람이 없잖습니까. 아, 하긴 자식 같은 수군이 그런 꼴을 당했는데 나 몰라라 뒷짐만 지실 분은 아니죠. 그래서 교서를 받으신 후에 어떻게 하나요?

신효승 8월 3일, 삼도수군통제사로 임명한다는 교서를 받은 직후에 바로 이순신 장군은 길을 떠납니다. 다음 날인 8월 4일에는 전남 곡성을 거치고, 8월 5일에는 옥과에 도착하죠. 하지만 문제는 칠천량에서 승리한 일본군 역시 전라도를 목표로 이동하는 중이었다는 겁니다.

정명섭 그럼 마주칠 뻔했다는 말씀이십니까?

신효승 8월 4일 지나친 곡성의 바로 위에 있는 남원성의 경우, 열흘 후인 13일부터 일본군에 포위당합니다. 이때의 『난중일기』를 보면 이동하는 곳마다 지방관과 백성들이 일본군을 피해 도망친다고 기록되어 있죠.

정명섭 위기의 연속이었군요.

신효승 옥과에서 하루 머무른 이순신 장군은 다음 날 출발해서 8일 순천, 9일 낙안을 거쳐 보성에 도착하면서 비로서 한숨 돌립니다. 이순신 장군이 돌아왔다는 소식을 들은 장수들이 하나둘씩 찾아오면서 드디어 병력을 수습할 수 있게 됐지요.

정명섭 이렇게 보니 임지로 내려가는 과정도 만만치 않았네요.

신효승 이순신 장군은 17일 장흥을 거쳐 드디어 회령포會寧浦, 전남 장흥군 대덕면 회진리에 도착하면서 본격적으로 흩어진 조선 수군을 수습하고 독려합니다.

정명섭 그나마 위안이 되긴 하네요. 그런데 이 사이에 일본군은 무엇을 하고 있었나요?

신효승 이 사이에 일본 쪽도 조선 못지않은 실수를 저지르죠. 전라도 해안 지방을 장악하는 게 아니라 육지에 올라와서 우키다 히데이에가 이끄는 좌군과 합류해 남원성을 공격합니다.

정명섭 칠천량에서 승리하고도 바로 서해로 진출하지 않아서 한 달 동안이나 시간을 허비한 셈이 됐군요. 덕분에 이순신 장군은 흩어진 부하들을 모으고 전력을 재정비할 시간을 벌게 되네요.

신효승 너무 크게 이긴 탓에 조선 수군이 아예 사라졌다고 믿었기 때문입니다. 한마디로 눈앞의 승리에 너무 안주한 거지요.

정명섭 하긴 선조도 수군이 연전연승을 하니까 지휘관을 교체해도 괜찮다고 생각

했던 걸 보면 사람이란 다 똑같은가 봅니다. 일본군이 다시 남쪽으로 내려
가네요.

신효승 남원성을 함락하고 전력을 정비한 일본 수군이 다시 전라도 해안 지방을
향해 동진하지만 이미 조선 수군은 최악의 순간을 넘긴 상태이지요.

정명섭 희망을 가지기에는 너무 최악의 상황이긴 하지만 이순신 장군을 믿어보
는 수밖에 없군요. 이상으로 칠천량에서 조선 수군이 전멸했다는 안타
까운 소식을 전해드리면서 이번 중계를 마치도록 하겠습니다. 이순신 장
군이 어떻게 이 절체절명의 위기에서 벗어날지 다음 시간을 기대해보도
록 하겠습니다.

이순신 장군에 관한 얘기를 하면 항상 따라붙는 것이 앞서 거론한 '원균 명장론'이다. 원균 명장론을 주장하는 사람들은 원균이 선무1등 공신으로 책정된 것을 주요 근거로 삼는다. 하지만 『조선왕조실록』 사이트 http://sillok.history.go.kr에서 원균이라는 이름만 검색해봐도 쉽게 답을 찾을 수 있다. 원균을 편드는 건 선조 한 명뿐이다. 선조는 원균을 통제사로 임명했기 때문에 옹호할 수밖에 없는 입장이었다는 점을 감안하면 원균에 대한 호평이나 옹호는 조선시대 내내 찾아보기 힘들다.

또한 박정희 전 대통령이 정치적인 목적으로 이순신 장군에 대한 우상화를 시도했고, 그 와중에 원균이 부당한 취급을 받았다고 얘기한다. 하지만 『난중일기』를 비롯한 『충무공이순신전서忠武公李舜臣全書』는 정조 때 편찬되었다. 또 임진왜란이 끝난 지 3년 후인 1601년에는 백성들이 자발적으로 전남 여수시 덕충동에 충민사忠愍祠라는 사당을 세웠다. 조선시대 내내 이순신 장군에 대한 추모 사업이 계층을 가리지 않고 진행되었다는 점을 감안하면 원균 옹호론자들의 주장은 근거가 희박하다. 그럼에도 불구하고 원균 명장론이 사라지지 않는 이유는 무엇일까?

가장 큰 이유는 새로운 이슈를 찾는 미디어의 왜곡이다. 더불어 이슈를 만들거나 기존의 통설에 대한 도전을 통해 지적 우월감을 드러내 보이고 싶어하는 일부 작가들의 욕심 때문이다. 당시 기록만 꼼꼼하게 살펴봐도 원균 명장론이 얼마나 말도 안 되는지 알 수 있다.

> 사신은 논한다. 이순신은 사람됨이 충용하고 재략도 있었으며 기율紀律을 밝히고 군졸을 사랑하니 사람들이 모두 즐겨 따랐다. 전일 통제사 원균은 비할 데 없이 탐학貪虐하여 크게 군사들의 인심을 잃고 사람들이 모두 그를 배반하여 마침내 정유년 한산의 패전을 가져왔다. 원균이 죽은 뒤에 이

순신으로 대체하자 순신이 처음 한산에 이르러 남은 군졸들을 수합하고 무기를 준비하며 둔전屯田을 개척하고 어염魚鹽을 판매하여 군량을 넉넉하게 하니 불과 몇 개월 만에 군대의 명성이 크게 떨쳐 범이 산에 있는 듯한 형세를 지녔다. 지금 예교曳橋의 전투에서 육군은 바라보고 전진하지 못하는데, 순신이 명나라 수군과 밤낮으로 혈전하여 많은 왜적을 참획하였다. 어느 날 저녁 왜적 4명이 배를 타고 나갔는데, 순신이 명나라 장수 진인陳璘에게 고하기를 '이는 반드시 구원병을 요청하려고 나간 왜적일 것이다. 나간 지가 벌써 4일이 되었으니 내일쯤은 많은 군사가 반드시 이를 것이다. 우리 군사가 먼저 나아가 맞이해 싸우면 아마도 성공할 것이다' 하니, 진인이 처음에는 허락하지 않다가 순신이 눈물을 흘리며 굳이 청하자 허락하였다. 그래서 명군과 노를 저어 밤새도록 나아가 날이 밝기 전에 노량露梁에 도착하니 과연 많은 왜적이 이르렀다. 불의에 진격하여 한참 혈전을 하던 중 순신이 몸소 왜적에게 활을 쏘다가 왜적의 탄환에 가슴을 맞아 선상에 쓰러지니 순신의 아들이 울려 하고 군사들은 당황하였다. 이문욱李文彧이 곁에 있다가 울음을 멈추게 하고 옷으로 시체를 가려놓은 다음 북을 치며 진격하니 모든 군사들이 순신은 죽지 않았다고 여겨 용기를 내어 공격하였다. 왜적이 마침내 대패하니 사람들은 모두 '죽은 순신이 산 왜적을 물리쳤다'라고 하였다. 부음이 전파되자 호남 일도一道의 사람들이 모두 통곡하여 노파와 아이들까지도 슬피 울지 않는 자가 없었다. 국가를 위하는 충성과 몸을 잊고 전사한 의리는 비록 옛날의 어진 장수라 하더라도 이보다 더할 수 없다. 조정에서 사람을 잘못 써서 순신으로 하여금 그 재능을 다 펴지 못하게 한 것이 참으로 애석하다. 만약 순신을 병신년과 정유 연간에 통제사에서 체직시키지 않았더라면 어찌 한산의 패전을 가져왔겠으며 양호兩湖가 왜적의 소굴이 되었겠는가. 아, 애석하다.

– 『조선왕조실록』, 선조 31년(1598년) 11월 27일

귀고리를 하는 조선 남자

비망기로 정원에 전교하였다.

"신체와 발부는 부모에게 물려받는 것이니 감히 훼상(毁傷)하지 않는 것이 효의 시초라고 하였다. 우리나라의 크고 작은 사내아이들이 귀를 뚫고 귀고 리를 달아 중국 사람에게 조소(嘲笑)를 받으니 부끄러운 일이다. 이후로는 오랑캐의 풍속을 일체 고치도록 중외(中外)에 효유(曉諭)하라. 한양은 이달 을 기한으로 하되 혹 꺼리어 따르지 않는 자는 헌부가 엄하게 벌을 주도록 할 것으로 승전(承傳)을 받들라."

– 『조선왕조실록』, 선조 5년(1572년) 9월 28일

사내아이들이 귀고리라니? 조선시대에 그게 가능한 일이냐고 반문하 실 분들이 적지 않겠지만 엄연히 실록에 실린 기록이다. 상투를 틀고 갓 을 쓴 양반이나 머리를 땋은 사내아이들, 패랭이를 쓰고 등짐을 진 장 사꾼들 모두 귓불을 뚫고 귀고리를 달았다는 얘기다. 심지어 출전하는 이순신 장군도 귀고리를 했을 가능성이 크다. 오랑캐나 하는 풍습이라 며 창피하니까 금지하라는 왕의 전교를 내렸지만 잘 지켜지지 않았던 모양이다.

경리접반사(經理接伴使) 종사관이 아뢰기를,

"아침 문을 닫기 전에 경리가 신 이덕형(李德馨)을 불러서 들어오게 하므로 (…) '지난날에 왜적의 머리를 조사할 때 밖에서 말하기를 '이것은 가짜 왜적 이 아닌가' 하였다. 이에 신이 대답하기를 '가짜 왜적이라면 좌우의 귀를 살

펴보아 귀고리 구멍을 뚫었던 흔적이 있으면 알 수 있다. 들은 바에 의하면 이 왜적의 머리는 모두 진짜 왜적이니 어찌 그럴 리가 있겠는가.'

- 『조선왕조실록』 선조 30년(1597년) 10월 4일

요약하자면 일본군의 수급이라고 가져온 머리에 양쪽 귀를 뚫은 흔적이 있으면 가짜, 즉 조선 사람이라는 것이다. 이 얘기는 20여 년 전 금지령이 내려진 이후에도 여전히 조선 남자들이 귀를 뚫고 귀고리를 달았다는 뜻이다. 조선의 이런 풍습은 죽은 사람이 일본군인지 아닌지를 판단하는 것 외에 일본 사람이 조선 사람인 척 꾸미고 염탐하는 것을 잡아낼 때 쓰이기도 했다. 『매헌실기(梅軒實記)』에는 선조가 정기룡(鄭起龍) 장군에게 알려준 일본군 간첩을 식별하는 법 두 가지가 나온다. 하나는 이마에 두건 자국을 확인하라는 것, 그리고 귀에 귀고리를 했거나 했던 흔적이 있는지 확인하라는 것이다. 조선 사람이라면 갓이나 망건, 하다못해 두건이라도 두를 테니까 적절한 구분법이라고 할 수 있다. 하지만 귀고리 구멍을 확인하라는 얘기는 낯설다 못해 혼란을 느낄 지경이다. 즉 귀고리를 하지 않거나 귀를 뚫지 않았으면 일본 사람이라는 것이다. 역사는 이렇게 가끔 의외의 모습을 보여주곤 한다.

5 명랑해전

칠천량 해전의 참패 이후 조정은 이순신 장군을 다시 삼도수군통제사에 임명한다. 하지만 한 줌밖에 안 되는 전력으로 기세가 오른 일본 수군을 막을 수 있으리라고는 아무도 믿지 않았다. 오랜 투옥과 고문으로 쇠약해진 몸을 이끌고 남쪽으로 내려간 이순신 장군은 13척의 전선을 모으고 명랑해협에서 일본 수군과 대치한다. 칠천량에서 조선 수군이 전멸한 지 정확하게 두 달 만이었다.

조선군 지휘관: 삼도수군통제사 이순신
참전 병력: 판옥선 13척

일본군 지휘관: 도도 다카토라
참전 병력: 최소 133척 최대 500척

후대의 역사는 임진왜란과 정유재란을 함께 묶지만 사실은 다른 형태의 전쟁이다. 임진왜란은 지극히 전형적인 '일본식 전쟁'이라는 개념에 입각해서 진행되었다. 일본에서의 전쟁은 최대한 빠르게 상대 다이묘가 머무는 성을 공격해서 항복을 받거나 죽이면 끝났다. 농민은 누가 지배자가 되건 공납만 바치면 그만이었고, 공격하는 쪽 역시 나중에 공납을 바칠 농민을 적으로 보지 않았다. 임진왜란 초기 일본이 노린 것은 '조선'이라는 영토를 지배하는 '선조'라는 다이묘였다. 왕이 머무는 한양만 함락시키면 끝이라는 고니시 유키나가의 생각은 텅 빈 도성을 보는 순간 물거품으로 변해버렸다.

전쟁과 모략의 천재인 도요토미 히데요시 역시 선조가 도망쳤다는 보고를 받고는 간닌분(堪忍分, 주군이 휘하 영주들에게 지급하는 보조금)을 지급하려고 했는데 왜 도망쳤는지 모르겠다는 반응을 보인다. 도성을 함락하면 왕은 당연히 항복할 것이라고 예측한 것이다. 항복하면 부하로 삼아서 보조금을 지급한다는 지극히 일본적인 개념은 난생처음 겪는 의병들과 조선 수군의 출현으로 인해 산산조각 난다.

이상한 전쟁을 겪은 일본군은 명군의 참전과 함께 남쪽으로 쫓겨난다. 지루한 강화 협상이 무산되고 정유년에 일본군이 다시 바다를 건너온다. 지난번 전쟁에서 충분히 한반도식 전쟁 개념을 받아들인 그들의 목표는 적국(赤國)으로 표시된 전라도 지역의 완전 장악과 한양의 점령이었다. 그러기 위해서는 조선 수군을 반드시 제거해야만 했다. 일본의 계략(111쪽 참조)에 속은 조선 조정은 이순신 장군을 파직하고 원균을 삼도수군통제사로 임명하는 자충수를 두고 만다. 7월 16일 도원수 권율의 명령을 받고 부산으로 출전한 조선 수군은 칠천량에서 일본 수군과 육군의 협동 작전에 휘말려 허무하게 패배하고 만다. 임진년 이후 불패의 명성을 쌓았던 조선 수군이 한순간에 증발해버린 것이다.

8월 초 조선 수군이 사라진 바다를 건너온 일본군은 병력을 좌우군으로

정유재란 당시 일본군 편제와 규모

구 분	지휘관	병력(명)
제1군	가토 기요마사	10,000
제2군	고니시 유키나가	14,700
제3군	구로다 나가마사	10,000
제4군	나베시마 나오시게	12,000
제5군	시마즈 요시히로	10,000
제6군	조소카베 모토치카	13,300
제7군	하치스카 이에마사	11,100
제8군	모리 히데모토	30,000
	우키다 히데이에	10,000
부산포성 수비군	고바야카와 히데아키	10,000
안골포성 수비군	다치바나 무네시게	5,000
가덕도성 수비군	다카하시 무네마스	500
	쓰쿠시 히로카도	500
죽도성 수비군	고바야카와 히데카네	1,000
서생포성 수비군	아사노 나가요시	3,000
감시역(目付)		390
합 계		**141,490**

제1군과 제2군은 이틀 동안 번갈아 선두를 맡았다. 이는 임진왜란 당시 선두 다툼으로 유명한 가토 기요마사와 고니시 유키나가를 중재 혹은 경쟁시키기 위한 도요토미 히데요시의 지시에 따른 결정이다. 감시역(目付)은 일본어로 '메쓰케'라고 발음하며 전쟁터에서 아군 장수와 적군의 동태를 파악해 주군에게 보고하는 임무를 맡은 감찰관이다. 가덕도성의 수비를 맡은 다카하시 무네마스는 일부 자료에서는 다카하스 나오쓰구(高矯直次)로 표시되어 있지만 동명이인이다.

나눠 진격을 개시한다. 우키다 히데이에가 이끄는 좌군 5만 명은 수군과 함께 움직이면서 하동과 구례를 거쳐 남원성을 공격한다. 8월 16일 남원성을 함락한 좌군은 방향을 틀어 북상해서 19일 전주에 무혈 입성한다. 한편 모리 히데모토가 지휘하는 우군 6만4000명은 서생포성에서 합류한 가토 기요마사의 부대와 함께 진격한다. 낙동강을 건넌 우군은 8월 17일 안음의 황석산성을 함락하고 좌군이 점령한 전주에 도착한다. 전주에서 전력을 재정비한 일본군은 다시 두 마리 토끼, 즉 한양과 전라도를 장악하기 위해 움직인다. 우군은 충청도를 거쳐 북상하고, 좌군은 충청도에서 남하하여 전라도로 진격한다. 북상하던 일본군의 기세는 9월 7일 우군의 선두가 직산에서 명군과 교전을 벌이면서 한풀 꺾인다. 한편 충청도 지역에서 우군과 분리해 남하한 좌군은 전주를 거쳐 9월 15일 정읍에 집결한다. 이곳에서 일본군 수뇌부는 향후 전라도 지역의 점령 방안을 논의한다. 전라도만 장악한다면 임진왜란 내내 일본군을 괴롭혔던 보급 문제가 해결될 수 있었다. 비록 직산 전투로 인해 한양 점령은 실패했지만 또 다른 목표인 전라도 장악은 눈앞에 두고 있었다. 정유년 전쟁의 초반 페이스는 확실히 일본군에 유리하게 진행된다.

1597년 7월 16일은 조선 수군, 아니 조선에 암흑 같은 날이었다. 칠천량 패전은 일본 수군의 마지막 장해물이 사라졌다는 것을 의미했다. 반면 일본 수군에게는 버뮤다 삼각지대 같았던 조선의 남쪽 바다를 장악할 수 있는 열쇠가 되었다. 7월 22일 원균과 동행했던 선전관 김식의 장계를 받은 조선 조정은 글자 그대로 '패닉 상태'에 빠져버린다. 8월 3일 선전관 양호가 백의종군 중인 이순신 장군에게 삼도수군통제사로 임명한다는 교서를 가지고 내려간다. 하지만 고작 10여 척의 판옥선을 가지고 일본 수군을 막을 수 있을 것이라고 믿는 사람은 없었다. 심지어는 그를 다시 삼도수군통제사로 임명한 선조조차 따로 선전관을 보내서 수군을 폐하고 육군에 편입하라는 명령을 내릴 지경이었다. 자식 같던 조선 수군의 죽음에서 아직 헤어나지 못했던 이순신 장군은 힘겹게 붓을 잡아서 장계를 쓴다.

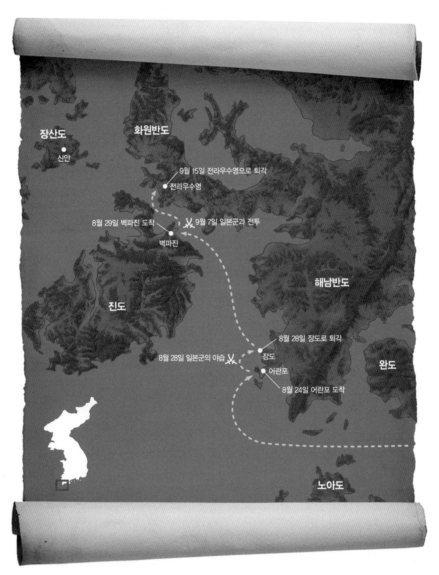

장산도

화원반도

신안

9월 15일 전라우수영으로 퇴각

전라우수영

8월 29일 벽파진 도착 ⚔ 9월 7일 일본군과 전투

벽파진

해남반도

진도

8월 28일 장도로 퇴각

8월 28일 일본군의 야습 ⚔ 장도

어란포

완도

8월 24일 어란포 도착

노아도

칠천량에서 패한 조선 수군의 퇴각로 이순신 장군이 이끄는 조선 수군은 남해의 서쪽 끝으로 계속 퇴각해서 명량을 지킨다. 명량이 일본 수군에게 돌파당한다면 서해로 진출하는 관문이 열리기 때문에 사실상 최후의 방어선이었다.

신에게는 아직 열두 척의 전선이 있으니 적이 가벼이 여기지 못할 것입니다.

　　장계를 쓴 이순신 장군은 다시 걸음을 재촉한다. 8월 18일 회령포에 도착한 그는 전라우수사 김억추를 비롯한 휘하 장졸들에게 사태가 이렇게 되었으니 죽기를 각오하고 싸우자며 전의를 북돋운다. 그리고 공공연히 항명하는 경상우수사 배설을 대신해 그의 부하에게 곤장을 때리는 것으로 기강을 세운다. 임진년에도 조정의 도움 없이 수군을 운영했던 이순신 장군은 더 열악한 상황에서도 포기하지 않고 수군의 재건에 나섰다. 하지만 한 줌밖에 안 되는 전력으로 기세등등한 일본 수군을 막을 수는 없었다. 회령포에 도착한 이틀 후인 8월 20일, 이진梨津, 전남 해남군 북평면 이진리으로 이동한 것을 시작으로 24일에는 남해의 동쪽 끝인 해남반도의 어란포於蘭浦, 전남 해남군 송지면 어란리에 이르렀다. 8월 28일에는 추격해온 일본 수군과 소규모 야전을 벌여서 격퇴시키고 장도獐島, 전남 해남군 송지면 앞바다에 있는 섬로 이동한다. 그리고 다음 날인 29일 벽파진碧波津, 전남 진도군 고군면 벽파리으로 진을 옮긴다. 점점 남해의 서쪽 끝으로 밀려난 셈이다.

　　한편 칠천량 해전에서 승리한 일본 수군은 좌군의 움직임에 발맞춰 계속 서쪽으로 진격한다. 8월 26일에 이진 앞바다에 모습을 드러낸 일본 수군은 28일에는 어란포에 머문 조선 수군에 야습을 감행했다가 격퇴당한다. 9월 7일에는 퇴각한 조선 수군을 뒤쫓아서 남해의 동쪽 끝인 해남반도의 어란포까지 진출한다. 이제 진도와 화원반도 사이의 좁은 울돌목만 통과한다면 일본군이 전쟁 내내 한 번도 도달하지 못했던 서해로 진출하는 관문이 열리는 것이었다. 같은 날 벽파진에서 양군의 교전이 벌어진다. 대담해진 일본 수군은 야습을 감행하지만 미리 대비하고 있던 조선 수군에 격퇴당한다. 하지만 일주일간의 탐색전으로 조선 수군이 불과 10여 척의 판옥선뿐이라는 사실을 알아차린 일본 수군 지휘부는 공격을 결정한다. 9월 14일, 이순신 장군은 군관 임준영에게 200여 척의 적선 중 55척이 어란 앞바다에 진을 쳤다는 보고를 받는다.

곧 대규모 전투가 벌어질 것을 직감한 이순신 장군은 9월 15일에 명량해협 너머의 우수영右水營* 앞바다로 진을 옮긴다.

　진도와 화원반도 사이의 좁은 해협은 거센 물살이 내는 소리가 꼭 아기 울음소리 같다고 해서 '울돌목', 한문으로는 '명량鳴梁'이라고 불렸다. 조선군이 벽파진에서 명량해협 너머로 퇴각했다는 것은 사실상 남해의 출구이자 서해의 입구인 진도까지 물러난 셈이었다. 섬뜩한 물소리를 내는 명량을 바라보는 이순신 장군의 심정이 어떠했을지 짐작이 가고도 남는다. 9월 15일 저녁, 잠자리에 드는 일본 수군은 달콤한 승리를 꿈꾸며 눈을 감았다. 반면 같은 날 밤 조선 수군은 다음 날이 자신들의 마지막 날이 될 것이라는 두려움에 잠을 이루지 못했을 것이다. 이제 조선의 운명은 두 달간의 투옥과 고문으로 만신창이가 된 53세의 한 남자에게 맡겨졌다. 1597년 9월 16일, 아침은 온갖 운명의 소용돌이 한가운데에서 밝아왔다. 우연찮게도 칠천량에서 조선 수군이 전멸당한 지 꼭 두 달이 지난 후였다.

---

* 조선은 왜구의 침입이 잦은 경상도와 전라도의 해안에 각각 두 개의 수군 군영을 설치한다. 우수영은 한양에서 남쪽을 바라보는 것을 기준으로 오른쪽, 즉 서쪽에 설치된 군영을 일컫는다. 즉 전라도의 서쪽은 전라우수영, 동쪽은 전라좌수영이 관할한다. 임진왜란 당시 전라우수영은 전남 해남군 문내면에 있었다. 참고로 임진왜란 발발 당시 이순신 장군은 전라도의 좌수영을 책임지는 전라좌수사였다.

정명섭 아, 운명을 건 16일 아침이 밝아왔습니다. 도움 말씀을 주실 신효승씨가
　　　나와주셨습니다. 칠천량 전투 이후 조선 수군은 반격다운 반격도 못 해
　　　보고 계속 밀려나는 상황인데요.

신효승 그렇죠. 사실 이 정도 전력 차이는 충무공이라고 해도 어떻게 할 수 없
　　　잖습니까?

정명섭 조선군은 병력, 물자가 모두 빈약한 반면 일본 수군은 새로 뽑은 병력과
　　　함선이 가득하군요.

신효승 일단 양군의 전력과 지휘관을 분석한 표를 보시죠.

명량해전 전력 비교

구 분	조선 수군	일본 수군
지휘관	이순신 (53세)	도도 다카토라 (42세)
직책	전라좌도 수군절도사 겸 경상, 충청, 전라 삼도통제사	일본 수군 지휘관, 이요 사카지마 번주
주요 경력	옥포 해전, 사천 해전, 당포 해전, 당항포 해전, 안골포 해전, 한산도 해전, 부산 다대포 해전 승리	옥포 해전 패배, 순천 왜교성 축성, 칠천량 해전 승리, 남원성 전투 참가
전략 목표	일본 수군의 서해 진출 저지	조선 수군을 전멸시키고 북상하는 육군과 합류
휘하 전력	판옥선 13척, 별망선 32척	최소 133척에서 최대 500척

정명섭 도도 다카토라는 한산도에서 이순신 장군에게 크게 패한 장수 아닌가요?

신효승 맞습니다. 하지만 칠천량 해전에서의 전과를 인정받고 총사령관에 임명된
　　　겁니다.

정명섭 그나저나 일본 수군이 계속 기세 좋게 몰아붙이는데요. 이러다가 선조
　　　가 또 보따리 싸겠네요. 가족들은 이미 피란을 보냈군요. '노블레스 오
　　　블리제'와는 담을 쌓았나 봅니다. 이때 홍문관弘文館, 왕에게 자문을 하는 기

관 관리들이 피란을 가지 말라며 선조의 발목을 잡습니다. 선조가 몹시 당혹스러워하는 가운데 명나라 제독 마귀麻貴까지 나서서 남아 있으라고 합니다. 이순신 장군한테는 강하지만 명나라한테는 한없이 약한 선조, 그대로 주저앉고 마는군요. 그나저나 일본 수군 지휘관 중에 구루시마 미치후사來島通總가 있네요. 모르시는 분들을 위해 간단한 설명 좀 부탁 드립니다.

신효승 구루시마 가문은 이요伊予 지방의 유명한 해적 가문이죠. 도요토미 히데 요시의 총애를 받고 있었고 임진왜란이 발발하면서 조선으로 건너왔습 니다. 하지만 당항포 해전*에서 형인 도쿠이 미치토시得居通年가 전사하고 말죠.

정명섭 그럼 형의 복수를 위해서 동생이 선봉을 자청한 것이군요.

신효승 그것보다는 좀 복잡하죠. 둘이 형제라고는 하지만 어머니가 다르고, 동 생이 가문의 당주 자리에 올랐기 때문에 사이가 좋았다고 보기는 어렵 습니다. 형의 복수보다는 복수를 명분으로 선두에 서서 전공을 세워보 려 했던 것이 아닐까 조심스럽게 추측해봅니다.

정명섭 그런데 구루시마 미치후사의 형이면 구루시마 미치유키來島通之 아닌가요?

신효승 구루시마 미치유키는 도쿠이 미치토시의 어린 시절 이름입니다. 구루시 마 가문의 계승권을 동생인 구루시마 미치후사에게 빼앗겼기 때문에 처 가의 성을 따서 이름을 바꾼 것으로 추정됩니다.

정명섭 아, 그렇군요. 한 사람이 여러 이름을 쓴다는 점이 생소하네요.

신효승 한번 이름이 정해지면 죽을 때까지 그대로 쓰는 우리나라와는 달리 일 본은 이름을 바꾸는 경우가 많아서 같은 사람을 별개의 인물로 파악하

---

* 도쿠이 미치토시가 전사한 전투가 6월 2일의 당포 해전인지, 6월 6일의 당항포 해전인지 명확하지 않다. 전사한 상황도 해 전 중으로 알려져 있지만 『고려전선기』에는 육지로 도망쳤다가 할복했다고 기록되어 있다.

는 경우가 종종 있기도 합니다.*

정명섭 그나저나 이순신 장군이 진을 친 곳이 명량해협인데요. 이곳 지형에 대해서 좀 설명해주시겠습니까?

신효승 명량해협은 진도와 화원반도 사이의 좁은 물길입니다. 길이가 1.5킬로미터에 폭이 300미터밖에 안 되고, 평균 유속이 무려 10노트약 초속 5.14미터 입니다.

정명섭 지형의 이점을 살릴 계획인 것 같습니다만 일본 수군의 전력이 워낙 압도적이라 불안하네요.

신효승 그렇습니다. 특히 선봉인 구루시마 미치후사가 이끄는 해적들은 물길이 더 험한 견내량見乃梁. 거제도와 통영반도 사이의 좁은 수로도 문제없이 통과했을 정도로 실력이 뛰어나죠.

정명섭 아, 말씀드리는 순간 어란포에 진을 치고 있던 일본군의 움직임이 심상치 않습니다. 아침 일찍 전투에 나설 모양인데요. 근처에 있는 산에서 내려다보던 조선군 척후병이 배를 타고 쏜살같이 우수영으로 돌아갑니다. 조만간 이번 전쟁의 운명을 건 중요한 일전이 벌어질 것 같습니다. 이순신 장군이 압도적인 전력 차를 과연 어떻게 극복하고 승리를 움켜쥘지 자못 궁금해집니다. 이번 명량해전은 양측이 남긴 기록들을 토대로 해서 각 시간별로 설명을 드리도록 하겠습니다.

출동, 오전 7시 37분

정명섭 오전 7시, 해가 뜨는 가운데 조선 수군이 차례차례 배에 오르고 있습니다. 진도의 언덕과 해협 근처에 배를 대고 있던 피란민이 측은한 눈으로 조선군을 바라보고 있군요.

신효승 아무래도 죽으러 가는 것처럼 보이겠죠. 우수영에 집결한 조선 수군의 판옥선은 불과 13척뿐이었고, 해협 밖 어란포 앞바다를 가득 메운 일본 수군의 배는 얼추 봐도 수백 척이 넘으니까요.

정명섭 이미 명량해협 밖에 진을 치고 있던 일본 수군의 배에서 우렁찬 함성이 들려옵니다. 함성을 신호로 바다를 가르는 노의 움직임이 빨라지는데요. 바다로 나온 조선군 판옥선들의 움직임도 민첩해집니다. 하지만 조류도 조선 수군을 외면하는군요. 남동쪽에서 밀려오는 바닷물을 헤치고 힘겹게 나간 조선군 판옥선들이 간신히 명량해협 입구까지 도달합니다. 조선 수군이 삐걱대며 겨우 진형을 갖춘 사이 반대쪽 해협 입구까지 진출한 일본 수군 역시 노를 멈춥니다. 선두에 선 일본 수군의 세키부네와 고바야**들은 팔각형 안에 삼三자가 물결치듯 그려져 있는 깃발을 달고 있군요.

---

* 그 외에도 일본 수군 지휘관 중 한 명인 간노히라 히라에몬(平右衛門)은 간 미치나가(菅達長)라는 이름도 가지고 있다. 구와야마 시게카쓰와 동생인 구와야마 고덴지는 각각 구와야마 가즈하루와 구와야마 사다하루 형제와 동일 인물이다. 그리고 정유재란 당시 부산 가덕도의 왜성을 수비하던 다카하시 무네마쓰는 다치바나 나오쓰구와 다카하시 나오쓰구라는 두 개의 이름을 가지고 있다.

** 고바야(小早)는 일본 수군의 소형 전투선으로 주로 척후와 연락을 담당했다.

신효승 구루시마 가문의 문장이죠.

정명섭 일본 함대를 계속 살펴볼까요? 선봉 함대의 후미에는 좀더 크고 화려해
보이는 세키부네115쪽 참조 한 척이 자리잡고 있습니다. 푸른 비단을 벽
지처럼 두른 누각 위에는 도세이구소쿠*를 차려입은 지휘관과 가신들이
앉아 있군요.

신효승 선봉에 선 구루시마 수군의 지휘관은 가문의 당주인 구루시마 미치후사
죠. 7살에 형을 제치고 가독家督을 승계한 이후 도요토미 히데요시를 섬
겼고, 공을 인정받아 1만 4000석의 영주가 되었습니다. 이번 해전에서 승
리하여 조선 수군의 숨통을 끊고, 나아가 이순신의 수급이라도 취한다
면 단번에 14만 석의 영주가 될 수도 있을 겁니다. 어머니가 다른 형의
복수보다 더 중요한 문제죠.

접전, 오전 8시 36분

정명섭 판옥선에 탄 포수들이 떨리는 손으로 지자총통에 격목**을 끼우고 장군
전90쪽 참조을 쑤셔넣는 모습이 보입니다. 활을 든 사수들도 숫깍지39쪽
참조를 끼운 손으로 애꿎은 시위를 퉁기고 있군요. 다들 초조하고 불안
해 보입니다. 이때 북서쪽으로 흐르는 바닷물에 올라탄 일본 수군의 고
바야와 세키부네 들이 시위를 떠난 화살처럼 다가옵니다. 반면 조선 수
군은 해협 안에서 밀려나오는 격류를 거슬러 올라가지 못한 채 호리병

---

* 도세이구소쿠(當世具足)는 전국시대 다이묘들이 주로 입
던 최고급 갑옷이다.

** 격목(隔木)은 총통의 발사체와 화약 사이에 끼워넣는 나
무토막으로, 화약이 폭발할 때 발사체가 더 멀리 날아갈
수 있도록 압력을 증가시키는 역할을 한다.

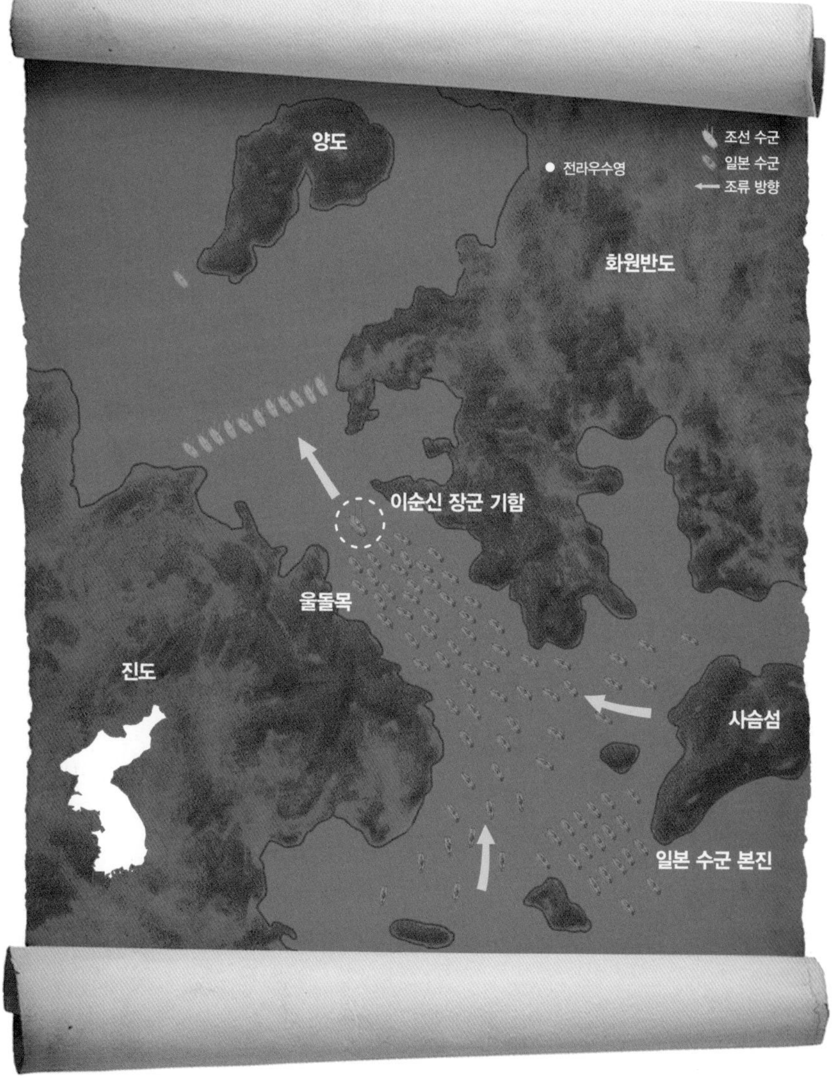

양도

● 전라우수영

조선 수군
일본 수군
→ 조류 방향

화원반도

이순신 장군 기함

울돌목

진도

사슴섬

일본 수군 본진

명량해전 초반 전투 초반, 겁을 집어먹은 다른 판옥선들이 뒤로 물러난 가운데 이순신 장군이 지휘하는 판옥선 한 척만이 일본 수군과 맞서 싸웠다. 『난중일기』에는 전라우수사 김억추의 배가 가장 멀리 떨어져 있었다고 기록되어 있다.

133 대 1 1597년 9월 16일 아침, 명량해협의 급류를 빠져나온 일본 함대 앞을 단 한 척의 판옥선이 가로막았다. 조선의 운명이 가장 마지막까지 도달한 순간이었다.

주둥이 모양의 입구에서 맴도는 중입니다. 바야흐로 조선의 운명을 건 한판 승부가 펼쳐지려는 순간인데요. 일본 수군의 선두에 선 세키부네 를 향해 수자기帥字旗가 높이 올려진 통제영 상선의 지자총통이 불을 뿜습니다. 지금 날아가고 있는 건 뭔가요?

신효승 33근짜리 두툼한 나무에 쇠로 된 날개와 촉을 가진 장군전입니다. 뒤에 함께 날아가다가 떨어지는 것은 격목이죠.

정명섭 장군전이 기세 좋게 날아가 선두에 선 세키부네의 상부 갑판에 명중합니다. 그동안 조선군 화약무기에 실컷 당해온 세키부네는 대나무 다발을 두껍게 두르고 민가에서 약탈한 솜이불까지 둘렀지만 소용없군요. 대나무 다발을 갈기갈기 찢어버린 장군전이 대기 중이던 뎃포 아시가루들을 쓸어버리고 접혀 있던 돛대까지 부숴버렸습니다. 하지만 다른 세키부네들은 동료의 불행에 한눈팔지 않고 묵묵히 전진합니다. 다시 장군전들이 날아들지만 일본 수군의 전진을 막지는 못합니다. 근데 통제영 상선만 앞에 나와 있고 다른 배들은 모두 뒤로 빠져 있군요.

신효승 두려움과 조류 때문이죠. 다들 통제영 상선에 비해 몇 백 미터나 뒤로 물러난 상태였고, 특히 전라우수사 김억추金億秋가 탄 판옥선은 더 멀리까지 후퇴한 상태입니다.

정명섭 명량해협 입구에서 쇄도하는 일본 수군을 막는 조선 수군의 판옥선은 단 한 척뿐인 상황입니다. 그런데 멀리 피란민 대열에 섞여 있던 작은 쪽배 한 척이 다가오는군요. 누가 타고 있는 거죠?

신효승 선공주부繕工主簿를 지낸 마하수馬河秀와 네 아들, 그리고 그들과 합세한 마을 사람들입니다.

정명섭 속도를 높인 통제영 상선이 세키부네들을 능숙하게 제치면서 총통을 발사합니다. 갑판 위의 사수들도 화살을 날리는군요. 그렇게 명량해협 근처까지 전진했던 통제영 상선이 다시 서서히 뒤로 물러납니다. 접근하려던 세키부네와 고바야 들은 통제영 상선의 능숙한 움직임을 따라잡지 못합니다. 후미로 접근하던 고바야 한 척은 글자 그대로 짓눌려버립니다. 부서진 잔해를 타넘은 통제영 상선은 뒤로 물러났다가 다시 전진합니다. 이번에도 세키부네들이 접근했지만 능숙하게 빠져나가는 데 성공합니다. 아, 하지만 가까이 접근한 세키부네에서 던진 쇠갈고리가 판옥선의 방패에 걸립니다. 근데 저기 뱃머리에 서 있는 일본 수군이 들고 있는 게 뭔가요? 조총치고는 꽤 큰데요?

신효승 구경이 큰 조총인 오즈쓰*입니다. 주로 공성용으로 쓰였죠.

정명섭 저 정도 구경이라면 판옥선이 뚫릴 수도 있겠는데요. 히자라**에 발화용 화약을 붓고 히나와65쪽 참조를 불던 뎃포 아시가루가 멀리서 날아온 편전39쪽 참조에 옆구리를 맞고 물에 빠집니다. 흡족한 표정으로 그 모습을 지켜본 마하수가 쇠갈고리가 걸쳐진 판옥선의 뱃머리 쪽으로 몰래 기어오르려는 일본군 병사들을 보고는 다시 시위를 당깁니다. 아들들까지 합세해서 화살을 날리자 뱃머리 쪽으로 막 넘어가려던 일본군 병사의 등에 화살이 박힙니다. 뒤늦게 눈치챈 조선군 병사들이 달려와 일본군 병사들을 몽둥이로 쳐서 떨어뜨리는군요. 위기를 넘기는 조선 수군! 활을 내려놓은 마하수가 한숨을 돌리는 순간 고바야에 탄 일본 수군과 눈이 마주쳤습니다.

신효승 피해야죠! 위험합니다!

정명섭 서둘러 노를 저으라고 명령한 마하수는 핑핑거리며 날아드는 총탄에 굴하지 않고 활을 당깁니다. 하지만 그들을 태운 배가 해협 밖으로 거의 물러난 순간, 고바야의 뱃전에 늘어선 뎃포 아시가루들의 일제사격에 안타깝게도 마하수가 쓰러지고 맙니다.

신효승 아, 안타깝습니다. 하지만 마하수의 분전 덕분에 통제영 상선은 쇠갈고리를 풀어내고 뒤로 물러나는 데 성공합니다.

---

* 오즈쓰(大筒)는 대형 화승총으로 일반 조총과 동일한 발사 구조를 가지고 있지만 구경이 더 큰 총기류를 가리킨다. 주로 공성용으로 사용되었다.

** 히자라(火皿)는 점화용 화약을 담는 화약접시를 가리킨다.

정명섭 통제영 상선의 노와 엉킨 세키부네의 노가 힘없이 부러져나갑니다. 통제영 상선은 현측舷側, 배의 좌우, 뱃전이라고도 부른다에 있는 총통의 일제사격으로 위기에서 벗어납니다. 통제영 상선이 길게 호각을 불고 푸른 바탕에 흰색으로 북두칠성이 그려진 깃발을 올립니다. 저게 무슨 신호인가요?

신효승 초요기招搖旗라고 대장이 부하 장수를 부를 때 올리는 깃발입니다.

정명섭 깃발을 본 판옥선 두 척이 다가옵니다. 누구죠?

신효승 한 척은 거제현령巨濟縣令 안위의 판옥선 같고, 다른 한 척은 미조항첨사彌助項僉使이자 중군장中軍將인 김응함金應誠의 판옥선 같습니다.

정명섭 먼저 다가온 안위에게 이순신 장군이 사자후를 토해내는군요. 아픈 몸에서 저렇게 큰 목소리가 어떻게 나오는지 궁금합니다. "안위야! 네가 군법에 죽고 싶으냐? 여기서 도망친다고 어디 가서 살 수 있단 말이냐!" 파랗게 질린 안위는 곧장 판옥선을 몰고 전진합니다. 숨을 고른 이순신 장군은 뒤따라온 중군장 김응함에게도 호통을 칩니다. "너는 명색이 중군장이면서 어찌 주장을 두고 도망쳤느냐! 네 죄를 물어 처형해야겠지만 형세가 위급하니 공을 세워 죄를 씻도록 해라!" 김응함의 판옥선도 안위의 판옥선을 뒤따라 일본 수군을 향해 돌진합니다. 말 한마디로 일본 수군과 싸우게 하는 이순신 장군, 정말 대단합니다.

위기, 오전 10시 28분

정명섭 안위의 판옥선이 세 척의 세키부네에 포위되고 마는군요. 겹겹이 둘러싼 세키부네에서 날아든 쇠갈고리 달린 사다리와 밧줄이 판옥선의 여장女牆에 걸립니다. 사다리와 밧줄이라니, 무슨 공성전 같습니다.

명량해전 중반 고군분투하던 이순신 장군을 돕기 위해 다른 판옥선들이 가세하면서 일본 수군의 피해가 급증한다. 명량해협의 높은 유속과 조선 수군 방향으로 흐르는 조류 때문에 일본 수군은 피해를 무릅쓰고 전진해야만 했다.

신효승 일본 배에 비해 갑판이 높은 판옥선 때문에 벌어지는 일이죠. 바다 위에서 펼쳐진 양쪽의 공성전은 승리조건이 명확합니다. 버티는 동안은 판옥선이 일방적으로 우세합니다. 하지만 일본 수군이 단 한 명이라도 판옥선에 오르면 백병전에 익숙하지 않은 조선 수군이 패배하는 겁니다.

정명섭 줄사다리를 타고 오르다가 화살에 맞거나 창에 찔린 일본 수군이 물에 계속 빠지는 가운데 조선 수군이 던진 질려포통黎藜砲筒, 나무로 만든 통 속에 화약을 넣어서 만든 원시적인 형태의 투척식 폭발물이 세키부네의 갑판 위에서 폭발합니다. 하지만 일본 수군도 악착같이 줄사다리에 매달리는군요. 조선 수군이 점점 지쳐갈 무렵, 몇 명의 격군들이 물속으로 뛰어들어 뭍을 향해 필사적으로 헤엄칩니다. 하지만 거센 급류가 그들을 집어삼키는군요. 그들이 도망자라는 사실도 잊어버리고 응원하던 판옥선 위의 조선군 병사들은 망연자실해합니다. 아, 그런데 한참 기세를 올리던 일본군 병사가 갑자기 쓰러집니다. 조총에 맞은 것 같은데, 뭔가요?

신효승 지자총통에서 쏜 조란환* 같습니다. 이 사격으로 세키부네의 갑판에서 조총을 장전하던 뎃포 아시가루들이 전멸당합니다. 조총을 떨어뜨리고 구멍투성이가 되어버린 도마루65쪽 참조를 멍한 눈으로 내려다보던 아시가루가 그대로 쓰러집니다.

정명섭 판옥선의 갑판에 늘어선 사수들이 쏜 불화살이 뎃포 아시가루들의 도란에 들어 있던 하야고65쪽 참조의 화약에 불을 붙입니다. 펑펑 터진 화약들이 불길을 더 거세게 만들면서 세키부네는 불덩어리로 변해버리고 맙니다.

신효승 일본군 병사들이 하나둘 불지옥을 피해 물속으로 몸을 날리지만 거센 급류에 휩쓸려 그대로 사라져버립니다.

---

* 조란환(鳥卵丸)은 작은 탄환 형태의 발사체로 총통에 넣고 한꺼번에 발사해서 적들을 살상했다.

13척의 방벽 충무공 이순신 장군의 분전에 용기를 얻은 조선 수군이 하나둘씩 합류하면서 전세가 역전된다. 13 척의 판옥선이 명량의 입구를 막아내면서 조선은 위기에서 벗어난다.

정명섭 이순신 장군의 통제영 상선이 안위의 판옥선을 둘러싼 세키부네의 등 뒤를 돌면서 조란환과 불화살을 퍼부어댑니다! 좁은 해협을 벗어나려고 발버둥을 치던 일본 수군은 시체가 된 다음에야 명량해협을 벗어날 수 있게 됩니다. 구루시마 수군의 다른 세키부네와 고바야 들이 이 어지러운 난투극에 끼어드려는 찰나 멀리서 날아온 연환˙들이 코앞에 떨어집니다. 드디어 다른 판옥선도 도와주러 오는 건가요?

신효승 네, 그때까지 지켜보고만 있던 녹도만호鹿島萬戸 송여종과 평산포대장平山浦代將 정응두의 판옥선이 앞으로 나오면서 방포한 것이죠. 다른 판옥선들도 하나둘씩 전진해옵니다. 모여든 판옥선들은 거대한 벽이 되었고,

총통이 연달아 방포될 때마다 세키부네와 고바야 들이 차례로 부서져나갑니다.

정명섭 이제 명량해협 입구는 13척의 판옥선이 틀어막습니다. 자기 임무를 마친 마씨 형제들의 배는 천천히 뒤로 물러납니다. 배 한가운데 눕혀진 마하수의 시신은 피 묻은 하얀 천으로 가려져 있습니다. 한편 동료들의 죽음을 본 일본 수군이 이를 갈면서 다가오는군요. 판옥선들도 지지 않고 버티기에 들어갑니다. 숫자만 보면 전혀 상대가 안 될 것 같은데 잘 버티고 있네요.

신효승 폭이 300미터밖에 안 되는 좁은 수로를 통과해야 했기 때문에 일본 수군의 수적 우위가 효과를 발휘하지 못하고 있죠. 판옥선들은 무자비한 포화를 날렸고, 일본 수군은 좁은 해협 안에 **빽빽**하게 밀집한 형태라 날아드는 포화를 피할 수 없는 상태입니다. 간혹 접근에 성공한 세키부네라도 판옥선에서 날아든 조란환과 불화살 세례에 견디지 못합니다.

정명섭 이제 일본 수군의 선봉은 구루시마 미치후사가 탑승한 세키부네와 호위하는 세키부네 몇 척만 남았습니다. 이들은 뱃머리를 돌려 후퇴하려고 했지만 거센 조류가 이들을 조선 수군 앞으로 끌고 갑니다. 판옥선 장대 옆의 작은 누대에 올라선 사수들이 장대 주위에 푸른 장막을 두른 세키부네를 향해 불화살을 날립니다. 뎃포 아시가루들이 구령에 맞춰 발포를 하고 뱃전에 설치한 남만대포男蠻大砲, 유럽에서 전래된 청동제 대포를 쐈지만 판옥선들의 공격을 막기에는 부족해 보입니다. 푸른 장막이 불길에 녹아가는 모습을 지켜보던 구루시마 미치후사 주변의 가신들도 날아드는 화살 세례에 하나둘씩 시신으로 변해갑니다. 칼을 집고 일어선 구루시마 미치후사가 거대한 판옥선을 노려봅니다.

• 연환(鉛丸)은 총통에서 발사하는 탄환 형태의 발사체를 가리킨다.

신효승 패배하더라도 두려워하는 모습을 보이고 싶지는 않은 모양입니다. 하지만 날아드는 화살과 탄환에 무릎을 꿇고 말죠. 결국 그가 탄 세키부네는 물속으로 가라앉았지만 그는 다른 시신, 잔해 들과 함께 바다 위에 남았습니다.

반격, 오후 1시 4분

정명섭 구루시마 미치후사의 시신은 조류를 타고 판옥선들이 있는 북서쪽으로 떠내려갑니다. 통제영 상선에 타고 있던 항왜降倭, 조선에 투항한 일본군 준사俊沙가 그를 알아보고는 끌어올립니다. 끌어올린 시신의 목을 즉시 잘라 돛대 끝에 매다는군요. 아, 이제 구루시마 미치후사의 목은 돛대 끝에서 일본군이 잿더미가 되는 광경을 말없이 지켜봐야만 하는 운명에 처해집니다. 기세등등하게 명량해협 안으로 밀고 들어온 일본 수군의 선봉 구루시마 함대는 이제 피와 시신, 그리고 부서진 잔해들로 변해서 조선 수군이 버티고 있던 북서쪽으로 흘러갑니다. 어, 판옥선 사이로 흘러가던 잔해들이 서서히 방향을 틀어서 남동쪽 해협 밖에 진을 치고 있던 일본 수군의 본진을 향해갑니다. 조류가 바뀐 겁니까?

신효승 네, 오후 1시가 되면서 조류가 반대로 바뀐 것이죠. 이제 물살은 조선군 편입니다.

정명섭 판옥선들이 해협 안으로 진입합니다! 남동쪽에서 해협으로 진입하려던 일본 수군의 제2진은 동료들의 잔해와 함께 밀고 나오는 판옥선을 발견하고는 당황하는 기색이 역력합니다. 선두에 선 것은 역시 붉은색 독전기督戰旗와 구루시마 미치후사의 목을 높이 내건 이순신 장군의 통제영 상선이군요. 조류를 탄 판옥선들이 우왕좌왕하는 일본 수군을 그대

명량해전 후반 오후가 되면서 조류의 방향이 반대로 바뀌면고 이때부터 조선 수군의 반격이 시작된다. 본진을 공격당한 일본 수군은 막대한 피해를 입고 퇴각해야만 했다.

로 덮칩니다! 가까이서 쏜 총통의 연환이 세키부네의 갑판을 뚫고 바닥에 큼지막한 구멍을 냅니다. 구멍을 뚫고 들어온 파도가 그대로 배를 집어삼킵니다. 물론 일본 수군도 판옥선에 접근해서 넘어갈 기회를 노립니다. 하지만 간신히 쇠갈고리를 걸었다 싶은 순간 불화살이 날아오거나 장병겸˙이 줄사다리에 매달린 아시가루들을 토막내버립니다. 제2진은 선봉보다 더 빨리 붕괴됩니다. 조선 수군에 대해서 잊고 있던 공포감이 다시 물귀신처럼 발목을 잡는 것 같군요.

신효승 『난중일기』에는 클라이맥스에 해당되는 이 부분을 이렇게 기술하죠.

> 이때 우리 배들이 일제히 치고 나가면서 지자, 현자포를 쏘고, 화살을 빗발치듯 쏘아대자 그 소리가 바다와 산을 울렸다.

정명섭 정말 적절한 표현 같습니다. 일본 수군의 제2진까지 패퇴시킨 조선 수군의 기세에, 일본군의 본진은 우왕좌왕하다가 고스란히 포화를 뒤집어씁니다. 총사령관 도도 다카토라가 탑승한 아다케부네115쪽 참조까지 판옥선들의 십자포화에 걸려들고 마는군요. 현자총통을 박차고 나온 연환이 아다케부네의 누각을 박살냅니다. 파편에 맞고 부상당한 도도 다카토라는 가신들의 부축을 받으며 작은 배로 옮겨타고 그대로 도망쳐버립니다. 그 와중에 같은 배에 탑승했던 군감 모리 다카마사毛利高政는 물에 빠져서 허우적거리다가 다른 배에 간신히 구조되는군요. 기세가 오른 조선 수군이 총통을 쏘고 불화살을 날리며 일본 수군의 본진을 헤집습니다. 조각난 동료의 시신과 함께 해협 밖으로 쏟아져나온 조선 수군 앞에서 일본 수군은 맥없이 붕괴되고 맙니다. 아, 정말 믿겨지지 않는 승리를

˙ 장병겸(長柄鎌)은 긴 자루가 달린 큰 낫으로 적의 배를 끌어당기거나 직접 공격했다.

거두는 조선 수군입니다!

종료, 오후 5시 11분

신효승 전투는 해가 지기 시작하면서 종료됩니다. 조선 수군은 여전히 13척에
　　　 불과했고, 일본 수군의 남은 함선은 그 10배가 넘었지만 그 누구도 당당
　　　 하게 돌아가는 조선 수군을 추격할 엄두를 내지 못합니다.

정명섭 우와, 이게 말이 됩니까? 10대 1, 아니 30대 1이 넘는 전력 차에도 불구
　　　 하고 조선 수군이 승리를 거머쥡니다. 이순신 장군은 신이라고 불러도
　　　 무방할 것 같습니다. 이건 기적입니다.

신효승 그렇습니다. 충무공도 『난중일기』에 명량대첩에 관한 기록을 남기면서
　　　 '천행天幸'이라는 표현을 썼죠. 물론 본인은 출정할 때 반드시 승리한다는
　　　 확신이 있었겠지만 실로 믿기지 않았을 겁니다.

정명섭 그렇군요. 일단 이번 전투 결과를 정리해주시겠습니까?

신효승 표를 보면서 설명드리겠습니다.

명량해전에서 받은 양군의 피해

구 분	조선 수군	일본 수군
인명 피해	강진현감 이극신 부상 순천감목관 김탁 전사, 전라수영 노비 계생 전사 거제현령 안위의 판옥선 격군 6~7명 익사 (추정) 근접전이 펼쳐진 만큼 추가 사상자가 발생했을 가능성 높음	도도 다카도라 부상 구루시마 미치후사, 하타 노부도키 전사 전체 사망자 확인 불가능(31척이 격침되었다고 하면 가장 작은 고바야라고 해도 최소 1,000명의 전사자가 발생했다고 볼 수 있음)
함선 피해	없음	31척 침몰 추가 피해가 발생했을 가능성 아주 높음
전투 결과	일본군의 서해 진입 저지	서해 진출 좌절

정명섭 아, 그런데 전투가 명량해협 안에서 벌어진 게 아니군요. 보통은 해협 안에서 싸운 줄 알고 있지 않나요?

신효승 명량해협의 평균 유속은 10노트가 넘습니다. 노나 돛을 이용한 배들이 마음먹은 대로 기동할 만한 곳이 아니죠. 일본 수군의 선봉이 전멸당하고, 지휘관까지 전사한 이유도 여기 있습니다. 퇴각을 해야 하는데 빠른 유속 때문에 돌아가질 못한 겁니다.

정명섭 그런데 구루시마 미치후사가 임진왜란 중에 유일하게 전사한 다이묘였나요? 조선군은 전사한 지휘관들이 적지 않았는데요.

신효승 일본 지휘관들의 사상률이 조선보다 적은 건 양군 지휘관들의 지휘 방식 차이 때문입니다. 조선 같은 경우는 중앙에서 임명해야만 군대를 지휘할 수 있었습니다. 따라서 부하들에게 리더십을 발휘하려면 솔선수범해서 지휘를 해야만 했습니다. 반대로 일본 같은 경우는 지휘관들이 모두 다이묘였습니다. 즉 중앙의 임명을 받은 게 아니라 자기 부하들을 이끌고 전쟁에 참여한 거죠. 이 부하들 입장에서는 주군을 전쟁터에서 죽게 만들면 크나큰 불명예가 됩니다. 거기다 잘못해서 주군이 후계자가 없이 죽는 경우는 글자 그대로 밥줄이 끊길 수도 있습니다. 그렇기 때문에 죽기 살기로 주군을 보호했죠.

정명섭 일반적으로 알려진 것과는 많이 다르군요. 그러니까 명량해전에서 일본군 지휘관이 전사할 정도면 꽤 타격을 입었다는 얘기로군요.

신효승 거기다 총사령관인 도도 다카토라도 손에 두 군데나 부상을 입었고, 모리 다카마사도 물에 빠졌다가 구조되었습니다. 그야말로 본진까지 농락당한 셈이죠. 오후 1시경에 조류가 바뀌면서 조선군이 대대적인 반격을 가한 게 성공한 겁니다. 사실 조류가 바뀐다는 것은 상황이 오전과 정반대였다는 얘기입니다. 즉 일본 수군도 입구를 틀어막고 방어를 했다면 어떻게 될지 몰랐다는 뜻이죠. 하지만 뜻하지 않은 거센 반격에 허둥지

등했고, 무엇보다도 이순신 장군이 타이밍을 정말 잘 잡은 거죠.

정명섭 그런데 모리 다카마사는 누군가요? 군감이라는 직책이 붙어 있는데요.

신효승 도요토미 히데요시가 정유년 재침을 지시하면서 파견한 7명의 감시역 중 한 명입니다. 일본군이 히데요시의 명령대로 전투를 잘 수행하는지 감시 하는 역할이지요. 아마 도도 다카토라와 함께 있었거나 더 후방에 있었 을 가능성이 높은데요. 이 사람조차 물에 빠질 지경이었다면 당시 일본 수군이 얼마나 큰 타격을 입었는지 간접적으로 알 수 있습니다.

정명섭 아, 그런데 승리한 조선 수군이 애써 지킨 명량을 포기하고 서해로 북상 하는군요.

신효승 당연합니다. 이기긴 했지만 아직 일본 수군이 압도적으로 많으니까요. 당일 저녁 당사도唐寺島, 전남 완도군 암태면에 속한 섬로 퇴각했고, 마지막에 는 군산 앞바다에 있는 고군산도의 선유도仙遊島, 전북 군산시 고군산군도에 속한 섬까지 물러납니다.

정명섭 명량해협을 포기했다는 건 전투에서는 승리했지만 전략적으로는 패배했 다는 뜻 아닙니까?

신효승 그런 뜻은 아닙니다. 명량해협은 남해안의 동쪽 끝인 진도와 육지 사이에 있습니다. 일본 수군이 이곳에 진을 치고 있던 조선 수군과 전투를 벌였 다는 건 서해로 북상하기 위해서였습니다. 하지만 이 해전 이후에는 북상 을 포기합니다. 조선 수군은 전장을 장악하지는 못했지만 애초에 의도했 던 목표를 달성한 겁니다. 반면 일본 수군은 고작 13척밖에 안 되는 조선 수군에 패배했습니다. 살아남은 일본 수군에는 장수부터 말단 병졸들까 지 '우린 쟤들한테 못 이겨'라는 공포심이 낙인처럼 새겨졌지요.

정명섭 그러니까 명량에서의 전투 후에 조선군이 물러난 것은 즉 '전투에서는 승리했지만 목표 달성에는 실패했다는 게 아니라 전략적인 선택이었다'. 이 말씀이시군요.

신효승 맞습니다. 명량 대첩을 놓고 전략적 패배 운운하는 건 전투의 기본 원칙을 무시하는 것이죠.

정명섭 그리고 또 하나 궁금한 점이, 일본 수군이 왜 우회를 하지 않고 그 좁은 명량으로 밀고 들어왔느냐 하는 겁니다. 부대를 나눠서 우회시켰다면 앞뒤로 포위할 수 있지 않았을까요?

신효승 명량의 한쪽 축인 진도는 우리나라에서 세번째로 큰 섬으로 해안선 길이만 해도 250킬로미터가 넘습니다. 우회한다면 하루 넘게 걸리는 거리였죠. 적절한 통신수단이 없던 시기라 그 먼거리를 우회해서 포위할 수 있을 것이라고 장담하기도 어려웠습니다. 전투 직전의 회의 때 이 얘기가 나왔겠지만 결국 강행 돌파를 선택한 것 같습니다.

정명섭 열 몇 척에 불과한 조선 수군 때문에 멀리 돌아가느니 차라리 승리한 여세를 몰아서 피해를 조금 입더라도 그냥 밀어붙이기로 했다, 이 말씀이시군요.

신효승 칠천량의 승리로 지나치게 자신감을 가진 게 화를 불러온 것이죠. 만약 일본 수군이 칠천량에서 승리한 직후 계속 진격을 했다면 이날의 대승은 없었을 겁니다.

정명섭 그랬나요?

신효승 칠천량 해전이 7월 16일에 일어났지요. 이 소식을 들은 조정에서 백의종군 중이던 이순신 장군을 삼도수군통제사에 임명한다는 교서를 보냈고, 이순신 장군은 8월 3일에 이 교서를 받았습니다. 명령을 받은 이순신 장군이 전남 장흥에 있는 회령포에 도착해서 병력을 수습한 게 8월 19일이었죠.

정명섭 그러고 보니까 일본 수군은 칠천량에서 승리하고 거의 한 달 넘게 아무것도 안 하고 허비한 셈이네요.

신효승 맞습니다. 아마 일본 수군의 행동이 조금만 빨랐더라면 이순신 장군이 휘하 병력을 규합할 시간이 없었을 겁니다.

정명섭 만약 일본 수군이 명량해협을 돌파해서 북상했다면 어떤 일이 벌어졌을
까요?

신효승 일단 강화도까지 공격받았을 가능성이 높습니다. 직산 전투 직전에 선조
가 피란을 가려고 했었지요? 만약 강화도에 일본 수군이 나타났다면 선
조는 또 도망쳤을 겁니다. 거기다 일본 수군이 서해안을 따라 이동하면,
북상하는 육군에게 물자를 보급하는 게 가능해집니다. 그렇게 되면 일
본군은 보급 문제로 고민할 필요가 없게 되지요.

정명섭 얘기를 듣고 보니 식은땀이 나네요. 이렇게 해서 정유년 전쟁에서 조선
최대의 위기가 지나갑니다. 명량에서 조선 수군이 기사회생했다는 소식
을 전해드리는 것으로 이번 중계를 마치도록 하겠습니다.

철쇄설의 진실과 일본 수군의 목표

명량해전에 관해서 알려진 얘기들 중 하나가 명량해협에 굵은 쇠사슬을 걸어서 일본 배들을 움직이지 못하게 만들었다는 이른바 '철쇄설'이다. 하지만 많은 사람들이 진실처럼 알고 있는 이 얘기를 『난중일기』에서는 찾아볼 수 없다. 거기다 당시 기술로 폭이 300미터나 되는 해협에 배를 정지시킬 정도로 거대한 철쇄를 제작할 수 있었는지, 그리고 그 철쇄를 연결할 기술이 있었는지도 의문이다. 하지만 『난중일기』는 물론이고 그 외에 『징비록懲毖錄』이나 『조선왕조실록』에도 명량해협에 쇠사슬을 걸어뒀다는 기록은 보이지 않는다. 그렇다면 철쇄설은 왜 나온 것일까?

전라우수사 김억추 장군의 행장行狀, 죽은 사람의 동료나 후손들이 살아 있을 때의 행적을 적은 기록인 『현무공顯武公 실기實記』에 철쇄설이 나왔기 때문이다. 하지만 행장 자체가 신뢰성이 떨어지는 경우가 많기 때문에 사실로 믿기 어렵다. 아마 기적 같은 승리 후에 그 지역에서 구전처럼 내려온 얘기가 기록에 남은 게 아닐까 싶다.

한편 명량해협을 돌파하려던 일본 수군의 최종 목표가 어디였는지는 불분명하다. 『난중일기』에는 포로로 잡혔다 구출된 김중걸이 일본군이 한강으로 올라가겠다고 엄포하는 것을 들었다는 기록이 남아 있다. 이는 도요토미 히데요시가 정유년 재침공 계획을 발표하면서 명군 주력을 격퇴시키고 한양을 점령하라고 지시했던 것과 일치한다.

이를 통해 유추해보자면 일본 육군의 계획은 전라도를 비롯한 남도 지방을 완전히 장악하고, 명군의 주력을 야전에서 격멸한 후 한양을 재점령하는 것이었던 것 같다. 수군은 그런 육군의 움직임에 발맞춰 서해로 북상하면서 물자나 병력을 수송하고 한양을 해상에서 봉쇄하는 것이 목표였을 것이다. 그러다 기회가 된다면 한양을 다시 점령하려고 시도했을 것이다. 설다 한양 점령에 실패한다고 할지라도 전쟁의 주도권을 쥐기에는 부족함이 없었을 것이다.

명량해전은 그런 의도를 좌절시켰다는 데 큰 의미가 있다. 일본 수군이 패배하면서 서해로 진입 자체가 불가능해지자 육군도 북상할 엄두를 못 냈다. 임진년처럼 치고 올라갔다가 의병들한테 보급선이 막혀버리는 악몽을 되풀이 하고 싶지 않았기 때문이다. 명량해전 패배 이후 일본군은 북상을 포기하고 남해안 각 요지의 성에 틀어박힌다. 전쟁이 끝나려면 시간이 더 필요했지만 조선은 절체절명의 위기를 넘긴다.

임진왜란을 부르는 또 다른 이름

임진왜란에 관한 최근의 연구 동향 중 흥미로운 점은 임진왜란이라는 명칭을 통해 본 각국의 시각이다. 동아시아의 삼국이 모두 참전한 이 7년 전쟁을 조선에서는 '임진왜란(壬辰倭亂)'과 '정유재란(丁酉再亂)'이라고 불렀고, 일본에서는 '분로쿠의 전쟁(文禄の役)' '게이초의 전쟁(慶長の役)', 명나라에서는 통틀어서 '임진동정(壬辰東征)' '만력조선역(萬曆朝鮮役)'으로 불렀다. 조선에게 이 전쟁은 임진년에 쳐들어온 왜구들이 일으킨 '난(亂)', 그리고 정유년에 다시 벌어진 난이라는 뜻이다. 일본은 당시 연호(年號, 한자를 이용해서 연도를 표시하는 기년법)의 뒤에 노력이나 부과된 의무, 혹은 전쟁을 뜻하기도 하는 역(役)자를 붙였다. 중국은 임진년에 동쪽을 정벌했다는 뜻으로 마지막에 정(征)자를 붙였다. 또 다른 명칭인 만력조선역은 당시 명나라 황제 신종의 연호인 만력(萬曆)을 딴 것이다. 마지막에 붙은 '역'은 일본이 사용하는 것과 동일한 의미다. 이는 참전 당사자들이 전쟁을 받아들이는 입장과 개념 자체가 달랐기 때문에 벌어진 일이다. 조선에는 왜구가 갑자기 쳐들어와서 분탕질을 한 것이었고, 일본에 있어서는 분로쿠와 게이초의 시대에 조선으로 진출했다가 아쉽게 실패한 전쟁이라는 뜻이다. 최근 일본에서는 진보적인 역사학자들을 중심으로 '조선침략전쟁'이라는 용어를 사용하고 있다. 명나라에는 임진년에 동쪽의 속방(屬邦)인 조선에서 벌어진 전쟁, 그리고 만력이라는 연호를 쓰던 황제가 있던 시절에 벌어진 싸움이라는 의미다.

1980년대 들어 임진왜란을 '조일전쟁'으로 부르는 학자들이 늘어났고 최근 들어서는 '임진전쟁'이라고 부르는 서적들이 종종 보인다. 이것은 전쟁이 벌어졌던 시기에서부터 오늘날에 걸쳐 그만큼 다양한 시각과 관점이 존재한다는 것을 뜻한다. 우리나라에서는 임진왜란을 조선의 느슨한 국방체계와 방심이 부른 미증유의 대참사로 인식한다. 일본에서는 오랜 전국시대를 통일한 도요토미 히데요시의 개인적인 욕심이 부른 해프닝쯤으로 치부하고 넘어간다. 명나라는 위기에 처한 조선을 구했다는 시선을 숨기지 않는다. 숨기고 싶은 속마음과 과장하고 싶은 감정들이 복합적으로 작용하면서 하나의 전쟁은 각기 다른 이름과 의미를 부여받은 것이다. 한편 북한에서는 '임진조국전쟁'이라는 명칭을 사용하고 있다. 아마 제2차 세계대전 중 발생한 독일과 소련의 전쟁인 독소전쟁의 소련식 명칭인 '대조국전쟁'을 참고한 것 같다. 북한의 역사학계는 이 임진조국전쟁을 부패한 양반층의 무능력과 파벌 싸움이 부른 전쟁이라고 규정한다. 그리고 이런 비겁한 양반들을 대신한 민중들의 주체적인 저항과 희생이 전쟁을 승리로 이끌었다고 평가한다.

전쟁에 참여한 세 개의 국가 중 두 개 국가는 집권 세력이 교체되었고 살아남은 국가도 멸망하는 순간까지 전쟁에서 입은 상흔을 치료하지 못했다. 이런 전쟁을 '임진년에 일어난 왜구들의 난'으로 규정하는 것은 너무 단순화한 것이라는 주장은 설득력이 있어 보인다. 반면 후대에 새로 생겨난 개념을 앞선 시대에 적용하는 것은 억지라는 견해 역시 존재한다. 임진왜란은 명나라와 일본이라는 대륙 세력과 해양 세력이 한반도에서 벌인 국제전이다. 이런 양상은 수천 년 동안 일정한 시차를 두고 한반도에서 지속적으로 벌어졌다. 한반도에 존재한 세력이 강력했으면 주체적으로 저항했고, 그렇지 못하면 전쟁터가 되어버렸다. 7세기 내내 계속된 고구려와 당나라의 전쟁과 뒤를 이은 신라와 당나라의 전쟁이 전자의 경우라면, 임진왜란과 19세기의 끝 무렵에 벌어진 청일전쟁이나 러일전쟁은 후자였다. 지리적 위치에 따른 정치 세력 간의 팽창욕구와 그에 대한 저항은 왕조의 교체 여부에 상관없이 반복적으로 진행되었다. 임진왜란 역시 그런 영원한 갈등의 톱니바퀴가 작동한 것이고, 지금도 크게 변하지 않고 있다. 명칭에 대한 논의는 앞으로도 결론을 내기 힘들 거라고 생각된다. 중요한 건 이 역사적인 사건을 어떤 시각으로 바라봐야 하는지에 대한 열린 마음이라고 한다.

6 노량해전

명량해협에서 조선 수군이 거둔 기적적인 승리 이후, 일본군은 남해안으로 퇴각한
다. 이에 조선과 명나라 연합군은 대군을 동원해 일본군이 은거하고 있는 성들을 공
격한다. 전력을 회복한 이순신 장군도 명나라에서 파견한 진린과 합세해 바다를 봉쇄
한다. 전쟁을 일으킨 도요토미 히데요시는 조선에서 철수하라는 유언을 남기고 눈을
감는다. 일본군은 고국으로 돌아가려고 하지만 이순신 장군은 노량해협에서 그들을
막아선다.

조선군 지휘관: 삼도수군통제사 이순신　　　일본군 지휘관: 시마즈 요시히로
참전 병력: 판옥선 80척　　　　　　　　　　　　　　소 요시토시
명군 지휘관: 전군도독부도독 진린　　　　　　　다치바나 무네시게
참전 병력: 전선 300척　　　　　　　　　　　　　데라자와 마사나리
　　　　　　　　　　　　　　　　　　　　　　　参전 병력: 전선 300척~500척

1598년 8월 18일, 일본 교토京都 후시미성伏見城의 덴슈가쿠天守閣에서는 환갑을 갓 넘긴 노인이 숨을 헐떡거리는 중이었다. 방의 내부 구조물들과 그가 덮고 있는 화려한 비단 이불은 이 노인의 권력과 지위를 말없이 증명해줬다. 이제 얼마 후면 이승에서의 삶이 끝이라는 사실을 냉정하게 깨달은 노인은 마른 침을 삼키며 앞으로의 일을 머릿속에 그려봤다. 지극히 현실주의자였던 노인은 자신이 죽으면 조선에서 철수하라는 명령을 내린 상태였다. 어차피 자신이 눈을 감게 되면 아무도 이 의미 없는 전쟁을 계속하려 하지 않을 것이라는 사실을 냉철하게 꿰뚫어본 것이다.

사실 노인의 죽음 역시 전쟁 때문일지도 모른다. 일평생 성공만을 거두었고, 명실상부한 최고의 자리에 올랐지만 조선을 정복하고 그곳을 발판 삼아 명나라를 공략하겠다는 원대한 야망은 끝내 실패로 돌아가고 말았다. 명나라와의 강화 협상을 핑계로 전력을 재정비한 후, 1597년에 다시 침략했을 때만 해도 성공을 거둘 것만 같았다. 무엇보다 골칫거리였던 조선 수군을 칠천량에서 전멸시켰다는 소식을 듣고 이번에야말로 목표를 이룰 수 있을 것이라고 믿었다. 사실 막강한 조선 수군이 고작 지휘관 한 명이 바뀌고 나서 그렇게까지 무기력해질 줄은 꿈에도 몰랐기 때문에 더더욱 기뻤다. 하지만 9월 16일 수백 척의 일본 수군이 명량이라는 곳에서 열 몇 척에 불과한 조선 수군에 참패했다는 믿기지 않는 소식이 전해졌다. 그리고 끝이었다.

임진년처럼 보급선이 끊길 것을 우려한 장수들은 또다시 남쪽 지방으로 후퇴해서 성에 틀어박혔다. 몇 차례의 의미 없는 공방전이 오고 갔지만 상황을 변화시킬 만한 묘안이 떠오르지 않았다. 지금 와서 철수 명령을 내리게 되면 잃게 되는 것이 너무나 많았기 때문에 물러설 수도 없었다. 이러지도 저러지도 못하는 사이 노인의 몸은 조금씩 쇠약해져갔다. 엄숙하게 운명을 받아들이고 싶었지만 눈만 감으면 이 턱없는 실패에 몸서리가 쳐졌다. 자신이 죽은 후에 벌어질 일은 상상하기도 싫었지만 어쩔 수 없었다. 누군가 목을 조르는 것같이 숨이 막혀오자 노인은 몸부림을 쳤지만 결국 이겨내지 못했다.

허물처럼 육신을 벗어버린 노인은 '도요토미 히데요시'라는 몸을 놓고 또 다른 세상으로 떠나갔다. 노인의 숨이 멎자 머리맡에 있던 젊은 여인과 어린 아들은 목 놓아 통곡을 했다. 조선에서 전쟁이 일어나서 무수한 사람들이 죽어갔지만 이 노인의 죽음만큼 파장을 일으키지는 못했다. 그가 기획하고 연출했던 전쟁은 그의 죽음과 더불어 막을 내릴 준비를 했다. 하지만 그가 미처 몰랐던 마지막 하이라이트가 조선의 남쪽 바다에 있는 남해도와 육지 사이의 좁은 해협에서 준비 중이었다. 조선 사람들은 그곳을 '노량露梁'이라고 불렀다.

사로병진 작전

1597년 9월 7일의 직산 전투와 9월 16일의 명량해전을 기점으로 일본군의 공세는 중단된다. 이번에도 조선 수군에 의해 제해권制海權을 장악당하면서 보급에 빨간불이 켜졌기 때문이다. 직산에서 명군과 교전했던 우군의 선봉 구로다 나가마사는 천안으로 후퇴했다가 모리 히데모토의 본대와 합류한 후 경상도 방면으로 퇴각한다. 모리 히데모토의 본대는 양산에 진을 치고, 구로다 나가마사는 기장의 죽성리에 쌓은 성으로 들어간다. 우군과 함께 움직였던 가토 기요마사의 부대 역시 출발지였던 울산의 서생포성西生浦城으로 철수한다. 좌군 역시 우군의 철수와 명량해전의 패배로 인해 점령지를 포기하고 철수한다. 고니시 유키나가가 이끄는 부대는 순천왜성順天倭城으로 물러났고, 시마즈 요시히로는 경상남도 사천의 선진리에 쌓은 사천신성泗川新城으로 향한다. 대략 10월 중순에 마무리된 이 철수 작전으로 전쟁의 주도권은 다시 조선과 명나라의 손에 들어간다.

경략조선군무사經略朝鮮軍務使 양호楊鎬는 이 기회에 전쟁을 종결하기로 마음먹고 적극적인 공세에 나선다. 그는 울산의 도산성島山城을 공격 목표로 점찍는다. 1597년 12월 4일 한양을 출발한 명군 3만6000명에 도원수 권율이 이끄는 조선군 1만1500명이 가세한다. 12월 21일 경주에 도착한 조명 연합군은 본격적인 공세에 나선다. 축성 책임을 맡고 있던 아사노 요시나가浅野幸長는 명군의 공격이 개시되자 도산성 완공 후 주둔할 예정이던 가토 기요마사에게 급히 구원을 요청한다. 서생포성에 머물고 있던 가토는 23일 측근들과 함께 도산성에 입성한다. 공격 준비를 마친 조명 연합군 역시 24일부터 공격을 시작한다. 하지만 50미터 높이에 지어진 도산성의 일본군은 끈질기게 버틴다. 잘 버티던 일본군이지만 급히 축성 작업을 하느라 미처 식량을 준비하지 못했고 엎친 데 덮친 격으로 성안에는 식수로 쓸 만한 우물이 없었다. 성안의 일본군은 눈을 녹여서 식수를 대신하고, 말을 죽여 식량으로 삼으면서 구원을 기다린다. 한편 성 밖에서 야영하고 있던 조명 연합군 역시 상황이 좋지 못했다. 이런 가운데 1598년 1월 초, 구로다 나가마사와 고니시 유키나가가 이끄는 군대가 양산에 집결하는 등 일본군이 속속 도산성 근처로 모여든다. 1월 4일 조명 연합군은 최후의 공세에 나서지만 끝내 성을 함락하는 데 실패하고 만다. 양호는 공격이 실패로 돌아간 후 일본군의 역습을 우려해 퇴각을 결정한다.

모처럼의 공세가 실패로 돌아간 조선과 명나라는 물론 이제 남쪽 끝의 성에서 버텨야 하는 처지의 일본군 모두 전쟁을 지속할 여력이 없었다. 더 이상 떨어질 떡고물이 없다고 판단한 일본군 장수들은 발을 뺄 궁리를 했지만 도요토미 히데요시가 서슬 퍼렇게 지켜보고 있는 한 불가능했다. 지루한 대치 상태는 의외로 싱겁게 결말이 났다. 8월 18일, 조선에서의 실패를 지켜보던 도요토미 히데요시가 세상을 떠난 것이다. 후계자라고 할 수 있는 도요토미 히데요리豊臣秀頼는 겨우 6살이었다. 더 큰 문제는 도요토미 가에는 무조건적인 충성을 바치는 가신집단이 존재하지 않았다는 점이다. 어머니인 요도기미의 집안 역시 뒷받침할 만한 배경이 되어주지 못했다. •

히데요시의 유언을 받은 고다이로五大老 — 도쿠가와 이에야스, 이시다 미쓰나리, 마에다 도시이에前田利家, 모리 데루모토, 우에스기 가게카쓰上杉景勝 — 들은 조선에 있는 일본군에게 철수 명령을 내린다. 하지만 조선과 명나라는 도산성 전투와는 비교가 안 될 정도의 대규모 공세를 준비 중이었다. 도산성 공격 실패 때문에 탄핵당한 양호의 후임으로 온 만세덕과, 역시 경략 정응태의 후임으로 온 형개는 도산성 공략에 실패한 원인을 외부의 구원군을 차단하지 못했기 때문이라고 판단한다. 따라서 일본군이 다른 곳을 구원하지 못하도록 육군을 3군으로 나누고 수군까지 동원해서 동시에 공격하기로 결정한다. 조명 연합군 최후의 대공세인 '사로병진四路竝進 작전'이 시작된 것이다.

사로병진 작전에 참전한 지휘관과 편제

구 분	명나라		조선		총 병력(명)	공격 목표
	지휘관	병력(명)	지휘관	병력(명)		
중로군	동일원	26,800	정기룡	2,215	29,015	사천신성
동로군	마귀	24,000	김응서	5,514	29,514	도산성
서로군	유정	21,900	이광악	5,928	27,828	순천왜성
수로군	진린	13,200	이순신	7,328	20,528	순천왜성
합 계		85,900		20,985	106,885	

9월 초, 조명 연합군은 계획대로 군대를 나눠서 진격한다. 동일원董一元이 이끄는 중로군은 9월 19일 진주에 도착해서 시마즈 요시히로가 머물고 있는 사천신성에 대한 본격적인 공세에 들어갔다. 9월 28일 정기룡 장군이 이끄는 조선군이 사천성을 함락하자 시마즈 요시히로는 각지에 흩어진 부대를 모두 사천신성에 집결시킨 채 조명 연합군의 공격에 대비한다. 10월 1일 조명 연

---

* 도쿠가와 이에야스는 어릴 때부터 여기저기 떠돌며 인질로 지냈지만 가신들은 그의 복귀만을 오랜 세월 동안 기다렸다. 이는 전통적인 다이묘 집안이 아닌 도요토미 가문에는 불가능한 일이었다. 더욱이 히데요리의 외조부인 아사이 나가마사(淺井長政)는 오다 노부나가에게 멸문당한 상태였고, 외조모 오이치(お市)는 오다 노부나가의 여동생으로 역시 집안이 와해된 상태였다.

합군은 사천신성에 대한 공격을 개시한다. 한참 전투가 치열할 무렵, 명군 진지에서 불랑기佛狼機*가 폭발하면서 대혼란이 일어나고 만다. 이 모습을 지켜본 일본군이 성문을 열고 나와서 반격에 나서자 중로군은 결국 남강을 건너서 합천 방면으로 퇴각한다.

제독 마귀가 이끄는 동로군의 선봉대는 9월 11일 도산성에 도착해서 포위에 들어간다. 김응서가 이끄는 조선군은 9월 19일 동래성을 탈환하면서 부산과의 연결로를 차단하는 데 성공한다. 동로군의 주력은 9월 22일부터 도산성 공격에 나선다. 몇 차례의 매복과 기습 작전이 성과 없이 끝나고 지루한 대치 상태가 이어지는 가운데 부산 지역의 일본군이 구원에 나선다는 소문이 돌자 마귀는 철수 명령을 내린다.

한편 유정劉綖 제독이 이끄는 서로군은 9월 중순, 전주에 집결한다. 목표인 순천왜성에는 고니시 유키나가가 이끄는 1만4000명이 버티고 있었다. 휘하의 군대를 셋으로 나눈 유정은 9월 20일에 휴전 회담을 가장해서 고니시 유키나가를 생포하려는 계획을 세운다. 기패관旗牌官 왕문헌을 제독으로 꾸미고 자신은 천총千總의 관복을 입고 변장했다. 우후虞候 백한남을 접반사로 삼고 도원수 권율의 군관 변홍달을 도원수로 삼아서 고니시를 맞이한다. 고니시가 회담장에 나타나면 공격해서 생포할 계획이었지만 고니시 유키나가가 명군의 분위기가 심상치 않은 것을 눈치채고 만다.

생포 계획이 실패로 돌아간 후 유정은 순천왜성을 포위하고 공세에 나선다. 한편 조명 연합수군 역시 지상군의 공세에 발맞춰 순천왜성의 배후인 광양만으로 진입해서 해상 봉쇄를 실시하고, 지원군을 차단하기 위해 노량수로를 막는다. 10월 2일부터 공세에 나선 유정의 서로군은 운제雲梯, 공성용 사다리와

---

* 명군이 임진왜란 당시 사용한 대포로, 포탄을 발사하는 포신인 모포(母砲)와 포탄과 화약을 장전하는 자포(子砲)가 분리된다. 따라서 미리 포탄과 화약을 채운 자포를 여러 개 준비하면 빠른 속도로 사격이 가능했다. 불랑기라는 말의 어원은 아라비아 상인들이 서양인을 부르는 말인 '파랑기(Farangi, 유럽을 뜻하는 '프랑크Frank'에서 유래)'이다. 조선 역시 불랑기를 자체 제작해서 널리 보급했다.(312쪽 참조)

비루飛樓, 성을 공격할 때 쓰는 높은 누각 등을 동원해 순천왜성을 공격한다. 성안의 일본군은 조명 연합군이 가까이 접근하기를 기다렸다가 조총으로 일제히 사격하고 대열이 와해되면 밧줄을 타고 내려와서 역습을 가했다. 결국 첫날 공격은 서로군에 800명의 사상자가 나면서 실패로 돌아간다.

조명 연합군의 이동로

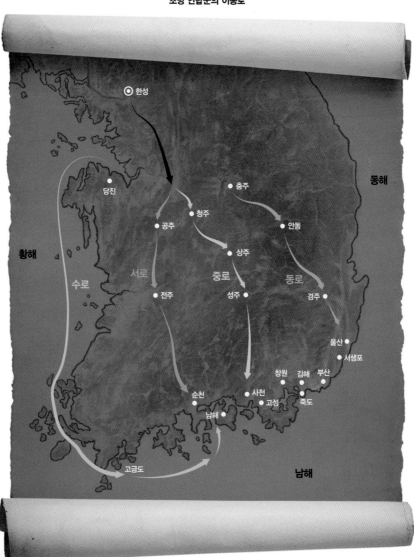

일본군을 공격하기 위해 이동하는 관군과 의병 연합군

사로병진 작전에 참가하기 위해 이동하는 조선군의 모습이다. 기병들 옆을 이동하다가 잠깐 휴식을 취하는 관군과 의병 연합군의 모습이 묘한 대조를 이룬다.

❶ 제일 앞에 선 의병은 별다른 보호 장비를 갖추지 못해 짚으로 짠 흉갑을 입었다. 허리띠에 꽂고 있는 장도(長刀)는 조선시대 남성과 여성들이 지니고 다니던 것으로 호신용이나 작업용으로 사용되었다. 남성들의 장도가 조금 더 길었다.

❷ 활을 소지한 궁수가 들고 있는 것은 나무로 만든 장방패(長防牌)다. 이 장방패는 원형 방패처럼 들고 움직이기에는 너무 무겁기 때문에 땅에 세워두고, 그 뒤에서 활을 쐈다. 두 궁수 역시 이동에 편리하도록 띠돈을 이용해 환도를 돌려맸다. 둘 다 종이와 무명으로 만든 조끼 형태의 종이갑옷인 지포엄심갑을 입고 있다.

❸ 두정갑을 입고 간주형 투구를 쓴 갑사(甲士)는 창을 휴대하고 있다. 역시 환도를 돌려멘 상태다.

❹ 챙이 있는 첨주형 투구에 조선 초에 많이 사용한 찰갑을 입은 보병은 특이하게도 등나무 줄기로 만든 방패인 등패(藤牌)를 들고 있다. 명나라의 척계광 장군이 왜구를 토벌할 때 사용한 방패로 명군이 참전하면서 조선에 알려졌다.

❺ 도끼로만 무장한 이 의병 역시 지포엄심갑을 입고 있다.

❻ 삿갓을 쓴 이 의승군(義僧軍. 임진왜란 때 승려들로 구성된 의병)은 장도를 허리띠에 꽂고 당파창을 들고 있다. 벙거지와 더불어 조선군을 상징하는 이 당파창은 사실 임진왜란 당시 명나라에서 도입된 무기다. 조선 초기에도 이와 비슷한 형태의 삼지창이 있긴 했지만 대량으로 이용되지는 않았다. 창날 아래 붙어 있는 붉은색 술은 영(纓)이라고 부르는 것으로 피가 튀는 것을 막는 역할을 한다.

정명섭 임진왜란의 대미를 장식하는 노량해전 중계. 오늘도 해설에 신효승씨가 나
　　　오셨습니다. 일단 명량해전 이후 상황에 대해서 정리해주시겠습니까?

신효승 명량해전에 승리한 후 조선 수군이 전남 무안군의 당사도로 퇴각했고,
　　　최종적으로는 군산 앞바다에 있는 선유도까지 물러났다는 말씀은 지난
　　　번 중계 때 말씀드렸죠? 그 후에 일본 수군이 웅천熊川에서 꼼짝도 안
　　　한다는 정보를 듣고 10월 9일에 명량해전이 벌어졌던 전라우수영으로
　　　돌아옵니다.

정명섭 이순신 장군은 이기기는 했지만 아직까지 일본 수군과 정면대결을 할 상
　　　황은 아니었다고 판단한 건가요?

신효승 그렇습니다. 일단은 전멸한 조선 수군을 재건하는 게 우선이니까요.

정명섭 처음부터 다시 해야 하는군요. 보통 사람 같으면 울화통이 터져서 뒷목
　　　잡고 쓰러질 상황인데요. 다행스러운 건 조정의 태클이 사라졌다는 점
　　　이네요. 그나저나 선조는 이순신 장군을 약 올리나요? 상중이라 고기를
　　　안 먹으면 건강을 해친다며 고기를 보내주네요. 허, 잡아다가 고문하라
　　　고 시킨 게 누군데 이제 와서 아껴주는 척한답니까?

신효승 하도 데어서 그런 문제는 그냥 웃고 넘어가실 분이죠. 일단은 수군의 재
　　　건이 우선 아니겠습니까? 1598년 2월에는 겨울을 나던 고하도에서 고금
　　　도로 진을 옮깁니다.

정명섭 진을 자주 옮기시는군요.

신효승 고금도는 고니시 유키나가가 주둔하고 있는 순천을 압박할 수 있다는 장
　　　점 외에도 섬에 농사를 지을 만한 땅이 있었기 때문이죠. 이외에도 소금
　　　을 만들거나 피란민에게 통행첩을 발행하는 등, 군량을 모으는 데 최선을

다합니다. 정말 바쁘셨는지 이 시기에는 『난중일기』도 못 쓰셨더군요.

정명섭 그러는 동안 반갑지 않은 손님이 찾아오는군요. 1598년 7월 16일, 명나라 수군과 사령관 진린陳璘이 고금도에 옵니다.

신효승 네, 칠천량에서 수군이 전멸했다는 소식을 듣자마자 조정은 잽싸게 명나라에 'SOS'를 칩니다. 명나라 역시 조선 수군이 없어지면 일본 수군이 직접 공격할지도 모른다고 우려하며 수군을 파병하죠. 하지만 문제는 이 진린이라는 장군의 성격이죠.

정명섭 상태가 심각한가요?

신효승 선조 앞에서 조선 관리를 두들겨 팼다고 하면 대충 설명이 되겠군요.

정명섭 네? 그게 사실인가요?

신효승 유성룡이 쓴 『징비록』을 보면 임금이 전송餞送하는 자리에서 조선 관리들을 두들겨 패고, 심지어 목에 노끈을 걸고 이리저리 끌고 다녀서 피투성이가 되었다는 기록이 있습니다. 이 광경을 본 유성룡은 크게 탄식하죠. 거기다 한술 더 떠서 잘 싸우라고 배웅하는 선조에게 조선 장수 중에 명령을 듣지 않는 자가 있으면 목을 베겠다고 큰소리를 칩니다.

정명섭 아, 정말 이순신 장군만 더 피곤해지겠어요.

신효승 진린의 원래 성격이 그럴 수도 있지만 결국에 이순신 장군과 호흡을 잘 맞춘 걸 보면 초기의 포악한 행동들은 일종의 '군기 잡기'나 '기선 제압'일 가능성도 높죠. 뭐 이순신 장군은 그런 일에 신경 쓸 겨를이 없을 정도로 바쁘긴 하지만요.

정명섭 아, 역시 명나라 병사들이 주민들을 괴롭히네요. 이러다간 백성들 다 떠나겠어요. 그런데 이순신 장군이 진린한테 뭐라고 하니까 행패가 딱 그치네요?

신효승 자꾸 이러면 백성들과 함께 다른 곳으로 떠나버린다고 엄포를 놓았네요. 그리고 일본군과의 전투에서 획득한 수급을 선심 좋게 나눠줍니다.

정명섭 용기와 리더십에 인간성 좋고 친화력에 포용력까지! 조선과 명나라 연합 수군이 출동해서 9월 15일 나로도羅老島, 전남 고흥군 앞바다에 있는 섬에 도 착하는군요. 드디어 전투를 벌이는 건가요?

신효승 육군의 사로병진 작전에 발맞춰 순천왜성을 봉쇄할 계획이죠. 9월 20일 광양만 안으로 진입해서 유도柚島, 전남 여천군 율천면의 송도라고 알려져 있지만 2005년 발간된 노승석의 『난중일기 완역본』에는 전남 여수시 묘도동의 묘도(猫島)를 잘 못 해석했다고 기술되어 있다 라는 섬에 닻을 내립니다.

정명섭 이틀 후인 22일부터 본격적인 공격에 나서는 조명 연합수군! 첫 전투에서 명나라 유격遊擊 계금이 어깨에 총을 맞고 명나라 병사 11명이 전사합니 다. 조선군도 옥포만호玉浦萬戶와 지세포만호知世浦萬戶가 부상을 당했지만 생명에는 지장이 없군요. 같이 공격하기로 한 지상군은 뭐하고 있나요?

신효승 첫 전투 후에 겁을 먹었는지 공성 장비를 만든다며 시간을 지체하고 있 네요.

정명섭 자꾸 시간을 끌어서 이러다 겨울이 되면 배를 움직이기 어려워지지 않 나요?

신효승 아무래도 그렇죠. 하지만 조선 수군은 묵묵히 공격 준비를 합니다.

정명섭 10월 2일 아침에 조선 수군이 다시 공세에 나섭니다. 그런데 일본군의 반격이 만만치 않군요.

신효승 사도첨사蛇渡僉使 황세득과 군관 이청일, 그리고 조선군 29명이 일본군의 총탄에 전사하고 명나라 병사 5명도 전사합니다. 제포만호薺浦萬戶 주의 수와 사량만호蛇梁萬戶 김성옥, 해남현감海南縣監 유형 등도 크고 작은 부 상을 당하는군요. 황세득은 이순신 장군 부인의 사촌 오빠라서 더더욱 안타까웠을 겁니다.

정명섭 아, 그런가요? 그나저나 생각보다 피해가 심각한데요? 아무래도 높은 육 지에서 쏘는 일본군의 총에 피해가 많이 발생하는 것 같네요.

신효승 그래도 다음 날 전투에 나선 명나라 수군보다는 피해가 덜한 편이죠. 명 군은 깊숙하게 들어갔다가 썰물이 되면서 갯벌에 배가 걸리고 맙니다. 한 두 척이 아니고 사선沙船 19척, 호선虎船 20척이나 됩니다. 이 광경을 본 일본군이 성에서 몰려나와 공격하는 바람에 배는 모두 불타고 140명만 살아남습니다. 조선군의 판옥선118쪽 참조 7척도 함께 좌초하지만 선체 바 닥이 평평한 덕분에 그대로 갯벌에 올라탈 수 있어서 별 피해가 없었죠.

정명섭 다음 날도 전투에 나서지만 역시 날씨가 안 좋아지면서 제대로 싸우지 못하는군요. 수군은 그럭저럭 싸우는데 육군은 도무지 움직이질 않네 요. 아! 답답합니다! 결국 10월 6일 서로군 지휘관 유정이 전투를 포기 하고 순천으로 물러납니다. 이순신 장군은 화를 참지 못하네요.

신효승 육군 없이는 성을 함락할 수 없는 노릇이죠. 결국 10월 12일 함대를 나 로도로 후퇴시킵니다. 한숨 돌린 고니시 유키나가가 유정과 협상에 나서 는군요. 이길 자신이 없던 유정도 협상에 응하죠.

정명섭 싸우지 않고 서로 필요한 걸 얻겠다는 얘긴가요?

신효승 고니시 유키나가 입장에서는 도요토미 히데요시가 죽었으니 가급적이면 전력을 온전히 유지한 채 하루빨리 일본으로 돌아가야만 했습니다. 하 지만 육로로 부산까지 철수하는 건 위험부담이 너무 컸기 때문에 해상 으로 철수를 해야만 했죠.

정명섭 하지만 이순신 장군이 버티고 있는데 가능할까요? 고니시가 철수한다는 정보를 입수한 조명 연합수군은 11월 11일 다시 유도로 돌아옵니다. 철 수 준비를 마친 일본군이 11월 13일 10척의 함선을 선발대로 내보내지 만 도로 쫓겨 들어가는군요. 다급해진 고니시의 사절이 진린의 진영을 뻔질나게 드나듭니다. 이순신 장군은 불안한 마음으로 이 모습을 지켜 봅니다. 진린도 뇌물에 무너지나요?

신효승 예상하신 대로입니다. 11월 14일 진린의 허락을 받았다며 일본군의 작은 배 한 척이 노량해협을 빠져나갑니다.

정명섭 노량을 빠져나간 배는 다른 곳에서 철수한 일본군이 대기하고 있는 남해도 건너편의 창선도에 가서 구원을 요청하는군요. 상대가 이순신인데 과연 도와줄까요? 아! 자기들의 수적 우위를 믿고 구원에 나섭니다. 이순신 장군이 배후에서 공격을 당할 수도 있는 위기에 처합니다. 퇴각해야 하나요?

신효승 보통 지휘관이라면 그랬겠죠. 하지만 이순신 장군이 누굽니까? 이미 상

노량에서 교전한 조명 연합군과 일본군 전력 비교

조명 연합수군	구 분	일본 수군
이순신, 진린	지휘관	소 요시토시, 시마즈 요시히로, 다치바나 무네시게, 데라자와 마사나리
판옥선 80척	병력	500척(1)
명나라 함선 300척		300척(2)
이순신 장군 전사	전투 결과	100척 나포, 200척 파괴
조선군 장수 이영남, 방덕룡, 고득장 전사		확인사살 500명, 생포 180명(3)
명나라 장수 등자룡 전사, 인명피해는 10여 명에서 250명까지 기록마다 다름		200척 파괴, 수천 명 사살(4)
함선 피해는 없는 것으로 추정		고니시 유카나가는 무사히 탈출
–	비고	(1) (3)은 진린의 보고 (2) (4)는 좌의정 이덕형의 보고

황 판단을 끝내고 대책을 세우죠. 일단 해협 봉쇄를 풀고 고니시를 구원하러 올 일본 함대를 격파하기로 합니다.

정명섭 말씀드리는 순간, 11월 18일 밤 조선 수군이 노량으로 진격합니다! 우물쭈물하던 진린 역시 부총관 등자룡鄧子龍과 함께 빌린 판옥선을 타고 뒤따라가는군요. 이순신 장군은 원수들을 무찌를 수만 있다면 죽어도 여한이 없다고 향을 피우고 하늘에 비는군요.

신효승 바다에서 일본군 주력을 격멸할 수 있는 기회를 잡았으니까 비장한 각오를 보이는 것도 무리는 아니죠.

거북선

판옥선을 토대로 제작된 거북선은 돌격선 역할을 맡았다. 판자를 두르고 뚜껑을 씌웠기 때문에 적의 포화나 접근전에서 내부의 전투원과 격군 들을 보호할 수 있었다. 이런 구조였기 때문에 적선에 안심하고 접근해서 포화를 퍼부을 수 있었다. 다만 판옥선보다 더 무거웠으므로 속도가 느렸고, 당시 대포에 사용하는 흑색화약에서 발생한 연기가 잘 빠져나가지 않았기 때문에 시야도 제한되었을 것으로 추측된다. 이런 단점들 탓에 임진왜란 초기를 제외하고는 사용하지 않았다는 주장도 제기되고 있다. 한편 일본군은 이 거북선을 '장님배', 즉 '메쿠라부네(盲船)'라는 별명으로 불렀다. 메쿠라부네는 구키 수군의 지휘관인 구키 모리타카(九鬼守隆)가 고안한 배로 거북선처럼 배 전체를 가리는 방패막을 두르고 대포를 쏠 수 있는 작은 포구만 있어서 밖에서 안을 들여다볼 수 없었다고 한다. 거북선도 이와 유사한 구조였기 때문에 같은 이름이 붙여졌던 것으로 추정된다.

거북선의 내부 구조, 특히 몇 층 구조인지에 대해서는 정확한 설계도나 내부 구조도가 없기 때문에 명확히 밝혀지지 않고 있다. 기존에는 1795년 간행된 『이충무공전서』에 그려진 그림을 토대로 '2층설'이 정설처럼 받아들여졌다. 1933년 연희전문학교의 교수로 재직 중이던 언더우드 교수 역시 2층설을 주장했다. 하지만 언더우드 교수의 2층설은 거북선의 노를 서양식 배처럼 1층에서 저었다는 결정적인 오류를 보였다. 이후 1층은 무기 창고와 선실이 있었고, 2층은 노를 젓는 격군, 대포와 활을 쏘는 병사들이 함께 있었다는 내용으로 수정되어서 오랫동안 정설처럼 받아들여졌다.

하지만 최근 들어서 노를 젓는 격군과 전투원이 같은 층에 있었다면 전투에 심각한 제한이 있었을 것이라는 주장과 함께 '3층설'이 제기되고 있다. 즉 무기 창고와 선실이 있는 1층과 노를 젓는 격군들이 있는 2층, 전투원들이 있는 3층으로 구분된다는 것이다. 더불어 이에 대한 절충안으로 '2.5층설'도 제기되었다. 즉 전투원들이 있는 공간이 다락처럼 되어 있다는 설이다. 거북선의 내부 구조는 등에 철갑이 씌워졌는지와 더불어 거북선 구조에 관한 최대의 미스터리다. 2층설과 2.5층설, 그리고 3층설 들은 나름대로의 약점과 설득력을 지니고 있으며, 정확한 내부 구조도가 전해지지 않기 때문에 무엇이 옳다고 단언하기는 힘들다. 위의 그림은 여러 견해 중 3층설을 토대로 그렸음을 밝힌다.

정명섭 일본 함대는 동쪽에서, 조선과 명나라 연합함대는 서쪽에서 노량을 향
　　　해 진격합니다. 밤이 너무 깊어서 서로 가까이 접근하는 줄도 모르고 있
　　　습니다만 잠시 후면 알아차리겠죠. 선두에 선 조선 수군의 판옥선에서
　　　신기전90쪽 참조을 준비하는군요. 공격용인가요?

신효승 공격용으로 묘사한 소설들이 적지 않지만 아마 신호용이 아닐까 싶습니다.

정명섭 하긴 화약이 타들어가면서 내는 불꽃과 소리라면 공격 신호로 적당하지
　　　않을까 싶네요. 드디어 7년 동안 조선을 불바다로 만들었던 임진왜란의
　　　대미를 장식하는 노량해전이 시작됩니다!

1598년 11월 19일, 새벽 1시

정명섭 지금 노량으로 진격해오는 일본 수군은 어디 소속입니까?

신효승 고니시 유키나가의 사위이자 대마도주인 소 요시토시 휘하의 일본 수군
입니다.

정명섭 그런데 선두에 있는 세키부네의 유미 아시가루弓足輕, 궁수가 조용히 성호
를 긋네요.

신효승 당시 일본에는 천주교가 널리 퍼진 상태였습니다. 특히 고니시 유키나가
를 비롯한 규슈 지방의 다이묘들은 세례명이 있을 정도로 독실한 천주
교도였죠. 일본 백성들 중에도 천주교도가 적지 않았습니다.

정명섭 그 순간 어둠 속에서 불빛이 반짝거리는군요. 갑판에 눕혀놨던 활을 치
켜드는 유미 아시가루!

신효승 원래 그의 임무는 뎃포 아시가루64쪽 참조들이 찬 겨울바람을 피해 도히
나胴火, 불이 붙은 화승을 넣어두는 원통형 보관함에 넣어둔 히나와65쪽 참조를
꺼내서 발사 준비를 마칠 때까지 시간을 버는 것이죠.

정명섭 이때 남쪽에서 갑자기 불화살이 솟구쳐 올라옵니다! 갑판에 엎드려 있
던 뎃포 아시가루들이 부산스럽게 발사 준비를 하는 가운데 하늘 높이
올라갔던 신기전이 천천히 바다로 떨어집니다. 사격 준비를 하던 뎃포 아
시가루들이 신기전의 불빛에 비춰진 위압적인 판옥선의 윤곽을 보고는
깜짝 놀랍니다. 사격 준비를 서두르는 가운데 귀청을 울리는 대포 소리
가 울려 퍼집니다. 조란환155쪽 참조에 맞은 대나무 방패와 상부 구조물
이 거대한 채찍에 맞은 것처럼 으깨져버리는군요. 간신히 정신을 차린

뎃포 아시가루들이 발포하면서 전장의 어둠은 작은 불꽃들로 얼룩져갑니다. 그리고 응답이라도 하듯 옆쪽에서 벼락 치는 소리가 들려옵니다. 어둠을 뚫고 날아온 장군전90쪽 참조이 후미부터 비스듬하게 파고듭니다. 대나무 다발을 겹겹이 두른 나무방패가 가볍게 뚫리는군요. 완벽한 매복으로 기습에 성공하는 조선 수군입니다!

신효승 이렇게 노량해협을 통과하던 일본 수군의 세키부네가 불타오르는 것을 시작으로 '노량해전'이라고 부르는 대규모 해전의 막이 올랐습니다. 노량의 남쪽, 남해도의 관음포에 매복하고 있던 조선 수군의 주력은 완벽한 침묵을 유지하고 있다가 일본 수군이 해협을 통과하는 것과 동시에 신기전을 쏘아올리고 공격에 나선 거죠.

정명섭 해협 북쪽의 죽도 부근에서 대기하고 있던 명나라 수군도 전장에 끼어드는군요. 800척이나 되는 배가 뒤엉키니까 바다가 좁아 보일 지경입니다. 그나저나 조선 수군이 야간전투에 나선 것은 이번이 처음이라면서요?

신효승 네, 원래 화포를 이용한 원거리 공격이 강한 조선 수군에 거리를 유지할 수 없는 야간전투는 피해야 할 상황입니다. 하지만 조선 수군은 함정을 파기 위해 자신들의 강점을 모두 포기했고, 어둠이라는 악조건도 기꺼이 받아들였죠.

정명섭 전투 양상이 상당히 복잡해 보이는데요.

신효승 야간이라 명령 전달이나 대형 유지는 거의 불가능한 상태이기 때문에 개별적으로 전투를 진행해야만 했죠.

정명섭 기존에 진형을 짜고 거리를 유지하면서 접근전을 허용하지 않던 조선 수군은 낯선 상황을 침착하게 받아들입니다. 거리가 가까운 탓에 일본군의 조총이 놀라울 정도의 명중률을 보이며 조선 수군을 쓰러뜨립니다. 하지만 쓰러진 동료의 끈적거리는 피 위로 모래 한 줌을 뿌린 포수는 차분하게 심지에 불을 붙입니다. 지자총통90쪽 참조에서 발사된 수마석水磨

石, 물결에 닳아서 반들반들해진 돌이 세키부네의 홀수선박이 물속에 잠기는 깊이 부근에 명중합니다. 세키부네의 잔해들이 허공에 날아올랐다가 꽃잎처럼 떨어집니다. 구멍이 뚫린 세키부네가 죽은 물고기처럼 배를 드러내고 뒤집혀버립니다. 물에 빠진 일본 수군이 아우성을 치지만 아무도 거들떠보지 않는군요. 여유가 있다면 장병겸160쪽 참조 같은 걸로 찍어올려서 목을 쳤겠죠?

신효승 수급을 얻기 위해 방포를 멈췄다가는 통제사의 불호령이 떨어질 게 뻔하니 아무도 엄두를 못 낸 거죠.

정명섭 말씀드리는 사이 동차90쪽 참조를 뒤로 뺀 포수는 능숙한 손놀림으로 화약을 쑤셔넣고, 조란환 대신 작은 돌멩이들을 부은 다음 흙을 채워넣습니다. 격목을 끼우고 방금 전 재미를 본 수마석을 넣는군요. 나무망치로 단단히 다진 포수가 동차를 앞으로 밉니다. 양 옆에 세워둔 소나무방패에 긴 일본 화살들이 딱딱거리며 꽂혔지만 포수는 아랑곳하지 않고 다음 목표물을 찾습니다.

신효승 육지라면 긴 칼을 든 일본군은 야차夜叉, 모질고 사나운 귀신의 일종보다 무서웠겠지만 바다 위에서는 움직이는 표적에 불과하죠.

정명섭 북쪽에서 내려온 명나라 함선들까지 자리를 잡으면서 조명 연합수군이 거대한 집게발처럼 일본 수군을 으깨버립니다. 한산도 앞바다처럼 거리를 두고 학익진을 폈거나 명량처럼 좁은 수로에서 오도 가도 못하게 만들었다면 노량해전은 전투가 아니라 학살로 끝났을 텐데 아쉽게도 포위망이 완벽하지 못하군요.

신효승 어둠이라는 변수 때문이죠. 거기다 명나라 수군과 손발도 잘 맞지 않았고 말이죠.

정명섭 부서지고 불탄 동료 함선들의 곁을 스쳐지나온 세키부네와 아타케부네들이 판옥선과 명나라 사선 주변으로 파리 떼처럼 몰려듭니다. 일본 병

임진왜란 최후의 해전 조명 연합군과 일본군은 노량해협에서 격전을 벌였다. 새벽에 시작한 전투는 다음 날 낮까지 이어졌다.

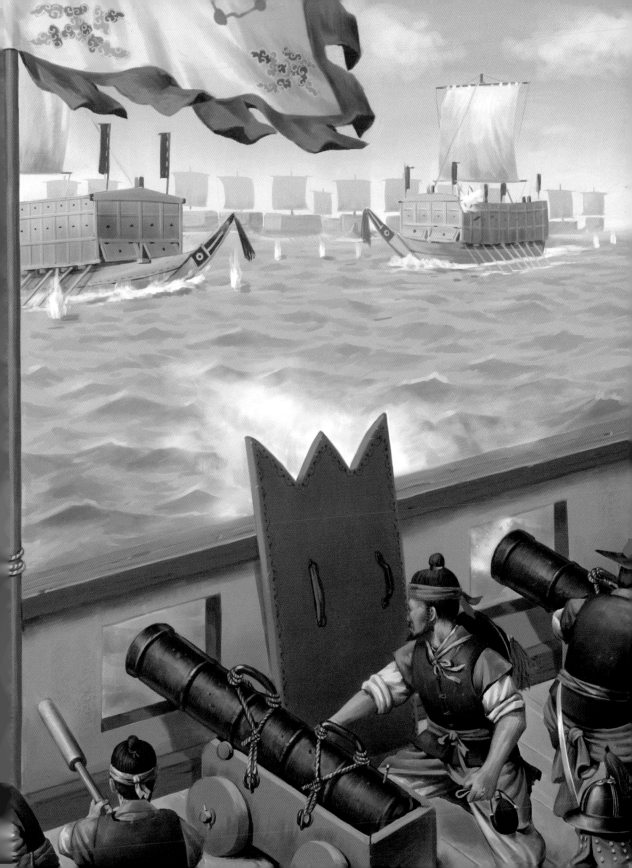

노량해전 전투 순천왜교성을 해상에서 포위하고 있던 조명 연합수군은 고니시 유키나가를 구원하기 위해 달려온 일본 수군과 남해도와 육지 사이의 좁은 노량해협에서 맞서 싸웠다. 양군이 치열한 전투를 벌이는 사이, 고니시 유키나가는 몰래 배를 타고 퇴각하는 데 성공했다.

사들이 명나라 사선에서 발사한 불랑기312쪽 참조에 맞아 부러진 아다케부네의 돛대를 들어서 명나라 사선 쪽에 걸쳤습니다. 넘어갈 심산인가요? 일본군 한 명이 돛대에 올라타서 건너가려다가 당파창280쪽 참조에 찔려서 바다에 빠져버립니다. 다른 병사 한 명이 쇠갈고리를 힘껏 던져서 사선에 걸쳤습니다만 옆에 있던 판옥선에서 날아온 편전39쪽 참조에 이마가 꿰뚫리며 뒤로 벌렁 넘어지는군요. 걱정하긴 했는데 나름 잘 싸우고 있어요.

신효승 이런 상황을 충분히 예상하고 있던 조선 수군이 미리 짚더미와 발화통, 그리고 마름쇠를 넣은 질려포통을 충분히 준비해둔 게 효과를 발휘하고 있죠.

1598년 11월 19일, 새벽 5시

정명섭 해가 뜨면서 배의 잔해들과 병사들의 시신으로 가득 찬 노량의 바다가 환해져갑니다. 목표물이 잘 보이기 시작하면서 조총과 총통의 명중률이 급격히 높아지네요. 필사적으로 탈출로를 찾던 일본 수군이 판옥선 뒤에 보이는 수평선을 향해 뱃머리를 돌립니다. 세키부네들이 날아드는 포환과 화살세례 사이를 뚫고 미친 듯이 노를 저어가는 가운데 뒤에서 날아온 장군전에 맞아 키가 날아간 아다케부네와 세키부네가 충돌하고 맙니다. 뒤엉킨 두 척의 옆으로 스쳐지나가던 판옥선들이 던진 발화통과 질려포통이 연달아 터지면서 그대로 가라앉네요. 동료들의 죽음을 뒤로한 채 열심히 노를 저어가던 일본 수군은 출구라고 생각했던 곳이 육지로 막혀 있는 것을 보고는 입을 다물지 못하네요.

신효승 남해도의 관음포에 잘못 들어온 겁니다. 안쪽이 깊어서 처음 보는 사람들은 종종 바다로 나가는 출구인 줄로 오해하곤 하죠.

정명섭 선두에 선 배에서 뛰어내린 병사들이 허겁지겁 육지 쪽으로 헤엄쳐가는군요.

신효승 하지만 대부분의 병사들은 어딘지도 모르는 육지에 선뜻 오르지 못하죠.

정명섭 다시 뱃머리를 돌린 일본 함선들이 판옥선을 향해 덤벼듭니다. 다른 때였다면 거리를 두면서 포격을 했겠지만 전열이 마구 뒤엉킨 상황에서는 불가능한 일이죠. 양쪽은 코앞에서 서로 포화를 주고받습니다. 이렇게 양군이 계속 뒤엉켜서 싸우는 와중에 진린의 부장 등자룡이 탄 판옥선에 불길이 치솟습니다. 갑판 위의 명나라 병사들이 우왕좌왕하자 그 틈을 타 일본 병사들이 칼을 빼들고 뛰어 올라가는데요. 장대에서 지휘하던 등자룡은 고령에도 불구하고 언월도를 휘두르며 맞서 싸우지만 결국 창에 찔려 쓰러지고 마네요.

신효승 진린의 배도 위기에 처하는군요.

정명섭 화살세례를 뚫고 사방에서 몰려든 일본 수군이 줄사다리와 갈고리를 걸어 진린의 배로 넘어왔습니다. 놀란 병사들이 이리저리 흩어지는 가운데 진린의 아들 진구경이 장대로 올라가는 계단 앞을 막아섭니다. 그가 부상을 무릅쓰고 버티는 가운데 기패관 세위가 당파창으로 일본 병사들을 찔러서 겨우 위기를 넘깁니다.

신효승 계속되는 위기의 순간, 요란한 총성과 함께 일본 병사들이 두 팔을 허우적거리며 바다로 떨어집니다!

정명섭 날렵하게 다가온 판옥선 한 척이 진린의 판옥선을 둘러싼 일본 전함들 곁을 지나치면서 탄환세례를 퍼부어 진린을 도와준 겁니다. 판옥선의 장대 옆에 붙은 작은 누대에 선 포수들이 능숙한 솜씨로 조총을 재장전합니다. 그사이 조선군이 던진 질려포통들이 줄줄이 터지면서 일본군의 기세가 단번에 꺾이고 맙니다. 뱃머리에 붙어 있던 다른 세키부네는 서둘러 도망치려고 했지만 판옥선과 노가 엉키면서 붙잡히고 마네요. 길다란 장병겸이 뱃전의 일본 병사들을 토막 내는 가운데 장전을 마친 조선군 포수들이 일제사격으로 나머지 일본 병사들을 쓸어버리며 상황을 정리합니다. 장대에 서서 그 광경을 지켜보던 진린은 위기에서 구해준 판옥선을 쳐다봅니다. 누군가요?

신효승 당연히 이순신 장군이죠.

정명섭 '사師'자가 크게 쓰인 검정색 깃발과 '천자일호좌선天子一號座船'이라는 휘호를 붙인 통제영 상선이 뱃머리로 파도를 부수며 곧장 두 척의 세키부네를 향해 돌격합니다. 통제영 상선의 좌우로 갈라진 세키부네에서 빗발처럼 탄환이 날아듭니다. 아, 좌현에서 방포 준비를 하던 화포교사火砲教師가 뒤에서 날아온 탄환에 맞고 쓰러져 제때 방포가 되지 못합니다. 좌현에서 다가오는 세키부네는 이제 막 투입된 듯 상처도 없고 병사들도 멀쩡해 보이는데요. 통제영 상선에 탄 병사들 모두 바짝 긴장하는 가운데 좌현 쪽 세키부네의 갑판에서 연달아 폭발이 일어납니다. 이번에는 진린이 도와주는군요. 진린의 판옥선에서 발사한 호준포*와 불랑기의 포탄이 연달아 명중합니다. 그사이 통제영 상선의 지자총통에서 발사한 연환이 우현 쪽에서 접근하던 세키부네의 몸통에 크고 작은 구멍을 냅니다. 위기를 벗어난 두 판옥선은 한참 격전이 펼쳐지는 노량 한복판으로 전진합니다.

1598년 11월 19일, 아침 8시

정명섭 시간이 흐르면서 탄환과 포탄이 다 떨어진 양쪽 병사들이 손에 잡히는 것을 닥치는 대로 던지는군요. 그래도 일본 배들이 많이 줄었네요.

신효승 관음포로 잘못 들어갔던 함선들이 대충 정리되고, 노량해협 입구 부근도 소강 상태를 보입니다. 양쪽의 전의는 여전했지만 몸이 따라주지 않았고, 화약과 화살도 거의 떨어졌습니다. 간헐적으로 울리는 총성만이 아직 전투가 끝나지 않았다는 사실을 말해주고 있죠.

정명섭 접근전이 펼쳐지면서 조선군의 사상자가 늘어나는군요. 특히 선두에서 싸우는 지휘관들의 피해가 늘어나는 것 같습니다.

신효승 낙안군수樂安郡守 방덕룡이 탄환에 맞아서 쓰러졌습니다. 부하들과 함께 아다케부네로 넘어갔던 가리포첨사加里浦僉使 이영남도 칼에 찔려 부상

---

* 호준포(虎蹲砲)는 명나라 장군 척계광이 왜구와 싸우기 위해 개발한 소형 화포다. 지지대로 쓰는 두 개의 다리에 포신이 얹혀져 있는 모습이 호랑이가 앉아 있는 것처럼 보여서 호준포라는 이름이 붙었다.

영웅의 최후 이순신 장군은 자살설이나 은둔설이 나올 정도로 극적인 최후를 맞이했다. 그가 남긴 최후의 유언은 죽음이라는 어둠 속에서도 승리라는 빛을 잃고 싶어하지 않았던 그의 바람일지도 모르겠다.

을 당한 채 퇴각하죠. 흥양현감興陽縣監 고득장도 장대에서 모습이 보이지 않네요. 장대에 두른 소나무 방패가 흔적도 없이 날아간 것을 봐서는 오즈쓰152쪽 참조에 당한 것 같습니다.

정명섭 장대에 서서 조선 수군의 피해를 지켜보던 이순신 장군은 옆에 있던 송희립이 갑자기 비명을 지르며 쓰러지자 부축하기 위해 손을 뻗습니다.

그 순간, 짤막한 총성이 울려 퍼졌습니다. 털썩 주저앉은 이순신 장군의 왼쪽 겨드랑이에서 흘러내리는 피가 바닥을 적시고 있습니다. 부상을 당한 송희립이 엉금엉금 기어오고, 장대 아래에 있던 조카 회와 분이 한걸음에 달려옵니다. 아, 여기서 이렇게 돌아가시나요? 근데 지금 뭐라고 말씀하시는 겁니까?

신효승 "아직 싸움이 급하다. 내 죽음을 알리지 마라"라고 얘기하셨습니다.

정명섭 결국 눈물바다를 이루는 부하들을 둘러보면서 눈을 감습니다. 여섯 발의 탄환을 맞고 중상을 입었던 해남현감 유형은 이순신 장군의 죽음을 듣고는 괴성을 지르며 몸을 일으킵니다. 조선 수군이 죽음의 잔해 위에서 사투를 거듭할 무렵, 조용히 순천왜교성을 빠져나온 고니시 유키나가는 묘도 서쪽 수로를 통해 남해도 남쪽으로 빠져나가는군요.

신효승 임진왜란, 혹은 분로쿠·게이초의 전쟁, 혹은 임진동정, 만력조선역으로 불렸던 전쟁은 1598년 11월 19일 이순신 장군의 죽음을 끝으로 막을 내립니다.

정명섭 아, 눈물이 앞을 가리는군요. 이게 만약 드라마라면 작가는 너무 뻔한 스토리라고 욕 좀 먹었을 겁니다. 그나저나 고니시 유키나가는 도와주러 온 군대가 흠씬 두들겨 맞는 동안 잽싸게 남해도 남쪽으로 빠져나가는군요. 역시 인생은 타이밍인가요? 그런데 유정은 빈 성에 들어가서 무슨 짓을 하는 겁니까?

신효승 애초부터 진지하게 싸울 뜻은 없던 거죠. 일본군 시신과 포로로 잡혀 있던 조선인을 죽이고 고니시가 인질로 보낸 인질 여섯 명도 죽여서 수급을 챙깁니다.

정명섭 정말 너무하는군요. 이번 전투에 대해서 간략히 정리해주시겠습니까?

신효승 냉정하게 얘기하자면 이순신 장군의 원래 목표인 순천왜교성 봉쇄에는 실패했습니다.

정명섭 그렇다면 작전이 실패로 돌아간 건가요?

신효승 이걸 두고 일부에서는 전략적 패배 운운하기도 합니다만 전투의 목적은 중간에 변화할 수 있는 겁니다. 거기다 노량으로 진입한 일본의 구원 함대는 일본 수군의 주력에 해당합니다. 만약 이 함대를 격파한다면 부산과 대마도 사이의 해상 봉쇄가 가능하게 되죠. 이순신 장군도 그걸 염두에 두고 적극적인 요격 작전에 나섰던 것입니다.

정명섭 아, 그럼 노량해전 이후에 또 전투가 벌어졌을 수도 있다는 뜻인가요?

신효승 전후 관계를 명확하게 해야 하는데요. 노량해전 때문에 임진왜란이 종결된 건 아닙니다. 일본군의 철군은 이미 결정된 상태였고, 노량해전은 퇴각하는 일본군을 소탕하는 작전이었습니다. 이 전투 이후에도 일본군의 철수는 11월 28일까지 계속 이어졌지만 이순신 장군의 죽음으로 조선과 명나라 연합수군은 더 이상 작전을 진행하지 못하죠.

정명섭 그러니까 노량해전에서 승리했기 때문에 전쟁이 끝난 게 아니라 이순신 장군이 전사했기 때문에 조선과 명나라 수군이 더 이상 전투를 하지 못했다는 뜻이군요.

신효승 맞습니다. 이순신 장군이 살아있었다면 퇴각하려는 일본군을 계속 봉쇄했든지 아니면 대한해협에서 전투를 벌였을 겁니다.

정명섭 그나저나 이순신 장군의 전사 소식이 알려지자 조선과 명나라 수군 모두 허탈해합니다. 백성들도 목 놓아 우는군요. 한 인간의 야망으로 시작된 7년 전쟁은 이렇게 막을 내립니다. 7년 동안 계속된 이번 전쟁은 종전 후에도 많은 영향을 남겼죠?

신효승 우선 일본은 도요토미 히데요시 사후 도쿠가와 이에야스가 본격적인 세력 확장에 나서면서 갈등 국면에 빠져듭니다. 결국 1600년 10월 21일, 그 유명한 '세키가하라 전투'에서 도쿠가와 이에야스의 동군이 이시다 미쓰나리의 서군을 물리치면서 도쿠가와 막부를 여는 발판을 만들게 됩니

다. 물론 도요토미 가문이 완전히 멸망하는 건 1615년에 벌어진 '오사카 여름 전투大坂夏の陣'였지만 이미 이때 주도권이 넘어갔다고 봐야겠지요.

정명섭 명나라의 상황은 어떤가요?

신효승 명나라 역시 임진왜란에 막대한 전비를 쏟아붓는 바람에 국력이 기울어집니다. 결국 이자성李自成의 반란군이 1644년 북경을 함락하면서 명나라도 막을 내리죠. 하지만 이자성 역시 오래 버티지 못합니다. 오랫동안 기회를 노렸던 후금의 홍타이지皇太極가 오삼계吳王桂의 투항을 받아들이고 북경으로 남진합니다.

정명섭 둘 다 남 좋은 일만 시킨 꼴이군요. 조선은 의외로 오래 버티지만 체질 개선이나 반성 같은 건 외면하는군요.

신효승 심하게 얘기하면 그냥 간판만 내건 꼴이죠.

정명섭 조선을 뒤흔든 7년 전쟁이 이렇게 영웅의 죽음을 뒤로하고 막을 내렸습니다. 이번 전쟁을 간략하게 마무리해주시겠습니까?

신효승 당시 노량에서의 승리와 일본군의 철수 소식을 들은 대신들이 기뻐하는 모습을 보고, 사관은 이런 기록을 남겼습니다.

사신은 논한다. 옛날 송휘종宋徽宗과 흠종欽宗 시대에 적이 까맣게 몰려오면 상하 모두가 어쩔 줄 몰라 후퇴할 계책만 생각하고, 적이 조금 물러가면 군신이 서로 축하하며 만세토록 걱정이 없을 듯이 여기다가, 끝내 오랑캐에게 침입을 당하여 국가를 위태롭게 하였다. 지금 이 왜적은 실로 우리나라가 언젠가 기어이 갚아야 할 원수이다. 백성들을 짓밟고 종묘사직에 대해서 참혹한 짓을 자행한 것은 차마 말할 수 없을 정도이다. 군신 상하가 마땅히 조석으로 와신상담하며 기필코 이 왜적을 멸망시키고 말아야 하는데, 태연하게 세월만 보내다가 끝내 왜적의 괴수가 군대를 철수하여 바다를 건너가는데도 왜장을 죽이고 기旗를 빼앗아 조금이나마 임금의 치욕을 씻지 못하였으니, 당시의 신하들은 죽어도 죄가 남는다. 그런데 지금 대궐에 나아가 치하하면서 기쁘고 다행스럽다는 말을 늘어놓으며 옛일을 인용하여 아첨하는 소지로 삼았다. 옛적에 이강李綱이 당고종唐高宗에게 고하기를 '적이 물러났다고 해서 기뻐하지 말고 원수를 갚지 못한 것을 분하게 여기소서' 하였는데, 진정 격언이라 하겠다.

정명섭 붓을 들어 이 기록을 남겨놓는 사관의 참담한 심정이 느껴지십니까? 조선시대의 역사는 임진왜란 전과 후로 나눌 수 있을 정도로 큰 영향을 미쳤는데요. 무려 7년 동안이나 전쟁터가 되어버린 조선 땅은 폐허가 되었고, 죽거나 다친 사람도 적지 않았습니다. 임진왜란이 우리에게 남겨놓은 것은 뭘까요?

신효승 임진왜란은 우리가 주변의 변화에 대해서 무관심할 때, 그리고 전쟁에 대비하지 않을 때 어떤 일이 벌어질 것인가에 대해서 피로 쓴 교훈입니다. 또한 지도자의 오판과 지도층의 안일함이 어떤 결과를 가져오는지 명백히 보여주는 사례이기도 하죠. 역사를 배우는 본질적인 의미는 실수를 되풀이하지 말자는 겁니다. 그 점을 명심하지 않으면 우리는 제2, 제3의 임진왜란을 겪게 될지도 모릅니다.

정명섭 말씀 잘 들었습니다. 다음 시간에 뵙도록 하겠습니다.

임진왜란, 동아시아를 뒤흔들다.

임진왜란이 참전 당사국들에게 남긴 파장은 실로 막대했다. 일본은 도요토미 히데요시 사후, 도쿠가와 이에야스가 본격적인 세력 확장에 나서면서 갈등 국면에 빠져든다. 도쿠가와 이에야스의 이 같은 행보에 반발한 이시다 미쓰나리를 비롯한 반대파는 세력 규합에 나선다. 결국 1600년 10월 21일 기후현岐阜縣의 세키가하라정關ヶ原町에서 전투가 벌어지고 도쿠가와 이에야스의 동군이 이시다 미쓰나리의 서군을 물리치면서 도쿠가와 막부를 여는 발판을 만들게 된다. 노골적으로 야망을 드러낸 도쿠가와 이에야스는 1614년 마지막 장해물인 도요토미 히데요리를 제거하기 위해 군대를 일으킨다. 결국 1615년에 벌어진 오사카 여름 전투에서 오사카성이 함락되고 도요토미 히데요리와 어머니 차차가 자결한다. 전국시대의 승리자가 된 도쿠가와 이에야스는 '도쿠가와 막부德川幕府'를 연다.

명나라도 상황이 만만치 않았다. 조선을 구원하느라 막대한 전비와 인명 피해를 낸 탓에 국력이 기울어진 것이다. 결국 거듭된 흉년과 과도한 세금을 견디다 못한 농민이 반란을 일으켰다. 이자성의 반란군이 북경을 함락하면서 명나라도 막을 내린다. 하지만 이자성 역시 오래 버티지 못한다. 오랫동안 기회를 노렸던 후금의 홍타이지가 북경으로 남진한 것이다. 이자성을 패퇴시키고 북경을 점령한 홍타이지는 자살한 숭정제崇禎帝의 장례를 치러준다. 그리고 반란을 진압한다는 명분을 내세워 명나라의 잔당세력을 물리치고 중원의 새로운 주인이 된다.

참전국 중 정권이 교체되거나 왕조가 바뀌지 않은 것은 조선이 유일하다. 제일 약골이었던 조선은 의외로 오래 버티지만 체질 개선이나 반성 같은 건 없었다.

하지만 임진왜란이 낳은 진정한 스타는 '누루하치'일 것이다. 명나라와 조선이 혼잡스러운 틈을 타서 세력을 넓힌 그는 동아시아의 새로운 지배자가 될 준비를 끝낸다.

이순신 장군은 죽지 않았다

이순신 장군에 관한 얘기가 나올 때면 앞서 살펴본 원균 명장론과 더불어 쌍둥이처럼 붙어나오는 얘기가 있다. 바로 노량해전 당시 이순신 장군이 스스로 목숨을 끊었다는 '자살설'과 전사하지 않았음에도 불구하고 죽은 것처럼 위장했다는 '은둔설'이다. 자살설을 간단히 요약하면 전투가 한창일 때 갑옷을 입지 않고 일부러 눈에 잘 띄는 곳에 서서 상대편의 저격을 유도했다는 내용이다. 이미 한 번 투옥되었던 전력이 있던 상황이라 전쟁이 끝나면 누명을 쓰고 투옥될 게 뻔했기 때문에 명예로운 죽음을 택했다는 것이다. 실제로 이런 식의 죽음은 명예를 목숨보다 소중하게 여기는 군인들 사이에서 종종 벌어졌다. 1938년 독일 육군 총사령관 베르너 폰 프리츠(Werner von Fritsch) 장군은 군부를 장악하려는 히틀러에 의해 동성애자라는 죄목으로 기소를 당한다. 재판 끝에 무죄가 밝혀지지만 복직에 실패한 그는 1939년 독일이 폴란드를 침공하자 명예대령으로서 연대를 이끌고 참전한다. 그리고 바르샤바 시내에서 벌어진 전투 중에 폴란드군의 총격을 받고 목숨을 잃는다. 일설에 의하면 전쟁터에서 최후를 맞이하기 위해 일부러 시내 한복판을 가로질러 갔다고 한다. 독일군과 소련군이 혈전을 벌였던 스탈린그라드에서도 비슷한 일이 벌어졌다. 배고픔과 추위에 지친 독일군이 일부러 참호 밖에 나와서 소련군의 총에 맞은 것이다. 이런 일이 빈번하게 발생해서 파울루스 사령관이 금지령을 내릴 정도였다.

이순신 장군의 자살설도 이와 비슷한 맥락으로 이해된다. 이런 자살설의 유래는 오래되었다. 기록상으로는 숙종 때 광주목사 이민서가 김덕령 장군에 관한 전기를 쓰면서, 이순신 장군이 전투 도중 일부러 갑옷을 벗어서 적탄에 맞았다고 언급한 것이 최초다. 예전에 한참 화제를 모았던 어떤 드라마에서도 부하들이 잇달아 전사하자 스스로 갑옷을 벗는 모습을 보여준 적이 있다. 사실 전쟁 때 공을 세운 장군을 종전 후에 숙청하는 일은 동서고금을 막론하고 자주 벌어졌으니 그런 예상 자체가 잘못되거나 무리한 것은 아니다. 물론 임진왜란 당시에는 이몽학처럼 반란을 일으켜놓고 의병이라고 선전하는 경우도 있긴 했지만 목숨 걸고 의병을 일으킨 유생과 백성 들이 종종 도적 떼나 반란군으로 오해를 받곤 했다. 선조와 대신들의 입장에서는 자신들의 실책으로 벌어진 전쟁에서 의병장들이 대활약하는 광경은 패배보다 더한 악몽이었을 것이다. 김덕령 장군이 처형당했고, 곽재우 장군도 하마터면 목숨을 잃을 뻔했다. 이순신 장군 역시 이미 투옥된 경험이 있었기 때문에 전쟁이 끝나면 어떻게 될지 아무도 몰랐다. 이순신 장군은 그럴 바에는 그냥 전쟁터에서 명예롭게 전사하자는 심정으로 갑옷을 벗어던졌을까?

역사를 바라보면서 가장 많이 빠지는 함정이 바로 '결과론'이다. 미래에서 과거를 바라보는 우리들은 전지전능한 신의 위치에 있는 것이나 다름없다. 당시 사람들이 몰랐던 사실들을 알고 있고, 그걸 바탕으로 손쉽게 이야기를 만들어낼 수 있다. 당사자들은 죽은 지 오래되었으니 반박을 할 수도 없다. 이순신 장군의 자살설이 사실로 증명되기 위해서는 다음과 같은 전제 조건들이 충족되어야 한다.

1. 이순신 장군은 종전 후 자신이 숙청당할 것을 확신해야만 한다.
2. 이순신 장군을 비롯한 선조, 조정 대신들 모두 노량해전으로 이번 전쟁을 끝낼 수 있다는 확신이 있어야만 한다.

1번은 벌어지지 않았으니까 누구도 자신 있게 대답하진 못할 것이다. 2번 문제에 대해서는 자신 있게 아니라고 말할 수 있다. 노량해전이 임진왜란의 마지막 전투가 된 것은 이순신 장군의 죽음 때문이다. 실제로 노량해전이 벌어진 지 일주일 후인 11월 26일 명나라 군문(軍門) 형개(邢玠)와 회담하던 선조는 이런 말을 한다.

황제의 위엄이 미치는 곳마다 차례로 평정될 것입니다. 다만 왜적은 교활하기 짝이 없으니 남아 있는 적들이 남해, 거제 등 육지 가까운 지역으로 들어가 점거할까봐 매우 걱정됩니다. 만약 이 기회를 틈타 수륙으로 진격하여 단번에 무찌른다면 거의 후환이 없을 것입니다.

노량해전 이후에도 일본군은 남해안에 주둔한 채 철수 중이었고 조선은 이들이 해안 지역에 거점을 마련하고 잔류할까봐 걱정스러운 눈길로 바라본다. 이순신 장군이 생존해 있었다면 선조는 명나라 장수에게 하소연하는 대신 공격 명령을 내렸을 것이다. 노량해전 때문에 임진왜란이 끝났다는 것은 후대의 선입견에서 비롯된 착각이다. 이순신 장군이 전사했기 때문에 더 이상 일본군을 공격하지 못하고 그들의 철수를 지켜보기만 했던 것뿐이다. 생존설의 또 다른 파생형인 은둔설의 이유역시 자살설과 동일하다.

다만 죽지 않고 은둔했다는 것만 다를 뿐이다. 은둔설의 주요 근거는 이순신 장군의 전사를 목격한 사람들이 모두 그의 조카들이라는 사실이다. 미리 약속을 정해놓고 거짓으로 죽었다고 얘기했다는 것이다. 많이 알려진 자신의 죽음을 알리지 말라는 이순신 장군의 유언 때문에 측근들 말고는 이순신 장군의 죽음을 아무도 몰랐을 것이라는 착각에 빠지기 쉽다. 하지만 노량해전 당시 그의 죽음을 알고 있었던 사람들은 적지 않았다.

'노량의 전공은 모두 이순신이 힘써 싸워 이룬 것으로, 이순신이 불행히 탄환을 맞자 군관 송희립 등 30여 인이 상인(喪人)의 입을 막아 곡성(哭聲)을 내지 않고 재촉하여 생시나 다름없이 영각(令角)을 불어 모든 배가 주장(主將)의 죽음을 알지 못하게 함으로써 승세를 이루었다. 저 손문욱은 하찮은 졸개로 우연히 한 배에 탔다가 자기의 공으로 가로챘으므로 온 군사의 마음이 모두 분격해한다' 하였습니다.

이 기록은 임진왜란이 끝난 다음 해인 1599년 2월 8일 수군이 주둔하고 있던 고금도에 내려간 형조정랑(刑曹正郎) 윤양(尹暘)이 선조에게 보고한 내용 중 일부다. 여기서 공을 가로챘다고 나온 손문욱은 도원수 권율이 파견한 군관이다. 즉 권율의 군관을 비롯한 30여 명이 이순신 장군의 죽음을 목격했다는 얘기다. 다른 판옥선에 타고 있던 장수나 병사들은 당연히 몰랐겠지만 통제영 상선에서는 적지 않은 인원이 이순신 장군의 죽음을 목격했다.

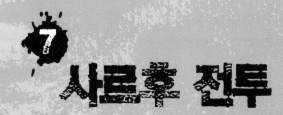

7 사르후 전투

임진왜란이 발발하면서 조선과 명나라의 감시가 소홀해진 틈을 타 건주여진의 누루하치가 여진족을 통합해간다. 1616년, 후금을 세운 누루하치는 1618년 마침내 명나라를 향해 칼을 겨눈다. 놀란 명나라는 급히 대책을 세우면서 조선에도 도움을 요청한다. 임진왜란 때 도운 은혜를 갚으라는 강요에 광해군은 깊은 고심을 하지만 결국 신하들의 압력에 못 이겨 파병을 결정한다.

조선군 지휘관: 도원수 강홍립
참전 병력: 13000명

명군 지휘관: 도독 유정
참전 병력: 26000명(조선군 포함)

후금군 지휘관: 패륵 다이샨
참전 병력: 불명

전쟁으로 가는 길

임진왜란의 지옥 같은 7년이 끝나고 모든 것이 폐허가 되었을 때, 사람들이 가진 유일한 희망은 '이제 살아생전에 이런 꼴은 더 안 겪겠지'였다. 하지만 그런 예상은 보기 좋게 빗나가고 말았다. 조선, 명나라가 일본과 치고받는 사이 갈기갈기 나뉘어 있던 여진족이 누루하치奴兒哈赤라는 새로운 강자의 깃발 아래 모여들고 있었다.

'멧돼지 가죽'이라는 뜻의 이름을 가진 누루하치는 1559년 건주여진建洲女眞에 속한 작은 부족장의 아들로 태어났다. 시작은 늘 그렇듯 작고 사소했다. 1583년 그의 할아버지 교창가覺昌安와 아버지 타쿠시塔克世는 요동총병遼東總兵 이성량李成梁과 함께 건주우위建洲右衛 도지휘都指揮였던 왕과王果의 아들 아타이阿台의 반란을 진압하는 데 참여한다. 이성량은 아타이의 근거지인 고륵채古勒寨를 공격하기 전에 교창가에게 항복을 권유하라고 지시한다. 교창가의 손녀가 아타이의 아내였고, 아타이의 딸이 타쿠시의 부인이라는 혈연관계 때문이었다. 하지만 교창가의 설득 작업이 실패로 돌아가고 억류당하자 이성량은 주저 없이 공격을 명령한다. 명군의 공격에 고륵채는 함락되고 타쿠시는 아버지를 구하러 불타는 성에 뛰어들었지만 한발 늦고 말았다. 그리고 타쿠시 역시 혼란한 와중에 명군에 살해당한다.

두 사람의 죽음이 교전 중에 벌어진 우연한 일인지 혹은 이성량과 도륜성주圖倫城主인 니칸와이란尼堪外蘭의 계략이었는지는 불분명하다. 이렇게 누루하치는 졸지에 할아버지와 아버지를 잃고 만다. 하지만 눈앞의 분노를 삼킨 누루하치는 얼음처럼 냉정하게 복수의 길을 걸어간다. 총명했던 그는 할아버지와 아버지가 왜 명나라 병사의 손에 죽었는지, 같은 여진족끼리 왜 싸워야만 하는지 금방 깨달았다. 여진족을 통일하고, 내분을 조장하는 명나라에 도전하는 것이 할아버지와 아버지의 죽음에 대한 진정한 복수라는 것도 함께 깨우쳤다. 다른 족장들과 지향점이 다른 그의 출발은 작은 일렁임으로 시작해서 큰

파도로 변해갔다.

일단 할아버지와 아버지의 원수인 니칸와이란을 정벌한 그는 1587년 퍼알라성佛阿拉城을 쌓고 근거지로 삼는다. 그리고 같은 해에 첫번째 목표였던 건주여진의 5부인 동고부董鄂部, 후네에부渾河部, 스쿠스호우부蘇克素滸部, 제쳔부哲陳部, 완양부完顔部를 굴복시킨다. 하지만 누루하치는 본심을 철저히 숨기고 할아버지와 아버지의 원수였던 요동총병 이성량에게 복종하는 모습을 보여준다. 그는 명나라가 세운 간접통치의 그늘에서 벗어나려고 했지만 반면 잘 이용하기도 한 것이다. 덕분에 1589년 명나라로부터 건주좌위建州左衛 도독첨사都督僉事라는 직책을 받고 명실상부한 건주위의 최고 권력자로 등극한다.

임진왜란이 벌어지자 누루하치는 조선에 원병을 보내겠다고 자청하는 등 내내 명나라에 순응하는 자세를 보이면서 본심을 숨긴다. 1593년 6월 건주여진의 통합을 불안한 눈으로 쳐다보던 예허부葉赫部의 족장 부자이布齊와 나림불루納林布祿가 해서여진의 부족과 몽고의 코르친족까지 포함한 군대를 일으킨다. 하지만 누루하치는 이들을 단숨에 격파하면서 첫번째 시험대를 통과한다. 위기를 넘긴 누루하치는 1595년에는 여진족이 명나라로부터 받을 수 있는 최고위 관직인 용호장군에 임명된다. 명나라와 조선에 의해 조각조각 나뉘어 있던 여진족은 가공할 폭발력을 안은 채 차츰 하나로 뭉쳐갔다. 1599년에 고유의 만주문자를 만드는 등 임진왜란 동안 신중하게 내정에 집중하며 전황을 관망하던 누루하치는 같은 해 해서여진의 하다부哈達部을 정복하고 1603년에는 허투알라성赫圖阿拉城으로 근거지를 옮기면서 본격적인 세력 확장에 나선다.

전쟁이 끝나고 간신히 정신을 차린 조선과 명나라의 눈에는 어제까지 굽신거리던 오랑캐 대신 북방의 용이 보였다. 한술 더 뜬 누루하치는 1601년 조선 측에 직접 한양에 가서 벼슬을 받고 싶다고 청한다. 이 사실을 기록한 사관은 그가 이미 명나라로부터 용호장군을 제수받았는데 또다시 관직을 탐낼 이유가 없으니 이는 분명 우리를 업신여기는 것이라고 적는다. 그리고 말미에 훗날 큰 근심거리가 될 것이라고 덧붙인다. 전년인 1600년 4월 함경도병마사咸鏡

道兵馬使 이수일이 노토老土 부락을 토벌한 적이 있던 조선은 1605년 5월에도 여진족을 토벌하기 위해 건퇴件退라는 곳으로 출정한다. 하지만 미리 기다리고 있던 여진족의 기습에 전멸 일보 직전까지 몰렸다가 북도우후北道虞候 성우길의 분전으로 겨우 패전을 모면한다. 북방의 상황은 명백하게 변하는 중이었다. 그것도 아주 불길하게.

1605년 11월, 누루하치는 '왕'을 자칭하면서 이웃끼리 가깝게 지내자는 뜻이 담긴 국서를 조선에 보낸다. 조선은 감히 오랑캐가 참람僭濫하게 '왕'을 칭했다고 분노하는 한편 심기를 거스르지 않기 위해 지방관의 명의로 된 답서를 보낸다. 조선이 골머리를 앓는 사이 누루하치는 1607년에 호이파부輝發部를 복속시키고 함경도 종성 인근의 문암門岩에서 최후까지 저항하는 우라부烏拉部를 향해 칼날을 겨눴다. 이런 와중에 조선에서는 임진왜란을 겪은 선조가 눈을 감고 그의 아들 광해군이 즉위하지만 피폐한 국내 사정으로 인해 별다른 대책을 세우지 못한다.

1613년 백두산 동북 지방에 은거한 채 마지막으로 저항하던 우라부가 누루하치에게 패배하고 만다. 이제 해서여진의 예허부를 제외한 모든 여진족이 누루하치의 발아래 복속한 것이다. 하지만 조선과 당장 갈등을 벌이지는 않는다. 명나라와의 일전을 준비 중인 누루하치로서는 굳이 조선까지 자극할 필요가 없었고, 늘어나는 부족민의 식량과 생필품을 공급받기 위해서도 조선과의 교역이 꼭 필요했기 때문이다. 바짝 긴장하던 광해군과 조정 대신들은 누루하치의 공손한 태도를 보면서 안도의 한숨을 내쉬었다. 하지만 짧은 평화는 곧 사라졌다. 1615년 4개의 구사固山, 구사란 기(旗)를 의미한다에 4개의 구사를 더 추가해서 팔기제*를 완성한 누루하치는 마침내 쓰고 있던 굴레를 벗어버렸다.

1616년 누루하치는 허투알라성에서 칸汗의 자리에 오르고 금金나라12세기

---

* 팔기제(八旗制)는 '니루(牛)'라는 여진족 고유의 조직에서 기원했다. 만주인은 수렵 등을 나갈 때 10명을 한 조로 삼고 그 가운데 한 사람을 우두머리로 뽑아, 그를 니루라고 불렀다. 니루란 '큰 화살'을 뜻한다. 누루하치는 남자 300명을 한 개 니루로 삼았고, 5개의 니루를 1자란(甲喇)으로, 5개의 자란을 1구사(固山)로 편제했다.

에 건국한 금나라와 구분하기 위해 보통 '후금'이라고 부른다를 선포한다. 천명天命이라고 연호도 정하고 여진족이라는 명칭 대신 만주족이라는 이름도 정한다. 1618년 4월 13일, 명나라가 여진족에 저지른 7개의 죄상을 나열한 '칠대한七大恨'을 발표한 누루하치는 마침내 전쟁을 선포한다. 공세에 나선 2만 명의 후금군은 4월 14일 무순성撫順城을 기습한다. 무순성을 지키던 중군관中軍官 이영방은 후금군의 군세에 눌려 제대로 싸워보지도 못하고 하루 만에 항복한다. 구원하기 위해 달려온 광녕총병관廣寧總兵官 장승음 역시 후금군에게 패해 전사한다.

후금의 세력 확장

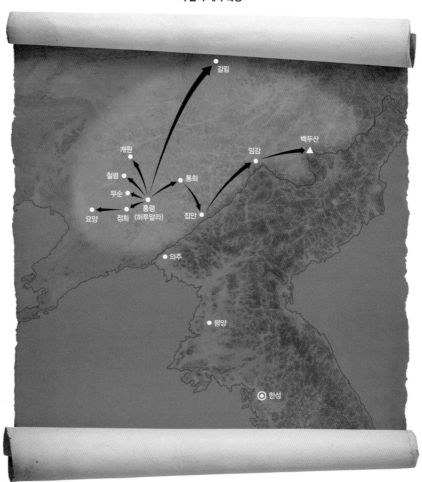

광해군은 이 싸움에서 명나라 장수가 4명이나 전사했다는 소식을 듣고는 서둘러 북변의 경계를 강화하라고 지시한다. 5월에 무순 근방의 백가충, 무안 등이 후금군의 손에 넘어가는 것을 시작으로 7월 22일에는 청하성淸河城이 함락당한다. 발등에 불이 떨어진 명나라는 무순성이 함락된 직후, 임진왜란 때 조선을 지원했던 양호를 요동경략으로 임명하고 누루하치와의 전쟁을 맡긴다.

한편 누루하치는 명나라를 공격하기 한 달 전쯤, 함경도 경성에 유배되어 있던 전 제주판관濟州判官 문희현에게 한 통의 편지를 보낸다. 편지 내용은 핵폭탄급이었다. 누루하치는 명나라를 남조로 칭하면서 자신의 조부를 죽인 원수를 갚을 것이라고 공언했다. 놀란 조정이 명나라에 보고할지 말지 골머리를 앓는 사이 편지에 쓴 내용이 '실제로' 벌어지고 만다.

명나라의 파병 요청은 시간이 갈수록 심해졌다. 무순이 함락되고 20일 후인 1618년 윤4월 12일에 요동순무遼東巡撫 이유번이 첫번째 파병요청서를 보낸 것을 시작으로 같은 달 27일에는 경략 왕가수가 임진왜란 때 도와준 얘기를 하면서 누루하치를 쳐야 하니 은혜를 갚으라는 내용의 문서를 보낸다. 말이 요청이지 군대를 대기시켰다가 기일에 맞춰서 실수가 없이 보내라는, 사실상의 강요였다. 광해군은 냉정하게 사태를 지켜보길 원했지만 대신들은 재조지은*을 내세워 참전을 주장한다, 아니 강요했다. 대신들은 명분론에 사로잡히기도 했지만 여진족의 세력이 커질 경우 조선에도 좋지 않을 것이라고 판단했던 것으로 보인다.

사실 명나라가 이렇게 노골적으로 파병을 요구한 것은 조선 탓도 크다. 선조가 전쟁으로 실추된 권위를 만회하기 위해 명나라의 은혜를 목 놓아 외쳤기 때문이다. 아버지가 이렇게 매달린 결과물을 아들인 광해군이 고스란히 덮어쓴 것이었다. 임진왜란 때 분조**를 이끌던 광해군은 명나라 군대의 허약함과 행패를 똑똑히 봤던 경험이 있었다. 명군의 행패가 얼마나 심했는지 백성들 사이에서 '왜군은 얼레빗, 명군은 참빗'이라는 얘기가 나올 지경이었다. 거기다 광해군이 즉위할 때 사신으로 들어온 명나라 환관들이 뇌물로 은을 요구하는 바람에 국고도 거덜나버리고 말았다. 하지만 1618년 윤4월 24일, 이런 현실을 외면한 채 이이첨을 비롯한 대신들은 명나라의 은혜를 갚아야 하니 파병 요청에 응하자는 뜻을 전달한다. 이에 대해 광해군은 지방 관리의 요청일 뿐 황제의 요청이 아니니 선불리 움직일 수 없다고 답변한다. 거기다 임진왜란 때 명군의 '삽질'을 질리도록 봐왔던 광해군은 누루하치의 근거지까지 쳐들어간다는 계획이 성공할 리 없다고 말한다. 물론 어찌 도와준 은혜를 잊겠느냐며 비위를 맞추다가도 왜구가 언제 쳐들어올지 모르고 오랑캐의 준동을 막을 병력도 없다고 발뺌을 하는 노련함을 보여준다. 5월 1일에는 신하들에게 직접적인 행동보다는 우리 쪽 국경 수비를 강화하자고 말한다. 하지만 다음 날 대신들은 명나라에 파병할 군대를 지휘할 도원수와 체찰사를 뽑자는 말로 응수한다.

광해군이 이렇게 파병에 반대한 이유는 정세를 관망하겠다는 외교 정책 외에도 폐모논의**와 경덕궁 등의 축성 공사가 한창 진행 중이었다는 점도 감안한 것으로 보인다. 즉위 문제가 겨우 해결되고 나서 왕권을 강화하기 위한 일련의 정책들을 밀어붙이는 중인데, 파병은 거기에 별다른 도움이 되지 않기 때문에 적극적으로 나서지 않았을 가능성이 높다. 거기다 앞서 얘기한 대로

---

* 재조지은(再造之恩)이란 '멸망 일보 직전에 빠진 조선을 구원해준 은혜'라는 뜻이다.

** 분조(分朝)란 임진왜란 발발 후 세자로 책봉된 광해군이 별도로 조직한 정부 조직이다. 광해군은 분조를 이끌고 강원도 이천을 비롯한 여러 지역을 다니면서 민심을 수습하는 데 애썼다.

** 폐모논의(廢母論議)란 광해군이 아버지 선조의 정실부인 이자, 이복 아우인 영창대군의 어머니 인목대비를 왕대비의 자리에서 물러나게 한 일을 말한다. 효를 중시하는 조선시대에서 비록 친모가 아니라고 하더라도 법적인 어머니를 핍박한 일은 대단한 불효로 비춰졌다.

책봉 문제로 오랫동안 괴롭힘을 당한 것에 대한 개인적인 감정도 들어 있지 않았을까 추측된다. 어쨌든 광해군은 파병 문제에 관해서 최대한 사태를 관망하며 신중하게 움직이기로 결정한다.

하지만 다급해진 명나라의 압박은 계속된다. 광해군은 경략 양호의 거듭된 파병 요청에 황제의 명령이 없다는 이유로 버틴다. 하지만 양호도 6월 19일 황제가 자신에게 보낸 칙서 안에 '조선을 고무시키도록 하라'라고 나와 있다며 광해군을 물고 늘어진다. 결국 7월 4일, 조선은 파병할 군의 지휘관과 규모를

명나라 지원군 지휘관과 편제

지휘관 편제

지위	이름	구분
도원수	의정부 좌참찬 강홍립	문관
부원수	평안도 병마절도사 김경서	무관
중군관	우후 안여눌	무관
중영장	정주목사 문희성	무관
좌조방장	선천군수 김응하	무관
우조방장	순천군수 이일원	무관

파병군 편제(전투병)

구분	병력(명)	출신지
포수	3,500	평안도 1,000 / 전라도 1,000 / 충청도 1,000 / 황해도 500
사수	3,500	평안도 1,500 / 전라도 500 / 충청도 500 / 황해도 1,000
살수	3,500	평안도 1,000 / 전라도 1,000 / 충청도 500 / 황해도 500

조선의 군제는 임진왜란 중에 속오군 제도를 바탕으로 한 삼수병 체제로 전환되었다.
전투병 1만 명 외에 보급을 맡은 병사들까지 포함하면 전체 원정군은 1만3000명이었다.

경략 양호에게 통보한다.

그렇지만 외교의 달인답게 은근슬쩍 실제로 파병하는 문제는 다시 논의해봐야 하지 않겠느냐며 한발 뺀다. 이런 광해군의 노력은 명나라 황제가 조선에서 온 성절사聖節使, 황제와 황후의 생일을 축하하기 위해 보낸 사절 윤휘에게 '모든

것을 경략의 지휘대로 따르라'라고 말함으로써 막을 내린다. 황제의 칙서가 내려온 이상 대놓고 반대할 수는 없는 노릇이었다. 광해군으로서는 가장 피하고 싶은 상황과 맞닥뜨린 것이다. 임진왜란 당시 명군의 실력을 직접 봤던 광해군은 여진족의 본거지를 공격한다는 명나라의 계획이 성공하지 못할 것이라고 판단했을 것이다. 하지만 명나라는 물론 재조지은을 앞세우는 조정 대신들의 압박으로 인해 어쩔 수 없이 참전을 결정해야만 했다. 바야흐로 동아시아의 운명을 결정지을 전투에 뛰어든 조선의 운명은 한 치 앞을 내다볼 수 없게 되었다. 이제 운명의 시간이 다가온 것이다.

❶ 조총

❷ 귀약통

❸ 죽관

❹ 죽관용 허리띠

❺ 화승

❻ 오구

❖ **조선군 조총병**

명군이 가장 탐냈던 조선군 전력이 바로 조총병이었다. 임진왜란 당시 일본군의 조총에 호되게 당했던 조선은 종전 후 조총병의 양성에 온 힘을 기울였다. 그림 속의 조총병은 두정갑을 입고 첨주형 투구를 썼다. 허리에는 죽관이 든 띠를 둘렀고, 왼손에는 탄환을 넣어둔 오구를 들고 있다. 오른손에는 조총과 용두에 연결된 화승을 쥐고 있다. 환도는 이동과 사격에 편리한 띠돈매기를 한 상태며, 두정갑의 가슴 부분을 가로지른 띠에 점화용 화약을 넣어둔 귀약통이 매달려 있다.

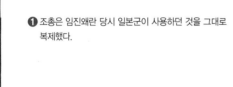

❶ 조총은 임진왜란 당시 일본군이 사용하던 것을 그대로 복제했다.

❷ 귀약통(龜藥筒)은 거북 모양으로 만든 화약통으로, '화약접시'라고도 불리는 화문(火門)에 넣는 점화용 화약을 보관했다.

❸ 죽관(竹管)은 1회 발사분의 화약을 넣는 통이다.

❹ 1603년 함경도 순찰사 한효순이 쓴 『신기비결(神器秘訣)』에 의하면 조총병은 죽관들을 담는 띠를 허리에 둘렀다고 한다.

❺ 불을 붙일 때 쓰는 화승.

❻ 오구(烏口)는 탄환을 담는 주머니로 가죽으로 만들어졌다. 금속으로 만든 입구가 새 부리 모양으로 되어 있어서 탄환을 한 발씩 뺄 수 있었다. 오구라는 이름도 모양에서 유래되었다.

출정, 1만3천 명

정명섭 너무 큰 전쟁이 끝나서 그래도 좀 쉴 줄 알았더니 20년 만에 또 전쟁이
네요. 도움 말씀에 신효승씨 나오셨습니다. 북쪽 상황이 좀 묘하게 돌아
가는데요. 임진왜란 때는 우리가 급했는데 이제는 명나라가 급해졌어요.

신효승 무순의 함락에 큰 충격을 받은 거죠. 자기네들끼리 치고받고 싸우거나
왕을 자칭하는 것 정도야 눈감아줄 수 있겠지만 명나라 영토가 직접 공
격당했고, 구원하러 나간 군대까지 전멸당했으니까요.

정명섭 명나라가 세운 대책 중에 예허부의 여진족과 조선의 원병을 이용한다는
게 들어 있군요. 예허부야 누루하치와 사이가 안 좋으니 그렇다지만 조
선은 왜 끌어들이나요?

신효승 오랑캐는 오랑캐로 제압한다는 '이이제이以夷制夷' 전략이죠. 그리고 임진
왜란 때 도와줬으니까 본전 생각이 났을 겁니다.

정명섭 그렇군요. 9월에는 드디어 강홍립姜弘立 장군이 이끄는 파병군이 평양에
도착하고 10월에는 국경 근처인 평안북도 창성으로 이동합니다. 이제 더
이상 발을 뺄 수 없겠는데요.

신효승 1619년에 접어들면서 더 구체적인 움직임을 보이죠. 2월 13일에 사은사謝
恩使, 조선이 명나라 황제의 은혜에 감사를 표하기 위해 보낸 사절 신식申湜이 출병해
서 명군을 도우라는 명나라 황제의 칙서를 가져옵니다.

정명섭 이쯤에서 명군의 공격 계획을 한번 살펴볼까요?

신효승 표를 보면서 설명드리죠. 경략 양호의 계획은 전 병력을 네 방향으로 나
눠서 누루하치의 근거지인 허투알라를 공격하는 것이죠. 조선군은 유정
이 지휘하는 동로군에 속합니다.

정명섭 음, 또 사로군인가요? 조짐이 안 좋은데요. 전투의 기본이 병력의 집중

명군의 편제와 이동로

구분	지휘관	병력(명)	이동로
서로군	산해관총병관 두송	30,000	무순에서 출발해서 사르후를 통해 허투알라로 진격
북로군	개원총병관 마림	22,000	상간하다를 거쳐 사르후에서 서로군과 합류 후 허투알라로 진격
남로군	요통총병관 이여백	25,000	청하에서 출발해서 아골관을 거쳐 허투알라로 진격
동로군	총병관 유정	26,000	관전에서 출발해서 동고로를 따라 허투알라로 진격
합계		103,000	

예허족 기병 2000명은 북로군에 소속되었고, 강홍립의 조선군 1만3000명은 동로군에 속했다.

아닌가요?

신효승 분산 공격은 상대방 역시 분산시킬 수 있기 때문에 꼭 나쁘다고 볼 수만은 없죠. 조선군이 파저강의 야인을 정벌할 때에도 군대를 나눠서 성공을 했지요. 다만 이런 공격은 철저하게 비밀을 유지하면서 각 부대의 공격 시점이 일치해야 하는데 1년 가까이 준비를 하느라 비밀 유지는 물 건너간 상태였죠. 이미 1618년 9월에 누루하치는 허투알라로 진격하기 위해서 거쳐야만 하는 자이판界凡과 사르후薩爾滸산에 방어진지를 구축합니다.

정명섭 말씀드리는 사이 2월 18일에 양호로부터 출동을 준비하라는 지시가 떨어집니다. 조선군은 사흘 후인 21일 창성에서 출발, 23일에는 전군이 도하를 완료하네요. 접경 지역인 대미동大尾洞에서 명나라가 감시역으로 파견한 유격장遊擊將 교일기喬一琦와 합류합니다. 전투병 1만 명에 보급병 3000명을 포함한 1만3000명의 조선군은 이제 돌아올 수 없는 루비콘강을 건너갑니다. 중영, 좌영, 우영으로 편성된 조선군을 맞이한 것은 의심에 가득 찬 명나라 유격장 교일기의 싸늘한 눈길과 서두르라는 동로군 지휘관 유정의 재촉이군요.

신효승 강홍립이 강을 건너던 날, 요양에서 성대한 출정식을 벌인 양호는 후금 정벌군의 출정을 명했지만 폭설로 인해 출발을 연기해야 했습니다.

정명섭 하지만 주력군이라고 할 수 있는 서로군의 지휘관 두송杜松이 전공을 탐내 나머지 하루 일찍 출발하는군요. 말려야 하는 것 아닌가요?

신효승 오직 전령에만 의지해야 하는 각 군의 통신은 제때 상황을 전달하지 못하죠. 설사 완벽하게 유지되었다고 해도 전공을 탐내거나 서로 미워했던 지휘관들은 다른 군의 이동 상황을 개의치 않았을 겁니다.

정명섭 선두에 선 두송군이 허투알라로 정신없이 진격하자 다른 군도 속도를 내기 시작합니다. 조선군도 덩달아 속력을 내는군요. 24일 앵아구鷲兒溝에서 하룻밤 머문 조선군은 눈이 내리기 시작한 25일에 엄수령撲水嶺을 넘어 50리 정도 행군해서 양마전亮馬佃에 도착합니다. 한숨 돌린 조선군은 근처의 전두산轉頭山에 진을 치고 짧은 휴식을 취합니다. 다음 날에는 20리쯤 행군해서 진자두榛子頭에서 명군과 합류하는군요. 강홍립이 광해군에게 보고한 내용을 보면 3만 명이라고 한 동로군이 사실은 1만 명도 안 되는 것 같고, 양호가 자기를 죽일 속셈으로 사지로 밀어넣었다는 말을 유정이 대놓고 했다고 하는군요.

신효승 머나먼 타국에서 전쟁을 지휘할 명나라 수뇌부의 분열상을 목격한 강홍립의 심정은 어땠을까요?

정명섭 참담했을 것 같습니다. 그래도 행군은 계속됩니다. 갑자기 엄습한 추위 속에서 구불구불한 압아하鴨兒河를 네 번이나 힘겹게 건넌 조선군은 27일에 배동갈령拜東葛嶺을 넘어갑니다. 아직 날씨가 풀리지 않았고, 25일부터는 세찬 눈보라가 몰아쳐 병사들이 추위에 떨었습니다. 날씨도 안 도와주는군요.

신효승 종사관 이민환李民寏이 쓴 『책중일록柵中日錄』에는 이때 눈보라가 치면서 얼어 죽은 병사가 나왔다고 기록되어 있을 정도죠.

정명섭 잠시 숨을 돌리면서 보급부대를 기다리던 강홍립은 늦지 말라는 수비守備 우승은의 엄포에 다시 길을 재촉합니다. 보급은 원래 파병을 요청한

쪽에서 해결해줘야 하는 것 아닌가요? 임진왜란 때 명군의 식량 보급은 조선이 책임진 걸로 알고 있는데요?

신효승 이때는 조선군이 알아서 보급해야만 했죠.

정명섭 식량이 부족하다는 강홍립의 말을 행군 속도를 늦추려는 의도로 의심한 명나라 유격장 교일기는 서둘러 진격할 것을 재촉합니다. 성화에 못 이긴 강홍립이 병사들에게 무거운 짐을 내려놓고 행군하라는 명령을 내리네요. 행군 속도를 맞추기 위해 27일 새벽에 출발한 조선군은 험난한 우모령牛毛嶺을 넘어 28일 저녁 무렵에 겨우 우모채牛毛寨에 도달합니다. 숙천부사肅川府使 이인경이 600명의 병사와 함께 뒤에 남아서 짐을 지킵니다. 상황이 많이 안 좋아 보이는데요.

신효승 보병이 주력인 조선군은 명나라 기병들의 행군 속도에 맞추느라 몹시 지쳤고, 설상가상으로 출발 전에 준비했던 10일분의 식량이 떨어졌습니다. 식량이 바닥난 조선군은 명군이 선심 쓰듯 던져준 식량과 도망친 여진족이 숨겨둔 식량을 찾아내 겨우 배를 채웠죠.

정명섭 이렇게 고생 고생하던 조선군은 3월 1일 다시 출발해서 40리를 행군한 끝에 마가채馬家寨 근처의 울랑산성鬱郞山城에 진을 칩니다. 그리고 식량을 기다렸지만 다음 날 도착한 건 고작 40섬뿐이었죠. 한편 유격 교일기가 이끈 명군 선봉이 울랑산성의 목책을 불태우고 여진족 몇 명의 목을 베는군요. 조선군 진지 근처에도 후금군 기병 수백 기가 나타났지만 별다른 충돌은 발생하지 않네요. 아직 본격적인 교전은 벌어지지 않았습니다.

신효승 동로군만 그런 겁니다. 불안한 마음을 애써 진정시키며 잠을 청한 조선군은 꿈에도 몰랐겠지만 하루 전인 3월 1일, 성급하게 진격하던 두송의 서로군이 누루하치의 후금군에게 크게 패했습니다.

정명섭 이런, 우려했던 대로 각개격파당하는군요.

신효승 자세히 설명하자면 문제의 3월 1일, 훈허강渾河江를 건넌 서로군의 선봉은 후금군을 물리치고 사르후와 자이판을 점령하는 데 성공하긴 합니다. 허투알라에서 이 소식을 들은 누루하치는 전군을 두송의 서로군에 집중하기로 결정하죠. 깊은 밤 사르후산의 명군을 야습으로 물리친 후금군은 곧장 두송의 본대를 공격합니다. 전체적으로 보면 명군이 수적으로 우세했지만 부대를 나누는 바람에 후금군이 병력에 대한 수적 우위가 사라져버렸지요. 서로군은 반나절의 싸움 끝에 전멸당했고, 두송도 전사하고 맙니다. 제일 큰 위기를 넘긴 누루하치의 두번째 목표는 개원 총병관開元總兵官 마림馬林이 이끄는 북로군입니다. 3월 2일 서로군의 후속 부대를 전멸시킨 후금군은 상간하다尚間崖에서 북로군을 공격합니다. 전투는 하루 종일 이어졌지만 반종훈의 후속 부대가 근처의 산에서 꼼짝도 안 하는 사이에 북로군 주력이 무너지고 맙니다. 마림은 겨우 도망쳤지만 유격장군 마암을 비롯한 장군들과 병사들은 포위망을 뚫지 못하고 전사하죠. 산속에서 북로군 주력이 전멸하는 모습을 지켜보던 반종훈의 후속 부대 역시 후금군의 공격을 받고 전멸당합니다. 후속하던 예허족의 지원 부대는 이 소식을 듣고 서둘러 철수했고, 이여백이 지휘하는 남로군도 방향을 바꿔 퇴각해버립니다.

정명섭 서로군과 북로군은 전멸당했고, 남로군과 여진족 지원 부대는 철수했군요. 그럼 남은 건 동로군과 조선군뿐이네요.

신효승 거기다 더 큰 문제는 이 상황을 까맣게 모르고 있다는 거죠.

정명섭 그렇습니다. 서로군의 후속 부대가 전멸당하고 북로군마저 괴멸당하던 3월 2일, 아무것도 모르고 출발한 조선군은 30리쯤 떨어진 심하深河에서 드디어 500여 기의 후금군 기병들과 접촉합니다.

신효승 이들은 토보가 지휘하는 건주여진 동고부 소속의 기병들로, 누루하치가 이끄는 후금군의 주력이 상간하다에서 북로군을 섬멸하는 동안 동로군

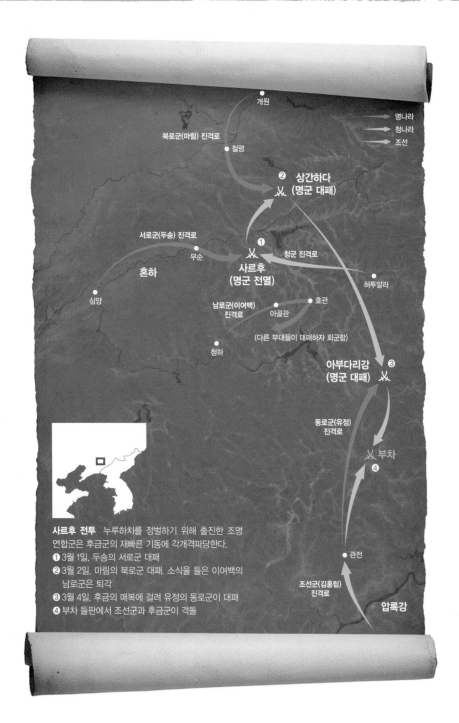

개원

명나라
청나라
조선

북로군(마림) 진격로

철령

② 상간하다
(명군 대패)

서로군(두송) 진격로

무순

①

청군 진격로

사르후
(명군 전멸)

혼하

허투알라

심양

남로군(이여백)
진격로

아골관

호관

(다른 부대들이 대패하자 회군함)

청하

아부다리강
(명군 대패)

③

동로군(유정)
진격로

부차

④

관전

조선군(김흥립)
진격로

압록강

사르후 전투　누루하치를 정벌하기 위해 출진한 조명
연합군은 후금군의 재빠른 기동에 각개격파당한다.
❶ 3월 1일, 두송의 서로군 대패
❷ 3월 2일, 마림의 북로군 대패. 소식을 들은 이여백의
　남로군은 퇴각
❸ 3월 4일, 후금의 매복에 걸려 유정의 동로군이 대패
❹ 부차 들판에서 조선군과 후금군이 격돌

223

을 지연시키라는 임무를 받았죠.

정명섭 후금군의 수가 적은 것을 본 유격 교일기가 공격을 개시합니다. 수적으로 불리한 후금군 기병은 적지 않은 피해를 입고 숲 속으로 후퇴합니다. 유정이 조선군에 패잔병 소탕을 맡기네요.

신효승 실력을 보이라는 얘기겠죠.

정명섭 중영장 문희성과 부원수 김경서가 이끄는 조선군이 진격했지만 험한 지형에 의지해서 버티는 후금군에 고전하는군요. 선두에 선 문희성이 손에 화살을 맞고 주춤하는 사이 후금군 장수가 선두에 서서 반격합니다. 위기에 처하는 조선군! 다행스럽게도 한양 출신의 포수 이성룡이 후금군 장수를 쏘아서 맞히고, 한명생이 목을 베면서 위기를 넘기는군요.

신효승 적이 도망쳤지만 지치고 굶주린 조선군은 추격할 엄두를 내지 못하지요.

정명섭 운명의 3월 4일, 후금군의 주력이 전부 서로군을 막기 위해 북쪽으로 가 있다는 포로의 거짓 정보에 속은 명군은 허투알라로 가는 걸음을 재촉합니다. 늦어지는 군량을 재촉하기 강홍립이 보낸 기병이 적에게 막혀서 돌아오는군요. 불길한데요.

신효승 하지만 전공戰功에 눈이 먼 명군을 뒤따를 수밖에 없죠. 한숨만 나옵니다.

정명섭 유격 교일기가 이끄는 동로군의 선봉이 아부다리阿布達里 언덕에서 누루하치의 둘째 아들인 다이샨代善이 지휘하는 후금군 주력과 접촉합니다. 본대를 이끌던 유정은 이를 듣고 급히 행군해서 아부다리 언덕 위에 진을 치고 후속 부대를 기다립니다. 아, 하지만 진영을 설치하기 위해 그냥 지나쳐왔던 와르카시瓦爾喀什숲에 매복해 있던 후금군이 불시에 공격합니다. 뜻밖의 기습을 받은 명군은 제대로 싸워보지도 못하고 전멸당하고, 유정 역시 전사합니다. 이런, 조선군은 지금 어디쯤 있죠? 이러다간 같이 전멸당하겠어요.

신효승 조선군은 아침 일찍 준비를 서두르는 명군을 따라 진시辰時, 오전 8시부터 이동을 시작한 상태입니다. 지금 조선군의 중영과 좌우영이 명군의 후속 부대와 함께 부차富車 들판에 막 도착했지요.

정명섭 빨리 눈치를 채야 할 텐데 말이죠. 아, 강홍립 장군이 행군을 중단시키고 길 왼쪽의 언덕에 올라가 전방을 살피는군요. 흙먼지와 대포 소리를 확인 하고는 즉시 높은 산으로 이동해서 방어진지를 편성하라는 명령을 내립 니다. 평지 말고 산으로 올라가라는 명령을 내리는군요.

신효승 기병이 공격해올 게 뻔했으므로 조선군은 최대한 험한 지형에 의지해야 만 합니다.

정명섭 강홍립이 중영은 자신이 서 있는 길 왼편 언덕에 올라와서 진을 치도록 하고, 좌영은 앞쪽의 높은 봉우리에, 우영은 남쪽의 언덕에 올라가라고 지시하는군요. 후미에서 행군하던 우영은 언덕에 올라갔지만 좌영은 미 처 이동하기 전에 후금군 기병이 나타나면서 이동을 포기하고 평지에 진 을 칩니다. 이때 간신히 살아남은 동로군 유격 교일기와 수비 우승은이 강홍립에게 유정의 패전을 전하는군요. 이제 남은 건 조선군과 동로군의 후속 부대뿐인가요? 뒤이어 들판에 남은 좌영의 군관 조득렴이 달려와 급히 구원을 요청합니다. 어떤 결정을 내릴까요?

신효승 남쪽의 언덕으로 올라간 우영을 이동시켜서 좌영과 함께 평지에 진을 치 게 하는군요. 동로군의 선봉과 주력을 괴멸시킨 후금군 기병이 흙먼지를 뚫고 서북쪽에서부터 부차 들판에 모습을 드러낼 무렵, 조선군 좌영과 우영은 겨우 합류에 성공합니다.

정명섭 전투가 벌어지기 일보 직전인데요. 조선군의 모습을 잠깐 살펴보겠습니 다. 귀약통의 화약217쪽 참조을 화문에 붓는 포수들의 손이 떨리는군요.

신효승 적진 한복판이었으니까 당연하죠. 게다가 우영이 전투 직전 합류한 탓에 방어진지도 제대로 만들어지지 않은 상태였습니다.

정명섭 환도를 뽑아든 군관들이 서두르라는 말을 했지만 얼어붙은 땅이라 거마

목拒馬木, 기병을 막는 나무 말뚝을 단단하게 세우지 못합니다. 마름쇠 역시 뒤에 두고 온 탓에 조총병 앞에는 겨우 몸을 가릴 만한 목책 한 줄만 세워졌습니다. 그나마 실전 경험이 있던 평안도 포수들은 차분했지만 먼 남쪽에서 온 충청도와 전라도 포수들은 산 위에 진을 친 중영을 쳐다보며 한숨을 내쉽니다. 당파창과 월도로 무장한 살수들이 대열을 갖추고 포수들 뒤에 자리를 잡았습니다. 장전을 끝낸 포수들이 불붙은 화승을 오른쪽 팔목에 감는 모습이 보입니다. 후금군 움직임은 어땠습니까?

신효승 서북쪽의 계곡 사이에서 모습을 드러낸 후금군 기병들이 계속 늘어나고 있습니다. 기병들은 마치 날개를 펴는 것처럼 넓게 진형을 폅니다.

정명섭 사격 준비를 마친 조선군은 군관의 구령에 맞춰 제일 앞 열에 선 포수들이 한쪽 무릎을 꿇습니다. 그들의 어깨 너머로 뒤 열의 포수가 내민 총구가 보입니다. 몇 백 보 떨어진 곳에 진을 친 명군 진영에서는 벌써 불랑기와 호준포를 발사하기 시작합니다. 포탄은 양군 사이의 텅 빈 벌판에 떨어집니다. 명군이 사격해서 생긴 포연이 안개처럼 벌판에 내려앉아 시야를 가립니다. 후금군의 모습이 보이지 않자 뒤 열의 포수들이 불안감에 못 이겨 앞 열의 포수들 어깨너머로 앞쪽을 힐끔거리는군요. 그 와중에 황해도 장연 출신의 포수가 염초에 적신 화승이 타들어가는 냄새가 오줌 냄새 같다며 익살을 떨었지만 아무도 웃지 않습니다.

신효승 포탄이 떨어졌는지 명군 쪽의 대포가 잠잠해졌죠. 그사이 점점 늘어난 후금군 기병들이 벌판 한쪽을 완전히 차지합니다. 그들의 머리 위로 용이 그려진 깃발들이 보입니다.

정명섭 공포에 질린 창성 출신의 포수가 방포를 하려다가 제지를 당하고 뒤로 끌려나갑니다. 미칠 것 같은 긴장감은 뿔고동 소리와 함께 후금군 기병들이 돌격해오면서 끝납니다.

신효승 놀란 명나라 병사들이 대포와 군기를 버리고 도망쳐버리는군요.

정명섭 이제 남은 건 조선군뿐입니다. 점차 속도를 높인 후금군 기병들의 말발굽 소리가 생생하게 들려오는 것 같습니다. 앞 열에 서 있던 초관哨官, 100명으로 구성된 1초(哨)를 이끄는 지휘관이 침을 삼키며 거리를 가늠합니다. 포수들은 화승을 힘껏 불어서 불을 돋운 다음에 용두에 끼웁니다. 거리가 60보쯤으로 좁혀지자 초관들이 일제히 방포하라고 외쳤습니다. 포수들이 방아쇠를 당기자 타들어간 화승이 끼워진 용두가 화문에 닿습니다. 잠시 후 펑펑거리는 소리와 함께 조총들이 일제히 발사됩니다. 아, 하지만 총구에서 밀려나온 연기가 가뜩이나 시야가 좁아진 포수들의 눈을 더 가려버리는데요.

신효승 첫째 열의 방포가 끝나고 차례로 윤방輪放, 연속 사격을 실시하려고 합니다만 뜻대로 안 되는군요.

정명섭 아, 이러면 안 되는데요. 초관들의 방포 명령은 계속 떨어졌지만 총소리 대신 혼란에 빠진 포수들의 비명만 들립니다. 포수들의 뒤에 선 사수들이 일제히 시위를 당겨서 화살을 쐈지만 갑자기 불어닥친 바람 탓에 이리저리 흩어지고 맙니다. 사수와 함께 서 있던 살수들이 앞으로 나오려는 바람에 혼란이 더 커집니다. 이때 불길과 화약이 만들어낸 연기를 뚫고 들어온 후금군 기병들이 맹수처럼 덮쳐옵니다. 아, 조선군이 모래알처럼 쓸려버립니다. 단숨에 대열을 쪼갠 후금군 기병들이 계속 밀고 들어와서 후열의 사수와 살수 들을 짓뭉개버리는 모습이 보입니다. 말발굽에 눌려 배가 터진 포수들이 살려달라고 외칩니다. 환도를 뽑아 들고 저항하려던 초관은 후금군 기병이 내리친 칼에 목이 날아가버리는군요. 눈 위로 데굴데굴 굴러간 초관의 목은 정신없이 도망치던 포수들에게 이리저리 차이고 맙니다. 조선군의 대열을 두 동강 낸 후금군 기병들은 다시 말 머리를 바꿔서 조선군을 짓밟습니다. 대열이 깨진 조선군은 양 떼처럼 흩어졌습니다만 죽음을 피할 수는 없었습니다. 조총을 거꾸로 잡고 저항하려던 포수들은 화살을 맞고 힘없이 쓰러집니다. 간신히 살아남은 조선군이 무기를 버리고 중영이 있는 산을 향해 뛰어갑니다. 전투는 석양이 세상을 지배하기 전에 끝났습니다. 들판에 흩어진 조선군의 시신 위로는 벌써부터 피 냄새를 맡고 날아든 까마귀 떼가 내려앉습니다.

사르후 전투
이 전투로 명나라의 운명이 결정되었다. 명나라 군대가 지휘관의 무능과 병사들의 낮은 사기로 인해 패배한 반면 후금군은 높은 기동력을 이용한 병력의 집중으로 승리를 거뒀다.

❶ 팔기군 정백기(正白旗) 소속의 기병. 1601년 누루하치가 여진족의 수렵조직을 토대로 4기(정백, 정황, 정홍, 정람)를 먼저 구성했고, 명나라와의 전투를 앞둔 1614년 4기(양백, 양황, 양홍, 양람)가 추가되었다.

❷ 명나라 보병이 든 화총은 원나라 시절에 처음 제작되었다. 명나라가 들어서면서 대량으로 제작되었다.

❸ 등나무 줄기로 만든 등패를 든 명나라 보병.

❹ 조선군 조총수는 짐승의 털로 만든 전립을 쓰고 있다.

신효승 완벽한 패배입니다. 사상자가 엄청나 보이네요.

정명섭 대열을 정비한 후금군 기병들이 진작에 도망친 명군을 뒤쫓는 한편 언덕 위에 진을 친 조선군을 공격하기 위해 접근해옵니다. 남은 조선군도 이제 끝인가요? 아, 후금군의 공격이 개시되기 직전 조선군 진영에서 백기를 든 사절을 내보냅니다. 잠깐 한숨을 돌리는군요. 그나저나 동료들이 전멸당하는 걸 지켜봐야 했던 병사들 심정이 어땠을까요?

신효승 중영에 속했던 덕에 언덕 위에 서서 이 광경을 지켜볼 수 있었던 이민환은 자신이 쓴 『책중일록』에 생생한 목격담을 남깁니다.

연기와 먼지 속을 바라보니, 적의 기병이 크게 들이닥쳤다. 날개를 펴는 것처럼 에워싸고 먼저 아군의 좌영을 치니 홍립이 전령을 내려 우영으로 하여금 달려와 구원하게 했다. 급히 이동한 우영이 좌영의 진과 합쳐서 겨우 대열을 이루었다. 적의 기병들이 달려와 충돌하니, 기세가 비바람과 같았다. 포와 총을 한 번 쏘고 나서 두번째 화약을 장전하기도 전에 적의 기병은 벌써 진중에 들어와 순식간에 좌우영이 모두 함몰되었다. 이에 선천군수 김응하, 운산군수 이계종, 영유현령 이유길, 우영천총 김요경과 오직, 좌영천총 김좌룡은 모두 전사하고, 좌영천총 신충업은 도망쳤으며, 우영장右營將 순천군수 이일원은 달려서 중영으로 들어왔다. 중영과 좌우영과의 거리는 천 보에 지나지 않는데, 순식간의 일이었기 때문에 미처 가서 구원해줄 틈이 없었다. 석양 아래에서 적들의 화살이 비처럼 쏟아지고 철마鐵馬가 진퇴하는 것을 단지 바라만 볼 뿐, 그 '황홀한 모습'을 뭐라고 표현할 수 없었다.

이민환이 목격한 부차 전투 종사관 이민환이 좌영과 우영의 조선군이 후금군 기병에게 전멸당하는 광경을 지켜보고 있다. 1619년 3월 4일 저녁 부차 들판에서는 최소한 5000명의 조선군이 전사했다. 그는 아군이 참패하는 광경을 보면서 '황홀하다'라는 표현을 남겼다. 이는 머나먼 타국에서 의미 없는 전쟁을 겪어야 하는 좌절감과 압도적인 후금군의 기세에 대한 은유적인 감탄사로 추정된다.

정명섭 눈앞에서 보는 것 같은 느낌입니다. 다른 기록들도 있나요?

신효승 조선과 청나라의 기록을 함께 살펴볼까요? 일단 어느 정도 윤색과 변명을 해야만 했던 조선 왕조의 기록은 조금 딱딱한 느낌을 줍니다.

> 명나라 대군과 우리 삼영三營의 군대가 4일 삼하三河에서 크게 패전하였습니다. (…) 우리나라 좌영의 장수 김응하가 뒤를 이어 전진하여 들판에 포진하고 말을 막는 나무를 설치하였으나 군사는 겨우 수천에 불과했습니다. 적이 승세를 타고 육박해오자 응하는 화포를 일제히 쏘도록 명했는데, 적의 기병 중에 탄환에 맞아 죽은 자가 매우 많았습니다. 재차 진격하였다가 후퇴하는 순간 갑자기 서북풍이 거세게 불어닥쳐 먼지와 모래로 천지가 캄캄해졌고, 화약이 날아가고 불이 꺼져서 화포를 쓸 수 없었습니다. 그 틈을 타서 적이 철기鐵騎로 짓밟아대는 바람에 좌영의 군대가 마침내 패하여 거의 다 죽고 말았습니다. 응하는 혼자서 큰 나무에 의지하여 큰 활 3개를 번갈아 쏘았는데, 시위를 당기는 족족 명중시켜 죽인 자가 매우 많았습니다. 적은 감히 다가갈 수가 없자 뒤쪽에서 찔렀는데, 철창이 가슴을 관통했는데도 그는 잡은 활을 놓지 않아 오랑캐조차도 감탄하고 애석해하면서 '만약 이 같은 자가 두어 명만 있었다면 실로 감당하기 어려웠을 것이다'라고 하고는, '의류장군依柳將軍'이라고 불렀습니다. 우영의 군대는 미처 진을 치기도 전에 모두 섬멸되었고, 원수는 중영을 거느리고 산으로 올라가 험준한 곳에 의거했으나, 형세가 고립되고 약한데다가 병졸들은 이틀 동안이나 먹지 못한 상태였습니다.
>
> ─ 『조선왕조실록』, 「광해군일기」 1619년 3월 12일 평양감사의 장계

신효승 반면 청나라 측은 별 것 아니었다는 투로 담담하게 이야기하면서도 승리했다는 자부심을 은연중에 드러냅니다.

이때 명나라의 강응건이 이끄는 보병과 조선군이 함께 부차 들판에 진을 치고 있었다. 명나라 병사들은 낭선과 장창을 들고 쇠갑옷과 가죽갑옷을 입었다. 조선군은 종이갑옷을 입고 대나무로 만든 투구를 썼다. 조선군은 화기를 일제히 발사하며 우리와 맞서 싸웠는데 갑자기 강한 바람이 불어와 돌과 모래가 날렸다. 총을 쏘면서 생긴 연기 때문에 적진이 어두워졌다. 우리 군대가 이 틈을 타고 비 오듯 화살을 날리고 말을 달려 짓쳐들어가 크게 깨뜨렸다. 이로써 이들의 군대 2만이 전멸되었다.

— 『황청개국방략(皇淸開國方略)』 제6권

정명섭 맙소사, 글자 그대로 전멸당했군요. 대체 인명 피해가 얼마나 난 겁니까?

신효승 『책중일록』에는 선천군수 김응하, 운산군수 이계종, 영유현령 이유길, 우영천총 김요경과 오직, 좌영천총 김좌룡이 전사하고, 좌영천총 신충업과 우영장 순천군수 이일원만 겨우 살아서 중영으로 도망쳤다고 나와 있습니다. 일반 병사들의 피해를 정확히 기록한 건 없지만 세 영 중 두 영이 전멸당했으니 최소한 절반가량은 피해를 봤다고 잡아야겠죠. 실제로 허투알라로 끌려간 조선군 포로는 기록마다 약간 차이를 보이기는 하지만 대략 4000명에서 5000명 정도입니다.

정명섭 그러니까 보급병까지 포함해서 1만 3000명 중에 5000명만 살아남았다면 최소한 8000명이 전사했다는 얘기네요?

신효승 보급부대는 후방에 남겨졌을 가능성이 높고, 숙천부사 이인경과 함께 뒤에 남은 600명도 빼야겠죠. 그렇다고 해도 전투병의 절반 정도는 단 한 번의 전투에서 전사했다고 봐야겠지요.

정명섭 아, 열 받는데요. 탄금대 전투랑 처지만 달라졌지 비슷한 상황인 것 같은데 왜 우린 매번 지는 겁니까?

신효승 똑같은 상황은 아니죠. 탄금대의 조선 기병은 수도 적었고, 지형도 불리했습니다. 하지만 부차의 후금군 기병은 아무런 장해물이 없는 넓은 개활지에서 싸웠고, 병력 수도 많았든지 아니면 최소한 대등했습니다. 조총을 든 보병은 기병에 대한 저지력이 높긴 했지만 사정거리와 재장전 시간, 그리고 불발될 확률까지 고려하면 완전한 우위를 점했다고 보긴 어렵습니다. 간단히 말씀드려서 이 시기의 전장식 화승총은 유효 살상거리를 아무리 멀리 잡아봤자 50미터입니다. 그리고 다시 재장전하려면 최소한 30초에서 1분 정도 걸리죠. 넉넉하게 잡아봤자 한 번 발사하면 기병이 진영 앞에 쇄도했다고 보는 게 좋을 겁니다.

정명섭 한꺼번에 쏘지 않고 나눠서 사격을 하면 되지 않습니까?

신효승 축차 사격도 좋은 방법이긴 하지만 전체 화기가 늘어나지 않는 한 발사할 수 있는 탄환 수는 똑같습니다. 이걸 커버하는 게 바로 장창부대 같은 엄호부대죠. 일본 같은 경우는 장창과 대도로 무장한 병사들이 있었고, 유럽에서 불패의 명성을 떨친 스페인의 테르시오Tercio 역시 장창병과 총병의 조합이었습니다. 삼단 사격의 장점이 극대화된 사례로 흔히 꼽는 나가시노長篠 전투*에서도 다케다군의 기병대는 삼단 사격을 뚫고 오다와 도쿠가와 연합군의 목책까지 도달했죠.

정명섭 그러니까 이런 엄호부대가 없었기 때문에 패했다는 말씀이신가요?

신효승 조총에 지나치게 집착한 게 패인이었습니다. 물론 창과 칼로 무장한 살수를 양성하긴 했지만 워낙 근접전을 싫어했던 탓에 제대로 육성하지 못했습니다. 한마디로 무기는 손에 넣었지만 그에 걸맞은 전술과 운용방안을 연구하지 않은 결과가 참패로 이어진 겁니다.

---

* 나가시노 전투는 1575년 6월 29일 오다 노부나가와 도쿠가와 이에야스의 연합군이 다케다 가쓰요리의 군대를 물리친 전투다. 이 전투에서 오다와 도쿠가와 연합군은 3000정의 조총을 삼단으로 사격해서 다케다군의 기마대를 전멸시켰다고 한다. 최근에는 반론이 제기되고 있지만 조총이 어떻게 기병대를 무력화하는지 보여주는 교과서적인 전투인 것만은 사실이다.

정명섭 전투 상황에 대한 기록들을 살펴봤는데요. 이민환의 기록과 『조선왕조실록』의 기록이 미묘하게 다르군요. 이민환은 한 번 발포하고 그대로 짓밟혔다고 했는데 실록에 나와 있는 기록은 몇 번 잘 싸우다가 갑자기 바람이 부는 바람에 패전했다고 나와 있습니다. 어느 쪽이 맞는 얘기입니까?

신효승 아무래도 직접 목격한 사람의 손을 들어주고 싶군요. 조정에서는 패전한 상황에 대해서 어떻게든 변명거리를 찾아봐야 했을 테니까요. 바람이 불었다는 것과 총이 발사되면서 난 연기는 청나라 기록에도 언급되어 있습니다. 이민환의 기록에는 명군이 불태운 여진족 집에서 난 연기가 바람을 타고 조선군 진영 쪽으로 날아왔다고 쓰여 있습니다. 실록의 내용대로 눈앞이 보이지 않을 정도의 바람이 몰아쳤다면 기병들 역시 전진하기가 곤란했을 테니 교전 자체가 불가능했을 겁니다.

정명섭 이렇게 명나라와 조선이 크게 패하면서 사르후 전투가 막을 내렸습니다. 이번 전투가 끼친 영향은 뭐가 있을까요?

신효승 일단 명나라의 무능력을 만천하에 보여줬죠. 명나라가 공식적으로 발표한 인명 피해만 장수급이 314명, 일반 병사가 4만5870명입니다. 살아 돌아온 병사가 고작 4만2360명이었죠. 말도 2만8400필이나 잃었습니다.

정명섭 본진을 공격하러 갔다가 오히려 주력이 날아가버린 셈이군요.

신효승 남부지방의 농민 봉기까지 겹치면서 결국 명나라는 멸망의 길을 걷게 됩니다. 문제는 이 전투가 끝이 아니라 시작이었다는 겁니다. 사르후 전투 후에 광해군은 '거봐, 내가 이럴 줄 알았다고 했지'라는 냉소를 흘렸고, 대신들은 '그래도 명나라를 배반하면 안 됩니다'라고 버텼습니다. 조선이 삐딱하게 나가니까 명나라에서는 아예 대신을 보내서 감시하겠다며 떼를 썼지만 이미 버스는 지나간 다음이었죠.

정명섭 고작 시작이란 말입니까? 다음 중계가 걱정되는군요. 부차에서 조선군이 패배했다는 소식을 전해드리면서 이번 중계를 마치도록 하겠습니다.

조선군의 항복을 어느 쪽이 먼저 제안했는지에 대해서는 기록이 심하게 엇갈린다. 『조선왕조실록』에는 후금 쪽이 먼저 제안했고, 도원수 강홍립이 쓸데없는 인명 피해를 줄이기 위해 받아들였다고 나와 있다. 이민환 역시 예전에 후금군 진영에 보냈던 조선인 통역이 다가와 협상을 제안했다고 기록했다. 반면 청나라 기록에는 조선군이 먼저 자기들은 어쩔 수 없이 이 싸움에 참가했다고 말하며 항복을 제안한 것으로 서술되어 있다. 어느 쪽이 진실일까?

사실 어느 쪽이 먼저 제안했는지보다 중요한 것은 후금의 의도였다. 조선군의 항복 의사를 받아들이지 않고 공격했어도 그만이니까 말이다. 실제로 아마 누루하치의 측근과 자식 들 중 몇몇은 조선군 수천 명쯤은 단숨에 밀어버릴 수 있는데 무슨 협상이냐고 목소리를 높였을 것이다. 하지만 누루하치는 조선군의 항복을 받아들이기로 결정한다. 혹은 먼저 제안했다. 조선까지 적으로 둘 필요가 없다는 냉정한 정치적 계산 끝에 나온 행동이었을 것이다.

그리고 항복 문제와 같이 나오는 게 광해군의 밀지 얘기다. 과연 광해군이 도원수 강홍립에게 싸우지 말고 항복하라는 지시를 내렸을까? 광해군이 파병을 반대했던 것은 명나라가 이기지 못할 것이라는 예측과 후금과 맞서 싸워봤자 득 될 게 없다는 계산 때문이었다. 광해군이 염두에 둔 중립정책은 아마 고려시대 남송과 요나라 그리고 고려가 세력 균형을 이룬 형태였을 가능성이 높다. 그렇게 하려면 후금과 죽자 사자 싸울 이유가 없었다. 하지만 명나라와 후금의 승패가 명확히 결정되지 않은 상태에서 후금과 섣불리 접촉했다가는 감당하지 못할 후폭풍이 몰아닥쳤을 것이다. 아마 광해군은 직접적인 항복 지시보다는 적당히 상황을 보면서 앞장서서 싸우지 말라는 정도의 입장 표명을 했으리라 추측된다.

한편 조선군과 후금의 협상은 양측의 이해관계가 맞아떨어진 덕에 잘 진행되었다. 후금으로서도 조선까지 적대시할 필요는 없었고, 일을 시킬 노예가 필요했던 상황이었다. 후금은 부원수 김경서를 자기네 진영에서 하룻밤 머무르게 한다. 다음 날 강홍립이 후금 진영에 가서 협상을 마무리한다. 조선군은 무기를 버리고 산 아래로 내려와서 전날 패배한 명군과 조선군 시체들이 흩어져 있는 부차 들판을 지나 허투알라로 끌려간다. 와르카시숲에서 하룻밤을 더 머물고, 다음 날인 6일에는 허투알라에 도착한다. 도원수 강홍립은 그곳에서 누루하치에게 정식으로 항복한다. 이렇게 사르후 전투가 막을 내렸다.

　　포로가 된 조선군은 허투알라 인근 농가들에 수용되었는데 말썽이 일어났다. 조선군 포로의 짐 속에서 후금군 수급 세 개가 발견되었고, 머물고 있던 집의 딸을 강간하거나 죽인 사건도 발생했다. 결국 몇 백 명의 조선군이 후금군의 손에 목숨을 잃었다. 1년 후에 탈출한 김응택의 말에 따르면 3월 24일경에 양반들만 골라서 죽였다고도 한다. 농가에 흩어져 수용되었던 포로들은 감시가 소홀한 틈을 타서 조선으로 도망쳤다. 석 달 후인 7월 8일 체찰부사 장만의 보고에 의하면 그동안 탈출한 포로의 수가 1400명으로 나온다.『책중일록』에도 1년 후인 1620년 7월까지 조선으로 도망친 포로가 2700명이라고 나와 있다. 도망쳐온 포로들에 의하면 죽은 조선인 포로들의 시신이 숲 속에 즐비했다고 하니 탈출 과정에서 숨진 포로도 적지 않았을 것으로 추정된다. 그렇다면 얼마나 탈출에 성공했을까? 일단 두 기록에 나오는 1400명과 2700명을 더하면 4100명이다. 하지만 두번째 언급된 숫자가 앞의 1400명을 포함했을 가능성도 배제할 수 없다.

　　사르후 전투 이후에도 광해군과 대신들 간에 또다시 파병을 해야 할지 말아야 할지, 후금과 정식으로 통교를 할지 여부를 놓고 치열한 설전이 벌어진다. 하지만 전사자 가족들을 위로해주거나 포로들을 송환받기 위해서는 어떤 노력도 하지 않는다. 홍세태가 쓴 「김영철전金英哲傳」에는 전란의 소용돌이에 휩쓸렸다가 겨우 살아왔지만 가난과 번민 속에서 눈을 감는 주인공의 모습이 그려져 있다. 당시 조선이 포로들을 어떻게 대우했는지 여실히 보여주는 것이다.

조선, 누루하치와 만나다

조선과 누루하치의 접촉은 임진왜란 중에 시작된다. 앞에서 얘기한 대로 임진왜란이 발발하자 누루하치는 명나라에 원병을 보내겠다고 제의한다. 명나라는 승낙했지만 조선이 강력하게 반대하는 바람에 그의 참전은 성사되지 못한다. 임진왜란이 잠시 소강 상태를 보이던 1595년, 여진족 27명이 산삼을 캐기 위해 조선 국경을 넘어왔다가 살해당하는 사건이 발생하면서 비교적 평온했던 양쪽의 관계는 급격히 악화된다. 같은 해 8월 13일 선조는 비망기로 이 사건에 대해 언급하면서 누루하치가 보통의 오랑캐가 아니라며 조심해서 처리해야 한다고 대신들에게 말한다. 결국 일본과의 전쟁으로 코가 석자였던 조선이 먼저 누루하치에게 화해의 손길을 내밀었다. 통사 하세국(河世國)이 중국 관원들과 함께 퍼알라성에 가서 누루하치와 회담을 한 것이다. 누루하치는 하세국에게 자신들은 조선인을 그대로 송환해주는데 조선은 여진족을 함부로 죽인다고 비난하는 한편, 자신들처럼 송환해주면 피차 원한 살 일이 없지 않느냐고 말한다. 또한 조선과 문서를 통해 교류를 하자는 것으로 회담을 마무리짓는다.

조선이 여진족에 대해서 우월감을 가졌던 것은 무력이 앞섰다거나 국력이 강성해서라기보다는 '그들은 야만인, 우리는 문명인'이라는 넘어올 수 없는 자부심 때문이었다. 야만과 문명을 구분하는 것은 문자와 법치, 학문 같은 추상적인 것과 더불어 합리적인 상황 판단도 들어가 있다. 조선인은 여진족을 재물 앞에서는 부모도 저버리고 걸핏하면 약탈하는, 사람의 탈을 쓴 짐승으로 여겼다. 그래서 관직을 내려주고 공물을 하사하는 것으로 길들여왔다. 하지만 누루하치의 등장은 그런 경계선을 여지없이 허물어버렸다. 누루하치는 여진인을 함부로 죽인 조선에게 보복하겠다며 큰소리를 쳤다가도 조선과 문서를 통한 교류를 시도한다.

하세국은 일단 누루하치의 제안을 거부하지만 돌아와서는 여진족의 문서를 받는 게 좋겠다는 의견을 남긴다. 다음 해인 1596년 12월 22일에는 남부주부(南部主簿) 신충일이 전년도에 방문했던 하세국과 함께 조선이 노추(奴酋)라고 부르는 누루하치와 만났다. 서로 공손한 문답과 잔치가 오고 가는 가운데, 신충일은 다음 해 1월 4일 누루하치의 동생이 베푼 연회에서 다지라는 장수가 동양재에게 조선군에 대해서 묻고 답한 이야기를 이렇게 남겨놓았다.

> 우리나라 사람의 용약(勇弱) 여부를 묻자, 동양재의 말이 '만포(滿浦)에서 연회를 베풀었을 때 나열한 군사가 300∼400명이 있었다. 등에는 화살통을 지고 앞에는 활집을 안았는데, 화살은 깃이 떨어지고 활촉이 없으며 활은 앞이 터지고 뒤가 파열되어 타국의 웃음거리가 될 뿐이었다. 이와 같은 무리에게는 궁전(弓箭)을 쓰지 않고 한 자 되는 검만 가지고도 400∼500명을 벨 수 있는데, 오직 팔의 힘에 한계가 있음이 유감일 뿐이다'라고 하면서 두 사람이 서로 낄낄대며 웃었습니다.

조선으로 돌아온 신충일은 누루하치와 만나고 돌아온 일을 상세히 기록한 『건주기정도기(建州紀程圖記)』를 남겼다.

8 쌍령 전투

사르후 전투 이후 승승장구하던 후금은 1626년 영원성 전투에서 첫 패배를 겪는다. 설상가상으로 누루하치마저 이 전투에서 입은 부상으로 눈을 감는다. 후계자가 된 홍타이지는 자신의 건재함을 과시하고, 필요한 물자를 얻기 위해 조선을 침략한다. 이렇게 발생한 정묘호란에서 양군의 힘의 차이가 명확히 드러나고 조선은 패배한다. 후금은 국호를 청으로 바꾸고 홍타이지는 황제에 즉위하지만 조선은 여전히 청나라를 야만족으로 여기고 명나라에 의지했다. 1636년, 홍타이지는 중원을 정복하기 전에 조선을 굴복시켜 후방을 안정시키기로 결심한다.

조선군 지휘관: 경상좌병사 허완, 경상우병사 민영
참전 병력: 30000~40000명

청군 지휘관: 패륵 악탁
참전 병력: 불명

정묘, 병자호란은 피할 수 없는 전쟁이었나?

임진왜란과 더불어 조선 전쟁사의 양대 산맥인 정묘호란과 병자호란의 발발 원인으로 보통 광해군을 내쫓고 즉위한 인조의 '친명배금親明排金 정책'을 꼽는다. 국제 정세에 눈이 어두운 임금과 신하들이 아무런 대책 없이 싸우자는 목소리를 높였다가 막상 전쟁이 터지자 제대로 싸워보지도 못하고 항복했다는 인식이 수백 년 동안 이어져온 것이다. 물론 후금은 내내 뻣뻣하게 굴어대는 조선을 못 미더워했고, 조선 역시 오랑캐가 기고만장해졌다고 투덜댔다. 인조를 비롯한 대다수의 중신들도 바보가 아닌 이상 명나라가 후금의 기세를 이기지 못할 것이라는 점은 예상했을 것이다. 하지만 현실을 인식하는 것과 그것을 받아들이는 것은 큰 차이가 있는 법. 당시의 세계관에서 명나라를 저버리고 후금과 화친하자는 주장은 지금으로 치면 미국을 버리고 중국과 동맹을 맺어야 한다는 것과 다를 바가 없었다. 그나마 현실감각이 있던 광해군이 난신적자亂臣賊子, 나라에 불충한 무리로 몰려 역사의 무대에서 퇴장당하고 두 차례의 전쟁이라는 처절한 대가를 치른 후에야 조선은 현실을 받아들였다.

사르후 전투 이후 국서를 들고 찾아온 후금의 사신에게 답서를 쓰라는 명령을 받은 이이첨은 못 하겠다는 내용이 담긴 장문의 상소를 올린다. 상소문을 받은 광해군은 짤막한 답변을 보냈다.

> 경은 한 장의 차자箚子, 신하가 임금에게 올리는 글로 휘몰아쳐 오는 적을 막을 수 있겠는가?

이런 현실감각이 없던 인조는 이괄의 난, 정묘호란, 병자호란 때 각각 한 번씩 모두 세 번이나 도성을 비우고 도망치는 임금이라는 불멸의 신기록을 남겼다.

1627년 1월 13일 밤, 의주성義州城 안에 있던 사람들은 멀리서 들려오는 목소리에 잠을 깼다.

대금국大金國 이왕二王 귀영개가 대군을 이끌고 정벌하러 오고 있으니, 성
안의 장수와 군사들은 무장을 해제하고 나와 항복하고, 남쪽 땅에서 온 군
병들은 모두 나와 고향으로 돌아가라. 그렇지 않으면 말발굽으로 짓밟아
마구 죽여 하나도 남기지 않겠다.

백성들과 군졸들은 모두 불안해했지만 정작 적은 내부에 있었다. 이괄의
난 때 후금으로 도망쳤다가 전날 저녁 사냥꾼 복장으로 몰래 의주성에 들어온
한윤이 불을 지르며 내응한 것이다. 혼란에 빠진 성은 손쉽게 후금군의 손아
귀에 떨어졌다. 의주부윤義州府尹 이완과 판관 최몽량崔夢亮을 처형한 후금군은
다음 날 능한산성凌漢山城을 공격해 함락한다. 안주성安州城 역시 하루 만에 후
금군의 손에 넘어간다. 안주성을 지키던 평안병사平安兵使 남이흥과 안주목사
安州牧使 김준은 화약포대에 불을 붙여 스스로 목숨을 끊는다. 평양이 함락되
었다는 소식을 들은 인조는 27일 강화도로 피란을 떠난다. 인조는 이괄의 난
에 이어 백성들을 버리고 두 번씩이나 도망가는 것이 마음에 걸렸는지 피란을
떠나기 8일 전인 1월 19일 백성들에게 내릴 교서를 발표한다.

왕은 말하노라. 아! 국가에 치란흥망治亂興亡이 있는 것은 면할 수 없는 일
이다. 그러나 그것이 그렇게 된 까닭을 추구해보면 언제고 한 사람, 임금의
잘하고 잘못한 것에 연유하지 않음이 없다. 나는 이치를 환히 알 만큼 현명
하지도 못하고 사물에 은택恩澤이 미칠 만큼 어질지도 못하고, 사람을 감동
시킬 만큼 신의롭지도 못하고 난리를 제압할 만큼 무예롭지도 못하다. (…)
나의 진심을 한 장의 종이에 담아 사방에 널리 고하노니 모두 나의 마음을
이해하여 충의를 격앙하고 온몸의 힘을 다하여, 혹 의병을 소집하여 행재行
在로 달려오기도 하고 혹 군량미를 모아서 군인들 앞으로 실어보내기도 하
여, 제각기 힘이 미치는 대로 분의分義의 당연함을 다하도록 하라.

사실상의 자아비판이었지만 백성들은 임금이 떠난 궁에 불을 지르는 것으로 응수했다.

조선에는 천만다행으로 후금군 총사령관 아민阿敏은 조선과 완전히 결판을 낼 생각이 없었다. 전년 1월에 있었던 영원성 전투에서 원숭환이 이끄는 명군에게 패배한 후금은 충격이 가실 틈도 없이 찾아온 누루하치의 사망으로 일대 위기에 빠지게 된다. 여덟째 아들인 홍타이지가 뒤를 이었지만 강력한 카리스마를 지닌 아버지의 부재와 대등한 힘을 가진 형제들 틈에서 그는 자신의 힘을 증명해야만 했다.

홍타이지는 강력한 카리스마를 지녔던 아버지의 죽음 이후 흔들리기 시작한 내정을 다스리고, 가도假島, 평안북도 철산 앞바다의 섬를 점령한 채 호시탐탐 배후를 노리던 모문룡毛文龍*을 제거할 속셈으로 조선과 전쟁을 일으켰다. 또한 후금의 조선 침공은 인구가 늘어나면서 부족해진 물자를 공급받기 위한 해답이기도 했다. 후금이 집요하게 요구하던 것 중 하나가 바로 시장을 열고 물자를 바꾸자는 것이다. 이런 의도를 관철하자면 상대방을 완전히 말살시켜서는 오히려 곤란했다. 무엇보다 영원성에서 버티고 있는 원숭환을 의식하지 않을 수가 없었다. 이런 이해관계 덕분에 전쟁은 생각보다 싱겁게 끝난다. 2월 23일 양국은 형제 관계를 맺고당연히 후금이 형이다 조선이 후금에 공물을 바치며 양국 간에 정식 사절의 왕래 및 시장을 통한 무역을 실시한다는 협상안에 합의한다. 정묘년에 벌어진 호란을 종식시킨 정묘화약丁卯和約으로 조선은 한숨을 돌린다. 후금은 모문룡을 제거하는 데 실패했다는 점을 제외하면 대체로 만족해한다. 조선 역시 금수만도 못한 오랑캐를 적당히 타일러서 보냈다며 안도의 한숨을 쉬었다. 이렇게 끝났다면 그나마 해피엔딩이겠지만 이때의 '화약和約'은 글자 그대로 '화약火藥'이 되어버린다.

---

* 요동도사(遼東都司)였던 모문룡은 1621년 요양이 후금에게 함락되자 철산 앞바다의 가도로 철수한다. 그는 조선에 흘러든 명나라의 패잔병과 난민 들을 규합해서 후금의 골칫거리가 되었다. 후금은 조선이 모문룡을 보호하고 있다고 의심했고, 모문룡은 조선에 계속 물자 공급을 강요했다. 조선의 골칫거리이기도 했던 모문룡은 1629년 원숭환 장군에게 처형당한다.

병자호란을 향한 발걸음은 정묘화약이 성립된 직후부터 시작된다. 후금은 희생을 바쳐서 맹약을 나누었으니 조선이 고분고분하게 굴 것이라고 믿었고, 조선은 단지 위기를 넘기기 위한 임시방편이라고 여긴 탓이다. 불행하게도 모문룡이 자리잡고 있는 가도에 대한 조선의 지원 중단부터, 교역 문제와 후금 사신의 접대 수준까지 양쪽의 갈등을 폭발시킬 만한 불씨는 차고 넘쳤다.

1631년 11월 영원성을 구원하기 위해 이동하던 명나라 장수 공유덕과 경중명이 반란을 일으켜 산둥반도 일대를 장악한다. 모문룡의 심복이었던 두 사람이 일으킨 반란은 1년을 끌다가 실패로 돌아가고 두 사람은 바다로 탈출한다. 명나라 후반기를 장식한 수많은 반란 중 하나였지만 두 사람 수중에는 중대한 변수가 하나 있었다. 바로 배였다. 두 사람이 가진 함대를 탐낸 후금은 이들에게 투항을 권유한다. 조선은 함대를 손에 넣으려는 후금과 이것을 막으려는 명나라로부터 동시에 SOS를 받는다. 난처해하던 조선은 결국 명나라를 선택한다.

1633년 4월 임경업이 지휘하는 조선군은 명군과 함께 공유덕과 경중명의 반란군을 추격하다가 후금군과 교전을 벌인다. 조선군이 후금군을 향해 쏜 조총의 탄환과 후금군이 조선군을 향해 쏜 홍이포紅夷砲의 포탄은 양국이 맺은 화의의 실체가 무엇인지 말없이 증명했다. 설상가상으로 조선은 후금에 투항한 반란군에 지급할 식량의 지원을 거절해버린다. 조선이 이렇게 갈팡질팡하는 사이 후금은 제국의 길을 걷는다. 1635년 12월 후금의 신하들은 홍타이지에게 황제의 자리에 오르라고 청원한다. 예의상 몇 차례 거절하던 홍타이지는 조선도 동참하면 좋겠다라는 신호를 보낸다.

1636년 2월 16일, 용골대와 마부대가 이끄는 사절단이 이 같은 요구가 담긴 문서를 들고 조선을 찾아온다. 명과 후금 사이에서 눈치를 보느라 지칠 대로 지쳤던 조선은 격앙된 감정을 고스란히 드러낸다. 문서를 불태우고 후금 사신들의 목을 베라는 상소가 빗발친다. 분위기가 심상치 않아지자 용골대를 비롯한 후금의 사절단은 급히 한양에서 도망치고 만다. 어처구니없게도 이 와중에 후금의 침략을 대비하라고 평양감사에게 보낸 문서를 도망치던 후금의 사절에게 탈취당한다. 3월 20일 인조는 널리 직언을 구하는 구언교서求言敎書를 발표하면서 다가올 전쟁에 대비하는 모습을 보인다.

1636년 4월 11일, 후금은 국호를 고쳐 대청大淸이라고 하고, 연호도 숭덕崇德으로 고치는 한편 홍타이지는 관온인성황제寬溫仁聖皇帝의 자리에 오른다. 이 자리에 참석한 조선의 춘신사春信使 나덕헌과 이확은 끝끝내 고개를 숙이지 않았다. 당시의 분위기를 생각할 때 대단한 용기를 발휘한 셈이다. 홍타이지는 이 무례한 자들을 처형하자는 주변의 의견에 대해 빌미를 제공하고 싶지 않다며 거절한다. 홍타이지가 냉정하게 정치적인 득실을 따진 반면 조선의 척화파들은 두 사람을 그런 자리에 참석했다는 이유만으로 극형에 처하자고 주장한다. 공개 망신을 당했지만 냉정함을 유지한 홍타이지와 참석했다는 이유만으로 사신들을 처형해야 한다고 주장한 조선과의 간극은 이제 전쟁으로 치달을 수밖에 없었다. 홍타이지는 명나라의 숨통을 끊기 전에 뒤통수를 칠지 모르는 조선을 손보기로 결심한다. 1637년 12월 2일, 심양에 집결한 조선 침공군 중 마부대가 이끄는 선봉군이 남쪽을 향해 움직인다.

청나라식 전격전

전쟁에 임하는 양측의 전략은 극단적이었다. 일단 조선은 전통적인 방어 전략인 청야수성* 작전을 구사한다. 청나라 기병을 들판에서 막는 건 불가능하다고 판단, 성을 굳게 지키며 시간을 끄는 것이다. 그리고 왕은 정묘호란 때처럼

---

* 청야수성(淸野守城)은 들판을 비우고, 성을 굳게 지킨다는 뜻이다. 보통 전력이 약한 쪽에서 취하는 전략으로 성을 지키고 장기전으로 가면서 상대방의 보급이 떨어지기를 기다렸다가 지쳐서 퇴각하면 추격하는 방식이다.

강화도로 피란을 가는 것이다.

　반면 청군의 기본 전략은 속전속결이었다. 12월이라는 추운 날씨를 선택한 이유도 얼어붙은 강을 손쉽게 도강하기 위해서였다. 어떻게든 인조가 강화도로 들어가서 장기전을 시도하는 걸 막아야 했다. 12월 8일 압록강을 건넌 청군은 의주를 그냥 통과하고, 안주도 그냥 지나쳐버린다. 덕분에 한양에 있는 인조와 대신들은 아직도 청나라의 침략을 몰랐다. 12월 13일 황해도 황주의 정방산성에 주둔하고 있던 도원수 김자점金自點이 보낸 장계가 한양에 당도하면서 비로소 상황을 파악하게 된다.

　초반에 큰 실수를 저질렀지만 두번째 실수에 비하면 새 발의 피였다. 장계

병자호란에서 청군의 이동 경로

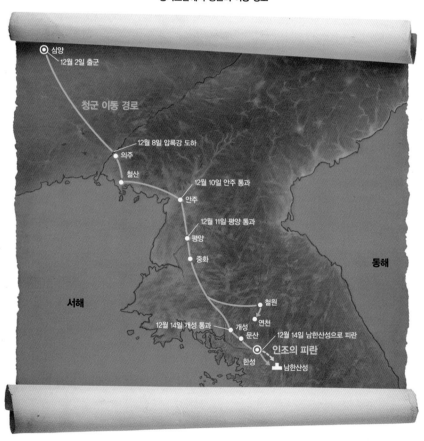

를 받고 열린 회의에서 영의정 김류가 속히 강화도로 피해야 한다고 주장하지만 인조가 조금 기다려보자고 한 것이다. 세번째로 피란가고 싶지 않은 심정은 이해하지만 청군이 전속력으로 남하하고 있는 상황에서 너무 한가로운 판단이었다. 결국 다음 날인 14일, 청군이 개성을 통과했다는 소식을 듣고서야 피란을 떠나기로 결정한다. 화친을 주장했던 최명길이 적진에 가서 시간을 끄는 동안 인조는 피란을 갈 준비를 하지만 이미 청군은 코앞까지 도달한다. 급한 김에 도감장관都監將官 이흥업에게 기병 80기를 이끌고 막도록 하지만 양철리와 홍제원 중간에 있는 백련산白蓮山 동쪽 기슭에서 청군의 공격을 받고 전멸당한다.

인조는 일단 남한산성으로 피신한다. 15일에는 김류의 주장대로 강화도로 가기 위해 길을 나서지만 이번에는 날씨가 발목을 잡았다. 말에서 내려 빙판을 걷던 인조는 발목을 삐끗하고 만다. 결국 다시 남한산성으로 돌아가는 인조와 대신들이 우물쭈물하는 사이, 마부대가 이끄는 청나라 선봉부대가 남한산성을 포위한다. 사실 이들의 수는 얼마 안 됐고, 강행군으로 인해 지친 상태였지만 인조가 어물쩍거리는 사이 후속 부대가 도착하면서 포위망이 견고해진다. 이렇게 초반 분위기는 청나라가 가져간다. 조선은 시작부터 본진이 포위된 상태가 되고 말았다. 임금이 남한산성에 갇혀 있으니 속히 구원하라는 명령서를 지닌 선전관들이 각 지방으로 내려간다. 12월 21일 충청도에서 올라온 구원병이 헌릉獻陵, 조선 3대왕 태종과 부인 민씨의 무덤, 현재 서울시 서초구 내곡동에 위치하고 있다에 도착해서 불화살로 남한산성에 신호를 보낸다.

가장 먼저 구원에 나선 것은 강원감사江原監司 조정호가 이끄는 강원도 병력이었다. 12월 24일 경기도 양평에 도착한 조정호는 원주영장原州營將 권정길을 선봉으로 삼아서 남한산성을 향해 진출한다. 이들은 12월 26일에 남한산성에서 남쪽으로 1킬로미터밖에 안 떨어져 있는 검단산까지 진출하는 데 성공하고 남한산성에 전령을 보낸다. 하지만 전령은 청군의 포위망이 완성된 남한산성에 들어가지 못하고 잡혀버린다. 다음 날인 27일 청군이 검단산을 포위하고, 권정길이 이끄는 조선군은 잘 싸우지만 결국은 패배한다.

한편 황주의 정방산성에 주둔하고 있던 도원수 김자점은 남하하는 청군을 뒤쫓다가 12월 25일 황해도 토산에서 역습을 받고 패전한다. 한성 방어의 임무를 맡은 유도대장留都大將 심기원 역시 12월 19일 삼각산에서 벌어진 전투에서 패배한다. 패배한 심기원의 부대가 양근楊根의 미원迷原이라는 곳에 집결하고 검단산 전투에서 패배한 강원도 병력까지 합류하면서 1만7000명의 대군이 모인다. 하지만 김자점이 겁을 먹은 탓에 전투에 나서지 않았다. 함경감사咸鏡監司 민성휘가 소집한 병력도 미원에 집결하지만 그걸로 끝이었다.

충청감사 정세규가 이끄는 충청도 병력은 12월 18일 공주에 집결을 완료하고, 북진을 개시해서 12월 27일에는 남한산성에서 남쪽으로 40리 정도 떨어진 험천현險川峴에 도착하지만 청군의 공격을 받아 패배하고 만다. 『연려실기술』에서 인용한 『난리잡기亂離雜記』에는 이 상황이 자세하게 언급되어 있다.

> 적이 높은 산봉우리에서부터 공격하므로 한참을 싸우다 전군이 패배하여 이성현감尼城縣監 김홍익, 남포현감藍浦縣監 이경징, 금정찰방金井察訪 이상재가 죽고, 세규는 바위 아래에 떨어졌는데, 이미 밤이 캄캄해 청병淸兵이 좌우로 달려들어도 알지 못하였다. 결국 군졸이 몰래 세규를 업고 탈출하였다. 세규는 본래 서생으로서 군사 일에 익숙하지 못한데, 약한 군사를 거느리고 한창 기세가 장대한 적에게 항거하여 가장 먼저 국난에 달려가 이리저리 옮기며 싸웠으니, 그에게 필사의 마음이 있었음을 알 수 있다.

전투는 대략 비슷한 방식으로 전개되었다. 남한산성을 구원하기 위해 급하게 출발한 조선군은 겁을 먹고 싸우지 않거나 따로따로 진격하다가 각개격파당했다. 강원도와 충청도 병력은 패배했고, 도원수가 이끄는 북방의 주력 부대와 함경도 병력은 미원에서 움직이지 않았다. 경상감사 심연이 소집하고 좌병사 허완許浣과 우병사 민영閔泳이 지휘하는 경상도 병력은 12월 24일 대구를 출발해서 문경과 충주를 거쳐 남한산성 방면으로 이동한다.

조선 중기의 기병

❶ 조선은 조총병 외에도 기병을 양성하려고 노력했
지만 후금군 기병에 압도당했다. 피폐한 조선의
경제력으로는 막대한 비용이 드는 기병의 양성
이 부담스러웠고, 명나라의 잦은 군마 차출 요구
때문에 말의 수도 부족했다. 그림 속의 기병이
쓴 투구는 유성룡의 유물을 토대로 그렸고, 갑옷
은 동래성에서 발굴된 갑옷을 참고했다.

❷ 임진왜란 때 전래된 편곤은 조선 후기 기병의 주
력 무기였다. 창이나 칼보다 다루기 쉽고 갑옷으
로 무장한 적에게도 타격을 줄 수 있다는 장점
때문이었다. 조선의 실학자 이익(李瀷)은 자신의
저서 『성호사설(星湖僿說)』에 '조총이 들어오니
활이 무용지물이 되고, 편곤이 들어오니 칼이 쓸
모가 없어졌다'라고 기술했다.

❸ 환도는 띠돈을 이용해서 돌려맸다.

❹ 활을 넣는 동개.

❺ 휘어진 화살촉을 펴거나 화살대에 고정시킬 때
쓰는 촉도리다. 보통 짐승 뼈나 멧돼지 어금니로
만들었다.

정명섭 조선전쟁 생중계도 이제 후반부에 접어들고 있습니다. 오늘은 병자호란 중 일어난 전투인 쌍령 전투를 신효승씨와 함께 살펴보도록 하겠습니다. 오늘 다룰 쌍령 전투의 주인공인 경상도 병력의 움직임을 살펴볼까요? 그런데 너무 급하게 이동하는군요. 병사들이 많이 지쳐 보입니다.

신효승 임금이 갇혀 있는 상황이니 하루라도 빨리 구원하러 가지 않으면 안 되는 상황이었죠.

정명섭 그렇군요. 경상도군은 1637년 1월 1일 여주를 통과해서 다음 날 경기도 이천의 쌍령에 도착, 진영을 설치합니다. 좌병사 허완이 오른쪽 산등성이에 진을 치고 우병사 민영이 왼쪽의 낮은 산에 머뭅니다. 남한산성에서 40리 정도 떨어져 있는 곳이네요. 여기서 청군을 격파하면 남한산성과의 연결도 가능할 것 같습니다.

신효승 그렇지요. 아, 남한산성을 포위하고 있던 청군이 급히 남하합니다!

정명섭 이번 전쟁의 승패를 결정짓는 쌍령 전투가 곧 시작되겠습니다! 1637년 1월 3일 아침, 좌병사 허완의 진영으로 온몸을 가리는 큰 나무방패를 든 청군 기병 수십 기가 맞은편 산과 연결된 오솔길을 따라 접근해옵니다. 매복하고 있던 조선군 포수들이 방포하자 선두에 선 청군 기병이 말 위에서 고꾸라집니다. 주인을 잃은 말이 날뛰면서 청군의 대열이 잠깐 어지러워집니다. 그 틈에 매복해 있던 포수들이 허겁지겁 목책 안으로 뛰어옵니다. 팔목에 화승을 감은 조선군 포수들이 목책에 기대서 방포하자 청군 기병들이 뒤로 물러납니다. 출발이 좋긴 한데 신바람이 난 포수들이 제멋대로 방아쇠를 당기는 게 불안해 보입니다. 아, 아니나 다를까 여기저기서 화약이 떨어졌다는 포수들의 외침이 들리는군요.

신효승 지급받은 화약이 두 냥뿐이라 금방 바닥나네요.

정명섭 물러났던 청나라 기병들이 다시 접근해오자 화약을 달라고 아우성을 치던 포수들이 개미 떼처럼 흩어지고 맙니다. 안동영장安東營將 선약해만 우뚝 서서 접근해오는 적에게 연거푸 화살을 날리지만 청군 기병이 든 커다란 방패에 번번이 막히고 맙니다. 마침내 목책을 넘어온 청군이 칼로 선약해를 찔러 넘어뜨렸습니다. 오솔길을 따라 접근한 청군 기병들이 봇물 터지듯 목책을 허물고 밀려들어옵니다. 우왕좌왕하는 조선군은 싸울 생각도 안 하고 도망치기 바쁩니다.

신효승 이건 전투가 아니라 학살이네요. 병사들을 지키기 위해 설치해놓은 목책이 오히려 탈출을 막는 장해물이 되어버렸습니다.

정명섭 청군 기병들이 말을 타고 조선군 진영 안을 휘저으며 닥치는 대로 내리치고 베고 있습니다. 진영 중앙부에 배치된 조선군 살수들이 창을 들고 잠시 저항하지만 청군 기병들이 뒤로 물러났다가 도망친 병사들과 살수들이 뒤엉킨 틈을 노려 공격하니 조선군도 금방 저항을 포기합니다. 목책 주변에는 화살에 맞아 죽은 시체와 서로 먼저 가려다가 밟혀 죽은 병사들의 시신이 수북하게 쌓여갑니다. 처참한 광경이군요.

신효승 이렇게 허완의 진영을 휘저은 청군 기병들이 이번에는 왼쪽 봉우리에 진을 치고 있는 우병사 민영의 진영을 목표로 움직입니다. 좌병사의 군영이 붕괴되는 것을 두 눈으로 지켜본 병사들은 일사불란하게 움직입니다. 목책 바로 뒤에는 포수, 그다음에 궁수, 그리고 마지막으로 백병전을 맡을 살수들이 창을 들고 대기합니다.

정명섭 청군 기병 수백 기가 일제히 돌격해옵니다! 깃발을 든 초관이 방포 명령을 내리자 수백 개의 조총이 일제히 발사됩니다. 청군 기병 몇몇이 말에서 떨어지는 것을 본 병사들이 환호성을 지르는군요. 청군이 접근할 때마다 몇 차례 더 발포가 이어집니다. 청군은 전진과 후퇴를 반복하면서 조총의 사거리 안팎을 오가는군요. 겁을 먹은 건가요?

신효승 그것보다는 화약을 소모시킬 속셈인 것 같습니다.

정명섭 아, 역시 민영의 진영에서도 포수들에게 화약을 많이 배분하지 않은 모양입니다. 목책에서 사격하던 포수들이 화약을 분배하는 장소로 달려갑니다. 서로 빨리 화약을 받으려고 서로 밀쳐대는군요. 그 와중에 용두에서 빠진 불붙은 화승이 화약을 보관하는 궤짝에 떨어지고 말았습니다! 아! 어마어마한 폭발이 일어나면서 몰려 있던 포수들과 화약을 나눠주던 수령들을 쓸어버립니다. 산산조각 난 시신들이 눈 위에 흩어진 가운데 상처를 입고 쓰러진 포수들이 비명을 지릅니다. 포수들이 떨어뜨린

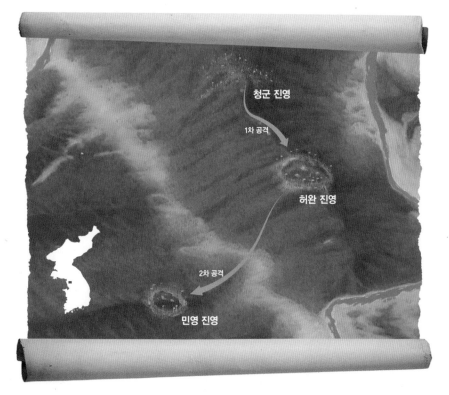

쌍령 전투 청군 기병대는 산기슭에 난 작은 길을 따라서 좌병사 허완의 진영을 먼저 공격한 후, 우병사 민영의 진지까지 공격했다. 조선군은 압도적으로 우세한 병력을 보유했지만 사격 통제에 실패하면서 큰 패배를 당한다.

맥없이 허물어지는 조선군 조총병이 주축이 된 조선 군은 자신들의 장점을 전혀 살리지 못하고 청나라 기 병들에게 전멸당했다.

화약통에 다시 불이 옮겨붙으면서 여기저기서 크고 작은 폭발이 일어납니다. 이게 무슨 일입니까? 적과 싸우다가 화약이 폭발하다니요.

신효승 예측 불가능한 일들이 종종 벌어지는 게 바로 전쟁터죠.

정명섭 이렇게 뜻밖의 사태에 놀란 조선군 병사들의 넋이 나간 사이 청군 기병들이 고함을 지르며 돌격해옵니다. 이렇게 찾아온 기회를 놓치면 바보죠. 목책을 넘어온 청나라 기병들이 조선군 진영을 쑥대밭으로 만듭니다. 운 좋게 살아남은 조선군 병사들이 무기를 내던지고 목책을 넘어 남쪽으로 정신없이 내달립니다. 조선군의 진영을 점령한 청군은 시신들을 끌어모아 옷을 벗긴 다음에 불을 지르는군요. 산더미처럼 쌓인 시신을 태운 불길은 추운 겨울을 녹여버릴 만큼 맹렬하게 타오릅니다. 뭐라고 드릴 말씀이 없습니다.

신효승 잘 알려져 있진 않지만 쌍령 전투는 칠천량 해전과 용인 전투*를 뛰어넘는 조선시대 전쟁사 최악의 패배죠.

정명섭 후, 어디서부터 얘기해야 할지 감이 안 잡힙니다. 공격하던 청군 기병의 수가 적으니 조선군이 이기지는 못해도 최소한 전멸당하지는 않을 거라고 생각했는데요. 거기다 조선군은 이미 높은 산에 진을 친 상태 아니었습니까?

신효승 남아 있는 기록을 살펴보면 이 전투에 참가한 조선군은 약 4만 명, 그리고 청군은 기병 300기입니다. 그나마 『연려실기술』에 따르면 왼편 낮은 곳에 진을 진 경상좌병사 허완의 진영에 최초로 돌입한 것은 고작 33기였죠.

정명섭 맙소사, 이 정도의 전력 차를 가지고도 패하다니요. 정말 뭐라고 할 말이 없습니다.

---

* 임진왜란이 발발하고 일본군이 북상하자 전라감사 이광은 군대를 소집하고, 한양을 점령한 일본군의 배후를 치기 위해 북상한다. 1592년 6월 5일 경기도 용인에 도착한 이광의 조선군은 와카자키 야스하루가 이끄는 1600명의 일본군에게 기습을 받고 참패를 당한다.

신효승 맞습니다. 조선시대 벌어진 전투 중에 이렇게 소수의 적군에게 많은 수의 아군이 격파당하거나 제대로 싸워보지도 못하고 무너진 것은 임진왜란 때 있었던 용인 전투와 칠천량 해전 정도입니다. 그나마 용인 전투는 평지에서 벌어진 전투였고, 칠천량 해전은 야간에 벌어진 기습이었다는 핑계라도 댈 수 있지만 쌍령 전투는 그런 변명거리가 통하지 않죠. 하루 전에 도착한 조선군은 이미 높은 산에 진을 친 상태였지요. 더군다나 청군은 접근전을 펼쳐야만 승부를 낼 수 있는 기병이었고, 조선군은 원거리 사격이 가능한 조총병이 다수였습니다. 조선군의 일제사격 한 번이면 충분히 물리칠 수 있었고, 설사 진내로 돌입했다고 해도 함몰될 정도는 아니었죠.

정명섭 하지만 현실은 참패, 그것도 어마어마한 참패로군요. 구체적인 전사자 수가 나온 게 있나요?

신효승 쌍령 전투에서 전사한 조선군 지휘관 중 확인된 장수만 해도 경상좌병사 허완, 우병사 민영, 충청병사 이의배, 상주영장 윤여임, 안동영장 선약해—일부 자료에서는 선세강으로 기술—, 창원부사 백선남입니다. 지휘관급이 이 정도면 일반 병사들이 극심한 피해를 입었을 것이라고 추측하는 건 어렵지 않죠. 『연려실기술』에는 처음 붕괴된 좌병사 허완의 진영에서는 군졸들의 시체가 목책의 높이와 비슷하게 쌓일 지경이었다는 기록도 있습니다. 정확한 숫자는 나와 있지 않지만 전투가 벌어진 지 석 달이 지난 4월 7일에도 여전히 시체들이 쌓여 있어서 예조가 임금에게 사람을 시켜서 수습해야 한다고 말할 지경이었죠.

정명섭 청군이 시체를 불태운 뒤에도 그 정도였다면 상당수의 병사들이 목숨을 잃었다고 봐야겠군요.

신효승 그렇습니다. 쌍령은 험천과 토산, 강화도 등과 더불어 병자호란의 대표적인 격전지로 꼽혀서 조선 왕조가 존속되는 동안 왕의 명령으로 죽은 넋을 위로하는 제사를 올립니다. 『승정원일기承政院日記』에 따르면 1876년까지 제사를 지낸 것으로 나와 있군요.

정명섭 다시 전투로 돌아가볼까요? 쌍령 전투의 패배 원인이 뭐라고 보십니까?

신효승 여러 가지가 있겠지만 일단 사격 통제에 실패했다는 점이 가장 큰 원인으로 꼽히죠. 총구로 탄환을 장전하고 화승으로 발사하는 조총 같은 경우 최대한 가까운 거리에서 일제히 사격해야 효과를 볼 수 있지만 전쟁터에서는 그게 말처럼 쉽지 않습니다. 따라서 경험이 풍부한 하급 장교나 부사관들이 통제를 해줘야 하는데 불행하게도 조선군에는 없는 존재들이었죠. 허완이 지휘하던 조선군은 아마 제멋대로 사격을 하다가 청군이 가까이 접근하니까 뒤로 도망쳤고, 그 와중에 군 전체가 붕괴된 것 같습니다. 그리고 전투는 조총만 가지고 하는 게 아닙니다. 조총병의 재장전 시간을 메워주는 궁병이나 적병의 공격으로부터 엄호해줄 창병 같은 다른 병종 간의 유기적인 결합이 중요합니다.

정명섭 처음 공격을 받은 허완의 군대야 그렇다 쳐도 민영이 지휘하는 조선군은 대비할 시간이 충분하지 않았습니까?

신효승 전투 중에 화약을 분배했다는 점을 감안하면 민영의 부대 역시 사격 통제에 실패했던 것 같습니다. 하지만 그걸 감안해도 잘 버틸 수 있었는데 화약을 분배하던 과정에서 폭발 사고가 나는 바람에 진영이 와해된 것으로 추정됩니다.

정명섭 일부 기록에는 민영을 미워했던 자가 일부러 화승을 던져서 폭발 사고를 일으켰다고 나와 있습니다만….

신효승 일단 화약을 분배한 게 민영이 아니었고, 화승을 던져서 폭발을 일으켰을 정도면 던진 사람도 무사하진 못했을 겁니다. 신빙성이 적다고 보시는 게 좋겠습니다.

정명섭 석 달이 지난 후에도 시신을 치워야 할 정도면 대체 어느 정도나 전사한 겁니까? 어쨌든 10대 1인데요.

신효승 지금도 그렇지만 전투 중 발생하는 사상자의 대부분은 무질서한 퇴각 과정에서 발생합니다. 이번에는 조선군의 진영 전체가 완전히 붕괴됐기 때문에 퇴각 과정에서 사상자가 특히 많이 생겼을 겁니다.

정명섭 어휴, 맥 빠지는군요. 그나저나 다른 전투도 많은데 왜 하필 쌍령 전투를 중계합니까?

신효승 맞습니다. 병자호란 자체도 인기가 없고, 쌍령 전투 같은 경우는 정말 기억하고 싶지 않은 패전이죠. 하지만 우등생이 공부를 잘하기 위한 비결로 꼽는 게 다름 아닌 '오답노트'입니다. 자신이 틀린 문제를 다시 꼼꼼하게 살펴봐야 같은 실수를 반복하지 않게 됩니다. 전쟁도 마찬가지지요. 왜 패배했는지, 무엇이 승리를 가로막는 요인이 되었는지, 실수를 막을 수 있는 방법이 없었는지 분석하고 또 분석하지 않는다면 쌍령 전투는 다음번 전쟁에서 또 반복될 겁니다.

정명섭 이런 어이없는 패배를 마지막으로 만들고 싶으면 계속 기억해라, 이 말씀이신가요? 그러고 보니 저도 쌍령 전투에 대해서 자세히 쓴 책을 본 적이 없군요.

신효승 제 기억이 틀리지 않는다면 쌍령 전투는 병자호란을 다룬 책이나 논문 속에서도 제대로 다뤄지지 않았습니다. 조선시대 전쟁사를 다룬 인문서에서도 늘 찬밥이었죠. 앞으로 쌍령 전투에 대한 더 많은 관심과 연구가 있었으면 하는 바람입니다.

정명섭 이번 시간에는 조선 역사상 최악의 패배 중 하나로 알려진 쌍령 전투를 중계해드렸습니다. 다음 시간도 병자호란이군요. 과연 조선군이 멋지게 명예를 회복할 수 있을지 지켜봐야겠습니다.

쌍령의 조선군은 과연 '4만'인가?

쌍령 전투에 대해서 사람들은 대체로 이렇게 얘기한다. "에이, 조선시대에 어떻게 4만씩이나 모았겠어? 그냥 몇 천인데 4만이라고 과장한 거겠지."

현재 병자호란 관련 자료들 중 가장 많이 인용되는 국방부 전사편찬위원회의 『병자호란사』에는 쌍령에 진을 친 허완과 민영의 병력이 각각 1000명, 경상감사 심연이 이끄는 본대 병력을 6000명이라고 기술한다. 왕실 공식 역사서인 『조선왕조실록』이나 『승정원일기』에는 패배했다는 사실만 있을 뿐 구체적인 병력 수나 피해 상황은 기재하지 않았다. 집계 자체가 불가능했겠지만 차마 입에 담기 부끄러운 패배였다는 인식이 겹쳐진 결과 같다. 동시대 혹은 조선시대 후반부의 개인 문집이나 비문에도 쌍령 전투에 대한 기록은 드문드문 파편처럼 흩어져 있을 뿐이다. 『조선왕조실록』에서 쌍령 전투에 참전한 조선군의 수를 유추할 수 있는 기록은 1637년 12월 30일자 기록이다.

> 강도江都의 서리書吏 한여종韓汝宗이 장계를 가지고 들어와서 말을 전하였다. "도원수와 부원수는 아직 해서산성海西山城에 있습니다. 적병이 잇따라 오므로 도원수가 황해감사와 함께 병사를 보내어 요격하여서 동선洞仙에서 깨트렸습니다. 경상병사 민영은 어영군御營軍 8000명과 본도의 병마를 거느리고 23일에 충주 수교에 도착하였습니다."

의병장 출신의 조경남이 임진왜란을 다룬 『난중잡록亂中雜錄』에 뒤이어 쓴 『속잡록續雜錄』*에는 경상감사와 병사가 팔영八營의 장병들과 함께 이북利北에 진을 쳤다는 기록이 보인다. 이때 적의 군사가 크게 오므로 죽산竹山 뒷들에서 난전亂戰을 벌이다 아군이 패하여 모두 죽었다고 기술했다.

● 사실 전체 제목이 『난중잡록』이지만 호란을 다룬 후반부 5권을 편의상 『속잡록』으로 부른다.

조선 후기 대표적인 실학자인 이덕무가 쓴 『청장관전서靑莊館全書』에는 오랑캐가 쌍령을 함락해서 경상좌병사 허완, 우병사 민영, 충청병사 이의배가 패사敗死했으며, 안동영장 선약해가 죽었다는 사실이 나와 있다. 선조부터 인조 때까지 주로 거리에서 떠도는 이야기들을 적은 『일사기문逸史記聞』에도 쌍령 전투는 험천이나 검단산 전투 같은 다른 패전 소식들과 더불어 짧막하게 적혀 있을 뿐이다. 이 기록들에는 모두 쌍령 전투에 참가한 조선군의 수가 구체적으로 나오지 않는다. 조선군의 규모가 나와 있는 기록들은 다음과 같다.

쌍령 전투에 참전한 조선군 병력에 관한 기록

구 분	지휘관	병력	내용
조선왕조실록	경상병사 민영	어영군 8,000명과 경상도 병력	8,000명 + 추가 병력 (전체 병력 확인 불가)
속잡록	경상감사와 병사(직책만 명시)	팔영(八營)의 장병들	전체 병력 확인불가 (편제인원으로 계산하면 22,448명)
청정관전서	경상좌병사 허완, 우병사 민영, 충청병사 이의배	패배 사실만 기록	지휘관 전사 사실만 기록 / 전체 병력 확인 불가능
일사기문	경상좌병사 허완, 우병사 민영	패배 사실만 기록	전멸이라고 기록
연려실기술	경상좌병사 허완, 우병사 민영	전 병력 40,000명	40,000명이라는 숫자를 구체적으로 명시
하담파적록	경상좌병사 허완, 우병사 민영, 충청병사 이의배	30,000여 명	–
속잡록 (이시방의 공초기록)	지휘관 성명 미표시	30,000병마	영남과 호서의 병마라고 표현
허완 묘비명	경상좌병사 허완	10,000보졸	경상병사 직속 병력만 표시

관련 기록들 중 쌍령 전투를 가장 잘 묘사한 『연려실기술』에는 앞서 설명한 대로 조선군 4만 명, 청군 300명, 그리고 최초 돌격한 청군 기병 33명이라는 숫자가 나와 있다. 인조 시절 사도체찰사四道體察使를 지낸 김시양이 쓴 『하담파적록荷潭破寂錄』에도 주목할 만한 숫자와 단서 들이 보인다.

> 정축년 정월 13일에 경상좌병사 허완, 우병사 민영과 충청병사 이의배 등이 3만여 명의 군대를 거느리고 쌍령에서 싸우다가 모두 패하여 죽었다. 그중 의배는 달아나다가 죽었다.

『속잡록』에 나와 있는 전라감사 이시방李時昉의 공초기록에는 이와 관련된 흥미로운 사실을 찾아볼 수 있다.

제가 지난해(1636년) 12월 16일 밤 10시경에 청나라 군대가 쳐들어왔으니 군사를 이끌고 속히 구원하라는 조정의 명령을 받았습니다. (…) 1월 2일에 경상감사에게 서신을 보냈는데 경기도 이천에 이미 당도하였으니 합세하는 것이 어떻겠느냐는 답장이 왔습니다. 이에 저는 형인 이시백과 의논한 후 우영右營과 아병牙兵, 대장을 호위하는 병사을 이끌고 남한산성을 향해 진군해서 경기도 용인 접경에 도달했습니다. 그런데 영남경상도와 호서충청도의 군사가 크게 패했다는 소식과 함께 부상병들이 상처를 싸매고 피를 흘리며 도망쳐왔습니다. 휘하 병사들이 영남과 호서의 군대가 패해서 도망쳐오는 것을 보고 겁에 질리고 넋이 나가서 사기가 뚝 떨어졌습니다. 제가 삼가 생각하건대 영남과 호서의 3만 병마가 하루아침에 패몰한 뒤에는 (…)

그밖에 쌍령 전투에 좌병사로 참전했다가 전사한 허완의 묘비명에도 보졸步卒 1만여 명이라는 구체적인 숫자가 등장한다. 우리가 알고 있는 4만이라는 숫자 외에도 1만, 3만이라는 숫자가 나온 것이다. 쌍령 전투에 참전한 조선군의 수가 4만 명이 될 수 없다는 주장의 주요 근거는 경상도에서만 4만 명이라는 병력을 그렇게 빨리 징집해서 이동할 수 없다는 것이다. 하지만 이시방의 증언대로 청군의 직접적인 공격을 받지 않은 남부지방의 징집은 정상적으로 이뤄졌다. 속오법에 의하면 각 영은 영장營將 1명, 파총把摠 5명, 초관哨官 25명, 기총旗摠 75명, 대총隊摠 225명 및 2475명의 병사로 편성된다. 지휘관까지 포함하면 1개 영은 2806명의 전투 병력을 보유한다. 『속잡록』에서 언급한 팔영으로 합산하면 당시 출동한 경상도 속오군은 2만2448명이다. 이는 1628년 12월 7일자 기사에 경상감사 홍방이 인조에게 경상도의 속오군이 2만4000명이라고 보고하는 내용과 얼추 맞아떨어진다. 또한 이 시기 전국의 속오군이 대략 10

만 명가량이라는 기록●을 감안하면 타당한 숫자로 보인다. 문제는 이런 식으로 숫자를 맞출 수는 있지만 양쪽 다 4만 명은커녕 3만 명에도 미치지 못한다는 것이다.

하지만 쌍령 전투에 참전한 조선군이 모두 경상도 속오군이었을까? 『하담파적록荷潭破寂錄』과 『청장관전서靑莊館全書』에는 충청병사 이의배가 쌍령 전투에서 전사했다고 나와 있다. 이시방도 호서와 영남의 병마, 즉 경상도와 충청도의 병사들이 패퇴했다고 진술한다. 쌍령 전투에 충청도 병력도 가담했다는 추정을 뒷받침할 만한 기록은 병자호란이 끝난 지 1년 후인 1638년 1월 15일의 『조선왕조실록』에서 찾아볼 수 있다.

> 충청감사 정태화가 상소를 올리기를, "남한산성과 강원도 김화에서 전사한 군사들에게는 모두 급복給復, 요역과 전세 이외의 잡부금을 면제하고 곡식을 주었습니다. 충청도 군사 중 험천과 쌍령, 강화도에서 전사한 2600명에게도 똑같이 혜택을 주어야 하는 것이 마땅합니다. 또한 전사한 병사들의 부모에게 지급할 곡식이 부족합니다. 추가로 원곡元穀, 관청에서 흉년이 들었을 때 백성들에게 빌려주는 곡식 2석씩을 지급하게 해주소서." 하였는데, 상이 따랐다.

이 기록으로 유추해보자면 쌍령 전투에 참전한 조선군은 경상도에서 징집된 병력에, 험천 전투에서 패배하고 이동한 충청도 병력이 합세했다고 봐야 할 것이다. 조금 더 구체적으로 추정하자면 2만 명에서 3만 명 사이였을 가능성이 높은 경상도 속오군에, 험천현 전투에서 패배한 충청병사 이의배가 이끄는 충청도 속오군이 합류했을 가능성이 높다. 이렇게 되면 쌍령에 진을 친 조선군은 대략 4만 명이라는 숫자에 근접하게 된다. 결론적으로 『연려실기술』에

● 당시 전국의 속오군의 수를 구체적으로 언급한 『조선왕조실록』의 기사는 인조 6년(1628년) 2월 28일과 인조 11년(1633년) 2월 4일, 인조 14년(1636년) 7월 4일자에서 찾아볼 수 있다.

기록된 4만이라는 숫자는 쌍령에 주둔한 경상도와 충청도 속오군의 수를 합한 것으로 보인다.

쌍령의 청군은 과연 '300'이었을까?

쌍령 전투의 또 다른 하이라이트는 조선군을 격퇴한 청군이 고작 기병 300명이라는 점이다. 하지만 병자호란을 다룬 중국 정사 조선전에서 찾아본 『청사고靑史稿』 권卷526 「조선열전朝鮮列傳」 제第313의 기록에서는 이런 사실을 확인할 수 있는 근거를 찾을 수 없다.

> 숭덕崇德, 청나라 연호 2년(1637년, 조선 인조 15년) 정월 임인일(1월 2일) 전라도에서 온 원병을 물리쳤다 (…)

날짜도 하루 틀리고 전투 사실만 간략하게 기술되어 있다. 그나마도 전라도에서 온 원병이라고 잘못 기재했다. 해당 기사에 첨부된 청사고의 「청태종 본기」와 「청초내국사완만문당역안편清初內國史院滿文檔案譯編」에서 인용한 각주는 각각 다음과 같다.

> 「청태종 본기」: 숭덕 2년(1637년, 인조 15년) 정월 임인일(1월 2일)에 조선의 전라도에서 온 원병을 악탁이 패주시켰다.

> 「청초내국사완만문당역안편」: 초 2일 조선의 전라도 심총병관과 이총병관이 조선 국왕이 남한산성에서 대청국의 병사들에게 포위되었다는 사실을 들자 원병을 이끌고 달려왔다. 병부다라패륵兵部多羅貝勒 악탁이 병사들을

이끌고 싸워서 패주시켰다.

해당 기사 다음에 정미일(1월 7일)에 벌어진 전투에서 전라도, 충청도의 병력과 싸워서 승리하지만 양굴리가 전사했다는 사실이 나와 있다*.

따라서 청나라에서 경상도와 전라도, 충청도를 제대로 구분하지 못하고 잘못 기재했을 가능성이 높다. 이런 점을 감안하면 『청사고』에 기록된 1월 2일의 전투 기록이 쌍령 전투가 아닐까 추측해볼 수 있다. 그렇다면 지휘관으로 나온 심총병관과 이총병관은 누구일까? 조선의 기록과 맞춰보면 심총병관은 경상감사 심연을, 이총병관은 충청병사 이의배로 추정할 수 있다.

청군 지휘관을 통해서 쌍령 전투에 참가한 청군 병력을 추정해보자. 『청사고』 권526 「조선열전」 제313에 나온 침공 기록에서 패륵** 악탁은 병자호란 당시 3000명을 이끌고 참전한 것으로 나와 있다.

「조선열전」에 의하면 패륵 악탁이 이끄는 부대는 선발대를 뒤따른 후속부대였다. 그와 다탁 그리고 양굴리가 이끄는 청군이 검단산과 험천, 쌍령과 광교산 등에서 조선군과 교전을 벌인 것으로 추정된다. 조선을 침략한 후 병력을 다소 손실했을 것이라고 감안해도 고개에 진을 친 수만 명의 조선군을 막기 위해 악탁 같은 귀족이 고작 300명만 동원했을 가능성은 희박하다. 따라서 『연려실기술』에 등장한 300명과 33명이라는 내용은 악탁의 부대 중 선발대와 선발대의 일부로 추정된다.

그렇다면 한 가지 문제를 더 짚고 넘어가야만 한다. 허완과 민영이 이끄는 조선군은 주변을 내려다볼 수 있는 고개에 진을 쳤다. 그렇다면 주변을 내려다볼 수 있는데 처음 교전을 한 선발대가 300기 내지는 33기라는 정확한 숫자

* 양굴리가 전사한 1월 7일의 전투는 전라도 병사 김준룡(金俊龍)이 이끄는 전라도 병력과 교전한 수원 광교산 전투(1월 5일~6일)로 추정된다.

** 패륵은 청나라 귀족에게 내려지는 작위 중 하나로 친왕, 군왕, 패륵, 패자로 구성되어 있다.

를 얘기하면서 정작 공격해오는 청군의 전체 병력을 얘기하지 않았다는 점이다. 이 문제에 대한 해답은 역시 『연려실기술』에서 찾아볼 수 있다.

> 1월 3일 이른 아침에 적의 선봉 33명이 나무 방패를 가지고 남산 상봉上峯에서 줄지어 전진해오니 (…) 처음에 선약해가 남산 위에 진을 옮기자고 세 번 청하였으나 (…)

현재는 민영과 허완의 조선군이 정확히 어느 봉우리에 진을 쳤는지, 그리고 청군이 나타난 남산이 어느 곳인지 정확히 알 수 없다. 다만 문맥상 허완의 진영과 남산이 연결되어 있고, '상봉'이라는 표현을 사용했다는 점을 감안하면 조선군 진영이 있던 곳과 비슷한 높이 내지는 더 높은 곳일 가능성이 있으며 선약해 역시 이 점을 감안해서 진영을 옮기자는 건의를 했던 것으로 추정된다. 따라서 1월 3일 아침에 남산과 연결된 좁은 길을 통해 300명의 청군이 선발대로 공격해왔기 때문에 조선군은 청군의 전체 병력을 확인하지 못했을 수도 있다.

요약하자면 쌍령에 있던 조선군은 3만~4만 명, 청군은 3000명 내외일 것이다. 청군의 병력은 패륵 악탁이 이끌고 온 3000명을 기준으로 봐야 할 것 같다. 『연려실기술』에서 언급한 300명 또는 33명은 좁은 길을 통해 전진해온 선발대일 가능성이 높다.

쌍령 전투에서 조선군이 압도적으로 우세했음에도 청군에 패배한 이유를 정리하자면 다음과 같다. 당시 조선은 임진왜란에서 겪은 충격으로 조총을 대량생산하고 배치했지만 이를 뒷받침할 만한 전술의 개발과 병력의 훈련을 등한시했었다. 그리고 이보다 큰 원인은 조선군과 청군의 실전 경험과 훈련 상태의 차이였다. 청나라의 병력은 비록 소수였지만 전투에 능숙하고 훈련에 충실했던 반면, 조선군은 대부분 훈련이 부족한 속오군이었다. 더불어 이들을 적절하게 통제하고 지휘할 장교집단이 존재하지 않았다. 결국 전투 초반 무분별

한 사격으로 인해 화약이 떨어진 조선군은 진영 안으로 청군 기병이 난입하자 무질서하게 패주하면서 큰 피해를 입고 만 것이다. 만약 군대에서 잔뼈가 굵은 고참 병사나 장교가 혼란을 수습했다면 패배는 몰라도 이렇게 터무니없는 대량 학살은 벌어지지 않았을 것이다.

패배할 수밖에 없었던 속오군

임진왜란 중인 1594년에 편성하기 시작한 속오군(束伍軍)은 글자 그대로 '전시총동원령'에 의거, 일반 백성과 천민을 망라해서 징집하는 군대였다. 조선 전기에는 백성이 정군, 즉 현역으로 복무하는 기간 동안 보인이라는 이름으로 정군에 충당되지 않는 다른 백성이 정군의 가정을 부양했다. 하지만 임진왜란 이후 정군을 보조할 수 있는 보인을 구하기 힘들어졌다.

속오군 체제는 군대를 양성해야 하지만 재정이 부족한 상황을 타개하기 위한 해결책이었다. 15세에서 50세까지의 남성들을 징집한 속오군은 평상시에는 생업에 종사하다가 농한기에 모여 군사훈련을 실시했다. 상비군처럼 급료를 지급해야 하는 어려움을 겪지 않으면서 군적 상으로는 거의 10만 명의 군대(숙종 대에는 20만 명으로 증가했다)를 보유할 수 있게 된 것이다. 조정은 여기서 한 걸음 더 나아가 속오군만 전문적으로 훈련시키고 유지하기 위한 영장(營將) 제도를 시행한다. 이 제도는 지금까지 행정 관료에게 귀속되었던 지방의 군권을 무관들에게 전담시켰다는 점에서 한층 진일보한 제도라고 할 수 있다.

하지만 꿩도 먹고 알도 먹겠다는 생각은 시작부터 틀어지고 말았다. 일단 정부의 부담이 줄어든 대신 속오군에 징집된 백성들의 부담이 늘어난 것이다. 속오군은 지금으로 치면 35년짜리 동원예비군이다. 지금은 동원훈련에 들어가면 최소한의 먹을 것과 잠자리는 정부에서 제공해준다. 하지만 조선 후기의 동원예비군은 훈련 기간 동안에 소요되는 비용은 본인이 책임져야만 했다. 이렇게 되니까 흉년이 들거나 재해가 발생한 해에는 속오군을 소집해서 훈련하는 일이 불가능했다. 이런저런 이유로 훈련이나 소집 횟수가 줄어들었고, 거기다 이렇게 모아놓은 속오군을 산성을 쌓거나 보수하는 일에 동원하는 일이 빈번해졌다. 즉 군사 훈련을 빼먹거나 노동력을 이용하는 것으로 대체한 것이다. 심지어는 관리들이 뇌물을 받고 훈련을 빼주거나 하인처럼 부려먹는 폐단이 발생했다.

물론 속오군 체제는 재정 부담 없이 군대를 유지하는 가장 현실적인 방안이었고, 천민들의 신분 상승 수단이 되는 등 긍정적인 효과를 가져오기도 했다. 하지만 윤휴 등이 주장한 호포법(戶布法)* 시행 주장이 양반층의 반대로 무산되고, 군역을 통한 천인의 신분 상승 역시 질서의 붕괴를 두려워했던 양반층의 극심한 반발을 사게 되면서 차츰 유명무실해진다. 이런 상황들이 엉키면서 나라를 지키는 일은 일반 백성과 천민의 부담이 되고 말았다.

* 모든 백성들에게 평등하게 군포를 징수하는 법. 17세기 중반부터 재정난 타개와 국방력 강화를 위해 검토되었지만 양반들의 반대로 시행되지 못했다. 오랜 논의 끝에 흥선대원군이 시행했다.

9
광교산 전투

청군의 기습적인 침략이 시작되고, 강화도로 미처 피하지 못한 인조는 남한산성에 고립된다. 청군에 포위된 인조를 구출하기 위해 각 지방관들은 급히 군대를 소집해서 진격하지만 청나라 기병에 각개격파당하고 만다. 이런 와중에 전라도에서 소집된 병사들이 전라병사 김준룡의 지휘 아래 수원과 용인 사이의 광교산까지 진출한다. 청태종 홍타이지는 측근인 도도와 양굴리에게 조선군을 물리치라는 명령을 내린다.

조선군 지휘관: 전라병사 김준룡
참전 병력: 약 10000명

청군 지휘관: 예친왕 도도
참전 병력: 불명

1624년 1월 24일 평안북도 영변에서 벌어진 일을 『조선왕조실록』은 다음과 같이 기록하고 있다.

> 부원수 이괄李适이 금부도사 고덕률과 심대림, 선전관 김지수, 중사中使 김천림 등을 죽이고 군사를 일으켜 반역하였다. 이에 앞서 상변上變한 사람이 이괄 부자가 역적의 우두머리라고 하였으나, 상이 반드시 반역하지 않으리라고 생각하여 그 아들 이전李栴을 체포하라고 명하였는데 이전은 그때 이괄의 군중에 있었다. 이괄이 드디어 도사 등을 죽이고 제장諸將을 위협하여 난을 일으켰다.

조선 후기 대표적인 반란 중 하나인 '이괄의 난'이 일어난 순간이다. 애초에 주모자가 마음먹은 반란이 아니었다는 점부터 진행 과정과 결과, 그리고 남겨진 파장들을 살펴보면 시작부터 끝까지 아쉽지 않은 대목이 없다. 광해군을 몰아내고 왕위에 오른 인조와 주변세력은 자신들을 겨냥한 또 다른 쿠데타를 두려워했다. 그들의 두려움은 후금의 침입에 대비해 영변에 주둔 중인 부원수 이괄에게 향했다. 정확하게 일주일 전인 1월 17일, 문회文晦를 비롯한 몇 명이 기자헌奇自獻, 이시언李時言, 이괄과 그의 아들 이전이 관련된 역모를 고변했다.

> 윤인발이 신臣의 아비가 비명에 죽었으므로 반드시 나라를 원망하는 마음을 품고 있으리라 여겨 지난해 7월에 신에게 저희끼리 음모한 것을 말하기를, '무인 성우길이 일을 수창首唱하여 우리 5~6인과 유생儒生 정돈, 정찬, 성백구, 정방열 등이 학업을 익힌다는 핑계로 인성군仁城君, 선조의 일곱째 아들의 이웃집에 모여 밤이면 들어가뵙고 모의하였는데, 추대하는 일을 언급하면 자못 겸손하게 사양하며 "그대들은 다만 큰일을 이루라"라고 하였다'

> 라고 하기에 신이 대장은 누구냐고 물었더니, 말하기를 '이괄이 거의擧義한
> 날 집에 돌아와 분개하여 눈물까지 흘리며 "내가 남에게 속아서 이 일을 일
> 으켰다." (…)

　　당시 정국에 대해서 약간만 이해한다면 역모를 꾸몄다고 지목된 이들의 공통점을 금방 눈치챌 수 있을 것이다. 바로 인조반정으로 정권을 장악한 서인의 적은 아니지만 같은 편도 아니라는 점이다. 기자헌은 광해군을 지지했던 북인의 우두머리 격이었지만 폐모논의에 극력 반대하면서 거리를 뒀던 인물이다. 비록 거절하긴 했지만 인조반정을 모의하던 측에서도 가담을 권유할 정도였다. 이시언 역시 광해군의 측근이긴 했지만 인조반정에 협조했던 인물이다. 이괄 또한 인조반정 당시 군대를 이끈 공으로 2등 공신에 책정되었던 인물이긴 하지만 거의 마지막 단계에서 거사에 참여했다. 오랫동안 목숨을 걸고 일을 꾸민 사람들 입장에서는 완전히 믿기도 그렇고, 내치기에도 애매한 존재들이었다.

　　지금 시대에도 선거 때마다 여전히 북풍北風이 효과를 보는 것처럼 이 시대에도 반역의 바람, '역풍逆風'은 상대방을 탄압하는 데 유효한 수단이었다. 고변당한 사람들, 특히 영변에 부원수로 나가 있는 이괄을 체포하는 문제로 인조와 대신들은 논쟁을 벌인다. 결국 이괄 대신 그의 아들 이전을 소환해서 심문하기로 결정한다. 후금에 포로로 잡혀 있는 강홍립과 김경서를 통해 노병奴兵, 후금군을 낮춰 부르는 말을 끌어들여 구주舊主를 복위시킨다는 자극적인 이야기들이 이성을 마비시킨 탓에 이런 결정을 내린 것이다. 관련자들이 체포당하고 국문鞫問을 당하면서 일은 눈덩이처럼 불어난다. 국문 과정에서 역모에 가담했다고 체포된 정인영, 김정, 한창국, 한흥국이 고문에 못 이겨 죽었다. *

　　당사자 대신 아들을 심문하겠다는 것은 고심 끝에 내린 타협책이지만 문

---

* 역모를 고발해서 재미를 본 문회는 다음 해인 1626년 9월 8일에 자신의 아우 문현이 포함된 대규모 역적모의를 또다시 고발했다. 하지만 조사 과정에서 거짓으로 고발했다는 사실이 밝혀져 오히려 자신이 유배형을 받고 말았다.

제는 당하는 쪽은 그렇게 생각하지 않았다는 것이다. 인조반정 당시 지리멸렬하던 반군을 지휘했지만 2등 공신에 책정되는 등 눈에 보이는 홀대를 당했던 이괄은 이판사판이라는 심정으로 칼을 뽑았다. 불안감에서 온 두려움, 자기 사람이 아니라고 판단한 사람에 대한 보이지 않는 차별, 일단 저지르고 보자는 무책임한 나태함이 어마어마한 참극으로 이어진 것이다. 아들을 체포하러 온 금부도사들을 죽여서 결연한 의지를 보인 이괄은 곧장 한양을 향해 남진한다.

당시 영변에서 그가 지휘하던 1만 명의 조선군은 후금의 침략을 막기 위한 조선의 실질적인 주력 야전군이었다. 2월 4일 황주黃州 신교新橋에서 정충신과 남이홍이 이끄는 관군을 격파한 이괄의 반군은 사흘 후인 7일에는 평산平山의 마탄馬灘에서 이중로가 지휘하는 관군을 물리친다. 놀란 인조는 서둘러 피란길에 오른다.

2월 10일 이괄은 당당하게 한양으로 입성한다. 조선이 개국된 이후 두번째로 임금이 도성을 버리고 도망친 것이다. 첫번째는 임진왜란 당시 일본군을 피해 북쪽으로 피란을 간 선조였다. 외침이 아닌 반란으로 인해 임금이 도망친 것은 이괄의 난이 처음이자 마지막이었다는 점을 감안하면 이 반란의 규모와 파장이 어느 정도였는지 알 수 있다.

물론 반란이라고 칭했던 데서 알 수 있는 것처럼 한양에 입성한 이괄은 2월 11일 추격해온 장만의 관군과 안현에서 전투를 벌이고 결국 패배한다. 한양을 버리고 도주하던 이괄은 사흘 후인 14일, 광주의 경안역에서 한명련과 함께 부하들에게 죽음을 당한다. 사르후 전투 이후 정묘호란과 병자호란으로 가는 과정에서 일어났던 이괄의 반란은 4년 후, 그리고 14년 후 벌어진 전쟁들을 생각하면 군사적인 측면에서 많은 아쉬움을 남긴다.

조선이 패배할 수밖에 없었던 이유

병자호란에서 조선이 패배한 첫번째 이유는 청군의 전략 목표와 기동 계획에 대한 오판이었다. 청나라는 조선을 완전 점령하기보다는 자신들의 경제적인 어려움을 해결하고 명나라와의 결전에 조선이 끼어들지 못하도록 쐐기를 박을 정도의 타격을 주는 게 목표였다. 따라서 점령을 포기하는 대신 속도를 택했다. 반면 조총으로 무장한 보병이 주력이었던 일본군과의 전투만을 기억하던 조선은 들판과 도로를 비우고 험한 산에 의지한 성안에 진을 쳤다. 한시 바삐 한양으로 내려가 인조를 생포하거나 강화도로 숨는 것을 막아야 했던 청군을 도와준 꼴이었다.

두번째는 인조가 머뭇대는 바람에 강화도로 피란을 가지 못하고 남한산성에 갇힌 것이다. 애초 계획한 대로 강화도로 대피했다면 남부지방의 속오군이 남한산성을 구원하기 위해 무리해서 진격하다가 각개격파당하지 않았을 것이다. 임금을 속히 구하지 못했다는 책망을 두려워한 지방의 감사와 병력이 보급이 불충분한 상태에서 서둘러 이동한 탓에 전체적인 전략을 조율할 여유가 없어진 것이다.

반면 남한산성이라는 미끼를 확보한 청군은 접근하는 조선군을 요격할 만한 여유를 가졌다. 덕분에 조선에서 벌어진 전쟁에서 오히려 조선군이 식량난에 허덕이고, 물자 부족으로 인해 승리한 전투에서도 퇴각해야만 하는 일이 벌어지고 말았다. 인조가 강화도로 들어가는 데 성공했다면 청군의 선택지는 크게 줄어들었을 것이다. 당시 청나라는 명나라를 완전히 정복하기 이전이었기 때문에 고려시대의 몽고처럼 장기 주둔을 할 만한 여유가 없었다. 또한 신속하게 한양을 점령하기 위해 급하게 이동하느라 보급에 문제가 발생했을 가능성이 높았다. 반면 남한산성 구출이라는 절체절명의 부담이 없었다면 지방의 속오군은 좀더 유연하게 작전을 벌였을 것이다. 최악의 경우를 상정해도 인조가 홍타이지 앞에서 무릎을 꿇고 세자를 인질로 보내는 일은 벌어지지 않았을 가능성이 높다. 이괄과 그가 육성한 병력의 존재가 아쉬운 측면이 바로 여기에 있다.

이괄과 그가 육성한 부대가 사라진 것은 병자호란에서 조선군이 패배한 세번째 이유다. 이괄의 군대가 별 탈 없이 영변에 그대로 주둔하고 있었다면 청군의 고속 진격은 불가능했다. 이기든 지든 한 번의 야전은 불가피했을 것이고, 그랬다면 오늘 안주, 내일 평양, 다음 날은 개성이라는 식의 신속한 남하는 불가능했기 때문이다. 그사이 조선은 좀더 유연하고 능동적으로 대응할 수 있는 여유를 가질 수 있었다. 이괄의 난으로 인해 당시 조선이 긁어모은 최정예 병사들이 반란이라는 낙인 아래 용도폐기된 것이다. 이괄이라는 장수 역시 한양으로 진격하는 과정에서 보여준 능력을 감안하면 아쉽기 그지없다. 그와 전투를 벌였던 정충신조차 작년에는 박엽이 죽고 올해는 이괄이 죽었으니 이제 후금은 누가 막을 수 있겠느냐며 탄식할 정도였다. 더구나 이 반란이 사실은 반대파를 제거하기 위한 터무니없는 무고와 참소였다는 점에서 더더욱 아쉬움이 남는다.

조선이 패배할 수밖에 없었던 마지막 이유는 조선군의 부실함과 준비 부족이다. 병자호란을 다룬 당시의 문헌들을 보면 조선군을 흔히 '속오군束伍軍'이라고 칭한다. 그리고 속오군을 언급하면서 '항상 싸울 줄 모르며 쓸모없는 노약자가 대부분'이라고 얘기한다. 쌍령 전투에서 소개한 대로 속오군은 임진왜란 당시 일본군과 싸우기 위해 지방민 중 일반 백성과 천민으로 편성해 만든 군대를 가리킨다. 지금도 동원예비군 훈련이 형식적이라는 지적이 나오고 있듯이 당시의 속오군도 머릿수를 채우는 데 급급하다는 지적을 받았다. 덕분에 후금군이 쳐들어왔을 때 속오군은 싸울 줄 모르는 장수와 우왕좌왕하는 조정 사이에서 아무것도 못 하고 질질 끌려다니다 치욕적인 패배를 당하고 말았다. 이런 문제점들에 대해서 송규빈은 『풍천유향風泉遺響』에 다음과 같은 기록을 남겼다.

결국 영조 12년인 1736년에는 양인을 공식적으로 제외하고 속오군을 아예 천민으로 구성된 천예군賤隸軍으로 편성했다.

간급출동

임금이 남한산성에 갇혀 있으니 속히 구원하라는 명령이 전라감사 이시방李時昉에게 내려온 것은 12월 16일 밤 10시경이었다. 이시방은 명령을 받자마자 속오군을 지휘하는 영장들과 각 읍의 수령들에게 군대의 소집과 군량을 운송하라는 지시를 내린다. 그리고 19일에 집결지인 여산礪山에서 출동 상황을 점검한다. 후영의 병사들은 후영장後營將 임응순의 지휘하에 출발했고, 중영은 다음 날에 출발한다. 계속해서 좌영의 병사들은 21일에 전라병사 김준룡金俊龍과 함께 출동했고, 전영과 우영은 22일에 집결을 완료하고 출발한다. 그러니까 명령을 받고 속오군이 출발하기까지 일주일이 걸린 것이다.

명령을 받은 시간이 밤 10시쯤이라는 걸 감안하면 사실상 전라도 전체의 속오군이 소집되어서 집결지로 모였다가 출동하는 데 6일밖에 안 걸린 셈이다. 당시의 교통이나 통신 수단을 생각하면 정말 빠른 대응이었다. 아마 임금이 갇혀 있는 비상상황이다 보니 급하게 서두른 것 같다. 북상하는 전라도 속오군의 목표 역시 남한산성이었다.

12월 29일 전라병사 김준룡이 속오군의 후영, 중영, 좌영을 이끌고 수원

● 엄밀히 말하자면 이 발언은 속오군 체제의 문제점을 언급하면서 한 이야기가 아니라 임진왜란 당시의 분군법을 바탕으로 한 제승방략체제의 허점을 꼬집은 것이다. 하지만 속오군 체제의 문제점을 설명하기에도 적당하다. 결국 시스템을 아무리 고쳐봤자 사람이 변하지 않으면 아무 소용이 없다는 점을 단적으로 증명해주는 사례라고 할 수 있겠다.

광교산 전투에서 청군의 이동 경로 전라병사 김준룡이 이끄는 군대가 광교산에 진을 쳤다는 사실을 눈치챈 청군의 도도와 양굴리는 기병을 이끌고 북쪽과 동쪽에서 공격해왔다.

에 진을 쳤다. 같은 날 전라감사 이시방은 전영와 우영과 함께 천안에 도착했다. 험천현에서 충청도 병력들이 패배했다는 소식249쪽 참조을 듣고 병사들이 동요하지만 간신히 진정시킨 이시방은 전영의 병력을 수원에 있는 전라병사 김준룡에게 보낸다. 그리고 경상도 병력과 합세할 생각으로 다음 해 1월 2일 이천에 머물고 있는 경상감사 심연에게 전령을 보낸다. 하지만 같은 날 벌어진 쌍령 전투에서 경상도 속오군이 참패하면서 합류 계획은 물거품이 되고 만다.

이제 전라도 병력들은 독자적으로 전투에 나서야 했다. 1월 5일 전라병사 김준룡이 이끄는 전라도 속오군은 죽산을 지나 용인과 수원의 경계선에 있는 광교산에 진을 친다. 밤새 불을 피우고 포를 쏴서 자신들의 도착을 남한산성에 알리자 성안에서도 불을 피우고 환호성을 지르며 이들의 도착을 환영한다.

광교산에 도착한 김준룡의 병력은 전라감사와 함께 있는 1개 영을 제외한 4개 영이었고 원칙대로 편성되었으면 1만1224명에 달하는 적지 않은 숫자였다. 하지만 다른 방식으로 환영에 나설 준비를 하고 있던 이들도 있었다. 이들의 존재를 눈치챈 예친왕豫親王 도도多鐸와 양굴리揚古利가 이끄는 청군이 급히 남하한 것이다.

❷ 당파창
❸ 요구창
❹ 기창
❺ 월도
❻ 언월도
❼ 간주형 투구
❽ 첨주형 투구
❾ 전립
❶ 조선군 갑사
❿ 철엄심갑
⓫ 편곤
⓬ 환도
⓭ 두정갑

❖ 조선 중기 갑사의 무장과 장비

❶ 두정갑을 입고 간주형 투구를 쓴 갑사. 환도는 뒤꽂이 형태로 패용했다. 뒤꽂이란 환도를 뒤쪽 허리띠에 꽂아서 패용하는 방식이다. 이럴 때는 환도가 빠질 수 있기 때문에 띠돈과 칼자루를 연결한 끈목을 허리띠에 고정시킨다. 띠돈매기 방식보다는 환도를 뽑기 불편했지만 이동이 더 편리했기 때문에 창과 총을 다루는 하급 군관과 병졸 들이 주로 이용했다. 오른손에 쥐고 있는 창은 효종 때 훈련대장을 역임한 이완 장군의 유물을 토대로 그렸다. 조선은 이런 다양한 장비들을 능숙하게 다룰 줄 아는 무사를 꿈꿨을 것이다. 하지만 현실적으로 이런 무장을 갖출 경제력이 없었고, 무예를 천시하는 바람에 무사를 양성하지도 못했다. 그나마 근접했던 이괄의 군은 헛된 권력 다툼으로 공중 분해되었다.

❷ 사극에서 자주 보이는 당파창은 임진왜란 때 명군에 의해서 전래되었다. 세 개의 날이 있어서 적의 칼날을 막는 데 유용했다.

❸ 요구창(腰鉤槍)은 창날의 옆구리에 위쪽 방향과 반대 방향으로 뻗은 날이 붙어 있는 창이다. 실전보다는 주로 임금을 호위하는 군사들이 위엄을 보이려는 목적으로 사용했다.

❹ 기창(旗槍)은 단창(短槍)이라고 불렸다. 깃발이 달려 있고, 길이가 짧다는 점을 제외하면 일반 창과 같은 형태다. 이 창은 조선 후기 속오법으로 편성된 속오군에서 12명으로 구성된 대(隊)의 지휘관인 대총(隊摠)이 소지했다. 그밖에 무과 시험 때나 수련용으로도 사용했다. 주로 황색과 붉은색 깃발을 달았다.

❺ 관우가 사용한 것으로 잘 알려진 언월도(偃月刀)를 조선 나름대로 개량한 월도(月刀)는 실전에 사용하기 적합하게 무게를 줄였다.

❻ 역시 임진왜란 때 도입된 중국식 언월도는 칼등에 작은 칼날이 하나 더 붙어 있고, 이 칼날에 구멍을 뚫고 붉게 염색한 소꼬리를 달아서 장식을 한다. 너무 무거웠기 때문에 실전보다는 무예 수련용으로 사용되었다.

❼ 조선 중기부터 주로 사용된 간주형 투구는 북방 유목민에게서 전래된 것으로 추정된다. 옆과 뒤쪽에 부착된 드림과 투구 위쪽에 기둥처럼 솟은 간주가 특징이다. 투구에 화려한 장식을 붙여서 의장용으로 사용하기도 했다.

❽ 조선 전기에 주로 사용되었던 첨주형 투구는 중기까지 이용된 것으로 추정된다. 네 개의 철판을 쇠못과 긴 철판으로 결합시켜서 만든 첨주형 투구는 윗부분에 끈이나 털을 달아서 장식했다. 그림의 첨주형 투구는 북한 묘향산의 수충사에 보전되어 있는 유물을 토대로 그린 것이다. 참고로 수충사의 투구는 임진왜란 당시 승병들을 이끈 사명대사가 사용한 것으로 알려져 있다.

❾ 짐승의 털로 만든 전립은 가볍고 방어력이 좋기 때문에 조선 후

기에 애용되었다. 일반 병졸들이 쓰는 것은 벙거지라고 불렸으며 별다른 장식이 없었지만 무관의 전립에는 공작깃 등으로 장식을 했다.

❿ 조끼 형태의 이 흉갑은 철엄심갑(鐵掩心甲)으로 불렸다. 면포 안에 철판을 고정시킨 형태다. 조선 초기와 중기에는 철판 대신 종이와 목면을 겹쳐서 만든 지포엄심갑이 주로 사용되었다. 종이와 목면 대신 철판을 넣은 것은 방어력 보강이 목적이었던 것으로 추정된다.

⓫ 편곤 역시 임진왜란 때 참전한 몽고족 기병들이 사용한 것을 도입한 것이다. 환도나 창보다 다루기 쉽고, 특히 갑옷을 입은 적에게 타격을 줄 수 있다는 점 때문에 조선군 기병의 주력 무기로 도입되었다. 편곤은 보병용 편곤과 기병용 편곤으로 구분되고 보병용 편곤이 좀더 길었다. 그림의 편곤은 조선 정조 때의 군사교범인 『무예도보통지(武藝圖譜通志)』에 나온 그림과 육군박물관이 소장한 유물을 토대로 그린 것이다.

⓬ 제일 왼쪽의 환도는 임진왜란 당시 큰 활약을 펼친 정기룡(鄭起龍) 장군의 유품을 토대로 그린 것이다. 가운데 환도는 임진왜란 당시 의병으로 영천성 수복에 큰 공을 세운 의병장 권응수의 유품을 토대로 그린 것이다. 제일 오른쪽의 운검(雲劍)은 임금을 호위하는 무관들이 소지하는 검이다. 일반 환도와 큰 차이는 없었지만 실전용이 아닌 의장용인 만큼 화려하게 장식했다. 그림 속의 운검은 육군박물관이 소장한 운검을 토대로 그린 것이다.

⓭ 두정갑의 안쪽 모습. 두정갑은 안쪽에 가죽이나 쇠로 된 찰을 붙이고 바깥쪽에서 못으로 고정시키는 방식이다. 갑옷 바깥쪽에 못머리가 촘촘히 박혀 있는 모습에서 갑옷의 이름인 두정이 유래되었다. 그림의 두정갑은 국립중앙박물관이 소장한 하급 병사용 두정갑을 토대로 그린 것이다.

광교산, 피로 물들다

정명섭 쌍령 전투의 충격이 채 가시기도 전에 찾아뵙네요. 오늘도 도움 말씀에
신효승씨 나오셨습니다. 이번에 중개할 전투는 역시 병자호란 기간 동안
수원 광교산에서 벌어진 전투인데요. 그나저나 청군 기병과 들판에서 싸
우는 것은 자살행위나 다름없을 텐데요.

신효승 조선군도 그건 잘 알고 있죠. 김준룡 장군은 광교산의 능선을 따라 목책
을 세우고 병사들을 배치합니다. 진영 중앙부에는 비상시를 대비할 예비
대를 배치하고 물자들을 쌓아두죠.

정명섭 쌍령에서 패배한 경상도군과 비슷한 진영이군요.

신효승 보병, 그것도 조총병이 다수인 조선군이 청나라 기병을 물리칠 수 있는
방법은 기동이 어려운 험한 산에 야전진지를 축성하고 방어전을 펴는
방법밖에 없습니다.

정명섭 잠깐 시간이 있으니까 양군 지휘관을 소개해주시죠.

신효승 청나라부터 살펴볼까요? 예친왕 도도는 누루하치의 열다섯째 아들입니
다. 1614년에 태어났으니까 이제 막 24살이 된 혈기 왕성한 청년이군요.
이번 전쟁에서는 마부대와 함께 선봉부대를 이끌고 있습니다. 양굴리는
『청사고』의 기록을 봐서는 초품일등공액부超品一等公額駙라는 직책을 맡
고 있네요. 그리고 누루하치의 사위, 즉 홍타이지의 매부로 66세의 백전
노장입니다. 혈기 왕성한 왕족과 노련한 측근의 조합으로 보입니다. 조선
군을 이끌고 있는 김준룡은 1586년생으로 1608년 무과에 급제해서 왕
명을 전달하는 선전관에 임명됩니다. 그 후 황해병사와 북병사 등을 거
쳐서 정묘호란이 일어나던 1636년에는 전라도 병마절도사, 즉 전라병사
에 임명됩니다.

정명섭 누루하치의 아들과 사위라니, 청나라가 만만치 않은 카드를 꺼냈군요. 한편 조선군의 방어대열 편성이 무척 흥미롭네요. 전면에 조총으로 무장한 포수, 다음으로는 창과 칼로 무장한 살수, 다시 포수, 그리고 마지막에 다시 살수가 배치되어 있어요.

신효승 조총이라고 부르는 화승총의 약점은 재장전 시간이 오래 걸린다는 점과 명중률이 낮다는 점이죠. 재장전을 하는 동안 상대방의 공격으로부터 보호해줄 방어물이나 창병 같은 다른 보병의 존재는 필수적입니다.

정명섭 근데 백병전에 약한 총병들이 제일 앞에 배치되어 있네요. 만약 상대방의 공격을 받으면 어떡합니까?

신효승 그때는 뒤쪽의 살수들이 앞으로 나와서 맞서는 방식이죠.

정명섭 그러니까 포수들이 조총을 쏘고 적이 접근하면 뒤로 빠진 자리에 창과 칼로 무장한 살수들이 들어간다는 말씀이시죠? 적이 코앞에 있는 전장에서 그게 가능할까요?

신효승 문제는 역시 훈련과 숙련도겠죠. 조선군, 특히 훈련이 부족한 속오군이 험한 지형에 의지해서 조총을 이용한 방어적인 전술을 편 것은 청나라 팔기군에 대한 대응책으로는 나쁘지 않습니다. 하지만 지금까지는 이런 수동적인 전술이 청군에게 폭넓은 전략을 구사할 수 있는 여유를 주고 말았죠. 더군다나 남한산성에 갇혀 있는 임금을 구출해야 한다는 절대적으로 불리한 조건 때문에 각 도의 속오군들이 연합작전을 펼치지 못했다는 점도 패배의 한 가지 원인이 되었습니다.

정명섭 하긴 청군은 남한산성 주변을 포위했다가 따로따로 진격해오는 조선군을 각개격파하면 그만이었으니까요. 아, 도도와 양굴리가 이끄는 청군이 광교산에 진을 친 조선군에 접근합니다. 그런데 조선군은 높은 곳에 있으면서도 접근을 눈치채지 못하고 있네요.

신효승 진눈깨비가 내리는 중이라서 쉽게 발견하지 못한 거죠.

정명섭 그나저나 날씨가 이러면 조총이 불발할 확률이 높아질 것 같아서 걱정입니다. 아, 드디어 청군 정찰대가 광교산에 진을 친 조선군을 발견합니다. 곧 전투가 벌어질 텐데요. 이번 전투는 어떤 자료를 바탕으로 구성되나요?

신효승 『속잡록』을 비롯해서 『연려실기술』과 『조선왕조실록』의 기록들을 토대로 구성할 것 같습니다.

정명섭 과연 조선군이 며칠 전 쌍령에서의 패배를 복수할 수 있을지 귀추가 주목됩니다. 궂은 날씨 속에서 하루 종일 얼어붙은 땅을 파고 목책을 세운 병사들이 남쪽에서 올라오는 수레와 병사들의 대열을 보고는 함박웃음을 짓는군요. 수레를 호위하며 오는 병사들도 산 위를 향해 손을 흔들고 있습니다. 그 순간 지쳐서 바닥에 누워 있던 병사가 펄쩍 일어나는군요. 무슨 일이죠?

신효승 접근하고 있는 청군 기병을 발견한 모양입니다.

정명섭 아, 동료들도 그가 손가락으로 가리키는 방향을 보고는 입이 딱 벌어지고 맙니다. 용이 그려진 울긋불긋한 깃발을 앞세운 청군 기병들이 북서쪽의 바라산 줄기를 따라 바람처럼 달려오는군요. 얼어붙은 말천末川가에 매복하고 있던 정탐병이 삼안총三眼銃, 세 개의 총신을 하나로 묶은 휴대용 총통. 조총이 보급되면서 주로 신호용으로 쓰였다을 쏘아올려서 적이 나타났다는 것을 알리지만 청군 기병들은 우왕좌왕하고 있던 산 아래 보급부대를 덮칩니다. 졸지에 기습을 당한 보급부대는 제대로 싸워보지도 못하고 전멸당합니다. 간신히 산속으로 도망친 몇 명을 빼고는 모두 청군 기병에게 도륙당하고 맙니다. 승리한 청군은 군량이 쌓인 수레에 불을 놓고, 소들을 끌고 가는군요. 초반부터 완벽하게 기습을 당하는 조선군.

신효승 아쉽기는 하지만 청군이 보급부대를 먼저 공격한 덕분에 광교산의 조선군은 그나마 대응할 수 있는 시간을 벌었습니다.

정명섭 눈 아래에서 펼쳐진 학살극에 넋을 잃은 병사들이 산꼭대기에서 울려

퍼지는 북소리에 퍼뜩 정신을 차립니다. 북을 울리라는 명령을 내린 전라병사 김준룡이 칼을 짚고 깃발처럼 우뚝 서 있습니다.

신효승 이런 때일수록 지휘관이 냉정을 유지해야지 병사들도 진정할 수 있죠.

정명섭 하늘에서 진눈깨비가 내리고 있는 가운데 전라도에서 소집된 다섯 개 영 중 우영을 제외한 네 개 영이 광교산에 단단히 진을 친 채, 청군 기병의 돌격을 기다리고 있습니다. 아무래도 산을 공격해야 하는 기병들이 불리하겠죠?

신효승 맞습니다. 그래서 상대적으로 경사가 급하지 않은 북쪽과 동쪽의 산등성이를 주요 공격루트로 삼을 것 같습니다. 이곳에는 전라도 속오군의 전영과 후영이 배치되어 있죠.

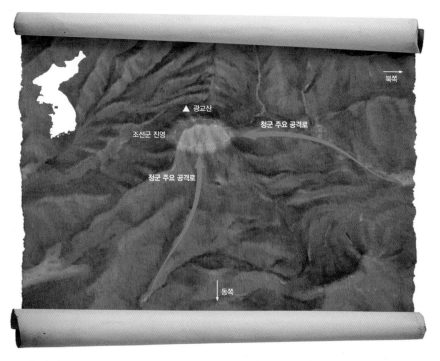

광교산 전투 광교산에 진을 친 조선군은 목책을 만드는 등 청군 기병의 공격에 대비했다. 청군 기병은 상대적으로 경사가 급하지 않은 북쪽과 동쪽으로 공격해왔다.

정명섭 목책 뒤에 줄지어 선 포수들은 궂은 날씨에 화승의 불이 꺼지지 않도록 연신 입으로 불어대는 중입니다.

신효승 원래 제일 앞의 포수들은 5열로 서야 했지만 목책에 넓게 배치된 탓에 2열로 서 있습니다.

정명섭 포수들 뒤에 창을 들고 서 있는 살수들 역시 다가오는 청군 기병들을 초조한 눈으로 바라보고 있습니다. 진눈깨비 덕분에 산을 타고 올라오는 청군 기병대의 속도가 느려집니다. 40보까지 접근하길 기다린 포수들이 초관의 발사 명령이 떨어지자 방아쇠를 당겼습니다! 귓전을 울리는 총성과 시커먼 연기가 옆으로 흐르는 바람을 따라 흩어집니다! 제대로 명중했나요?

신효승 네, 가까이 끌어들인 덕분에 높은 명중률을 보여줬네요.

정명섭 선두에 선 수십 기의 기병과 말이 눈 위에 넘어지고 구르는 모습을 본 포수들의 얼굴에 긴장감이 살짝 가시는군요. 하지만 뒤따르는 청나라 기병들은 넘어진 동료를 짓밟고 계속 전진합니다. 앞 열의 포수들이 허둥지둥 뒤로 물러서자 다음 열의 포수들이 목책에 조총을 걸쳤습니다. 다시 방포 명령이 떨어지고 요란한 총성이 울려퍼집니다. 청군 기병들은 조선군의 두번째 사격으로 좀더 많은 피해를 봤지만 이번에도 무시하고 전진해옵니다. 목책에 도달한 청군 기병들이 화살을 날리거나 말에서 내려 목책을 넘으려고 시도합니다. 목책을 넘는 데 성공하면 쌍령처럼 대참사가 일어날 수도 있겠는데요.

신효승 다행히 포수와 살수의 손발이 잘 맞네요. 포수들과 교대한 살수들이 창으로 열심히 청나라 기병들을 막는 사이 재장전을 마친 포수들이 일제히 방포합니다.

정명섭 탄환에 맞아 말에서 떨어지는 기병들이 점점 늘어나고 있습니다. 피해를 무릅쓰고 조선군의 목책을 공략하던 청군은 뿔나팔 소리가 울리자 동료의 시신을 끌고 물러납니다. 화약 때문에 얼굴이 새까맣게 변한 포수들이 환호성을 지르는군요. 위기도 있긴 했지만 잘 싸워줬어요.

신효승 산 정상에 임시로 만든 장대將臺에서 그 모습을 지켜보던 전라병사 김준룡의 얼굴에도 안도감이 서리고 있죠.

정명섭 이제 다음 싸움을 준비하는 양군입니다. 조총의 사정거리 밖으로 물러난 청군 기병들이 재편성을 하고 있는 가운데, 조선군 조총수들이 총구에 화약을 붓고 삭장槊杖, 나무로 된 꽂을대으로 다지고 있습니다. 청군도 공격 준비를 끝냈나요?

신효승 첫 패배에 자존심이 상했는지 청나라 기병들이 결연한 표정으로 다시 광교산을 향해 전진하는군요.

정명섭 조총의 화망火網을 돌파할 묘안이라도 찾았을까요? 잔뜩 긴장한 포수들이 화문에 화약을 넣고 잘 섞이도록 개머리판을 바닥에 칩니다. 하지만 포수들이 조총을 들어 겨냥했을 즈음에는 청군이 전진을 멈추는군요. 포수들이 의아해하는 사이, 청군은 산 아래 평평한 곳에 나무방패를 줄지어 세우고 있네요. 조선군이 고개를 길게 빼고 쳐다보는 가운데 방패 뒤에서 포성과 함께 포탄이 날아옵니다. 억세게 운 나쁜 해남 출신의 포수가 포탄에 맞고 그 자리에서 숨을 거두고 맙니다. 저게 뭔가요?

신효승 아무래도 호준포195쪽 참조 같은데요.

정명섭 연달아 포성이 울리고 주먹만 한 쇳덩어리들이 날아와서 목책을 박살냅니다. 간신히 고개를 든 포수들이 방포하지만 두꺼운 나무방패 때문에 별 피해를 주지 못하고 있습니다. 그사이 양쪽으로 갈라진 청나라 기병들이 들이닥치는군요. 살수들 다 어디 갔나요?

신효승 포탄을 피해 바짝 엎드려 있거나 도망쳐버린 것 같습니다.

정명섭 할 수 없이 포수들이 조총을 거꾸로 들고 맞서 싸웁니다. 청군의 칼날을 피하던 포수가 급한 탓에 삭장을 미처 뽑지 못한 조총을 쐈습니다. 화

광교산에 진을 친 조선군을 향해 돌격하는 청나라 기병들
조선군의 조총 사격을 무릅쓰고 돌격하는 청나라 기병들의 모습이 보인다. 병자호란 동안 벌어진 전형적인 전투 양상이다.

살처럼 날아온 삭장에 목이 꿰뚫린 청나라 기병이 힘없이 고꾸라집니다. 목책이 돌파당할 뻔 했지만 살수들이 몰려오면서 위기를 넘기는군요. 기병들이 퇴각하자 한숨 돌린 포수들은 곧 호준포를 가리고 있는 나무방패를 향해 집중적으로 방포합니다. 어, 저기 저 군인이 지금 쏘려고 하는 조총이 뭡니까? 좀 특이하게 생겼는데요?

신효승 대조총大鳥銃입니다. 일본군이 쓰던 오즈쓰의 영향을 받아서 대구경 탄환을 쏠 수 있죠.

정명섭 대조총으로 쏜 탄환이 방패의 허리를 부수자 뒤에 숨어 있던 청군 포수들이 호준포를 들고 황급히 후퇴합니다. 그사이 장전을 마친 조선 포수들은 목책에 서서 신중하게 방포를 합니다. 명중! 청군 포수들을 바닥에 쓰러뜨립니다! 위기를 넘긴 조선군 포수들이 환호성을 지르며 기뻐하는군요.

신효승 두 차례 위기를 넘긴 덕분에 자신감을 좀 얻은 것 같은데요.

정명섭 곧 전투가 재개되지만 비슷한 양상으로 흘러갑니다. 청군은 기습적으로 혹은 양동 작전을 펼치면서 밀고 올라왔고, 그때마다 조선군은 포수들의 집중사격으로 응수합니다. 간혹 청군이 목책까지 도달하는 경우가 있긴 했지만 살수들이 창으로 밀어내버립니다. 이렇게 끝나요?

신효승 청군이 다른 방법을 찾지 않을까요?

정명섭 모두 지쳐가고 있던 오후 2시 무렵, 상대적으로 지형이 험한 곳이라 교전이 벌어지지 않았던 북서쪽 산기슭에서 갑자기 함성이 들립니다. 무슨 소리인가요?

신효승 말에서 내려서 살금살금 접근해온 청군이 일제히 돌격하면서 내는 소리 같습니다.

정명섭 그곳을 지키고 있던 광양현감光陽縣監 최택의 군사가 놀라서 흩어지고 있습니다. 그 광경을 본 김준룡 장군은 즉시 산 정상 부근에 배치해뒀던 예비대를 내보냅니다. 김준룡이 아끼던 수십 기의 기병들이 편곤을 휘두르며 돌진합니다. 목책을 넘느라 말에서 내린 청군 병사들은 창과 칼로 편곤세례에 맞서 싸웁니다. 기병들이 가세한 덕분에 조선군이 청군을 목책 밖으로 밀어낼 것 같은데요. 아, 하지만 청군의 후속 부대가 가담하면서 팽팽하게 균형이 유지됩니다. 북쪽에서 일진일퇴를 거듭하는 사이 다른 쪽에서도 청군의 총공세가 시작됩니다. 어, 갑자기 조총을 쏘는데 탄환이 발사가 안 되네요.

신효승 진눈깨비가 다시 내리면서 화약이 젖은 모양입니다. 가뜩이나 불발률이 높은데 날씨까지 습기가 많은 겨울이라 점화가 안 되는 것 같습니다.

정명섭 조선군이 이렇게 주춤거리는 사이 거의 모든 곳에서 접전이 벌어집니다. 김준룡 장군은 적재적소에 예비대를 투입하지만 이제 남은 예비대라고는 포수 1초哨. 당시 부대 단위. 약 100명으로 구성되어 있다뿐입니다. 짧은 겨울 해가 지려는 가운데, 후영이 지키던 서쪽을 청군의 기병대가 거의 돌파하려고 합니다. 혼전 양상을 보이던 서쪽이 점차 밀릴 기미를 보이자 김준룡 장군이 남은 포수들을 내려보내는군요. 화승을 용두에 끼운 포수들이 일렬로 줄지어 내려갑니다. 푸른 투구를 쓰고 철퇴를 든 청나라 장수를 선두로 한 기병 수십 기의 사나운 기세에 놀라 목책을 지키던 조선군이 옆으로 물러납니다. 하지만 그 순간 김준룡 장군이 내려보낸 포수들이 한쪽 무릎을 꿇고 일제히 방포합니다. 검은 연기와 불꽃이 훅 밀려갑니다. 아! 푸른 투구를 쓴 청군 장수가 앞으로 휘청거리다 말 아래로 떨어집니다! 그러자 뒤따르던 다른 청나라 병사들이 쓰러진 청나라 장수의 시신을 끌고 퇴각합니다.

신효승 그사이 처음 접전이 벌어졌던 전영 쪽에서는 웃지 못할 일이 벌어집니다. 조총의 개머리판을 휘둘러 청군 기병들을 쫓아낸 남원 포수들이 도망치는 청군 한 명을 손가락질하며 외칩니다. "너는 남원에 사는 최복남이 아니냐? 어찌해서 거기 있는 것이냐!" 지목을 당한 청군은 파랗게 질린 얼굴로 손을 내저으며 물러나버리죠. 어떤 이유인지는 모르겠지만 청군에 가담한 조선인인 모양입니다.

정명섭 이제 탄환이 떨어진 포수들은 창을 든 살수들과 함께 조총을 거꾸로 움켜쥐고 휘둘러대며 저항합니다. 그들의 머리 위로 사수들이 쏜 화살이 어지럽게 날아가는 모습이 보입니다. 청군의 공세는 끈질기게 이어지지만 결국 목책을 넘지 못하고 맙니다.

신효승 특히 청나라 장수의 전사 이후 청군의 전의가 눈에 띄게 가라앉았죠. 아, 방금 들어온 소식입니다. 전사한 청나라 장수가 양굴리라는군요!

정명섭 그래서 그렇게 기가 꺾였나 보군요. 이제 해가 완전히 떨어지면서 전투가 종료됩니다. 지친 표정의 청나라 병사들이 동료들의 시체를 산더미처럼 쌓아올리고 불을 지르는군요. 살을 태우는 고약한 냄새에 잠깐 짬을 내 찐쌀로 배를 채우던 조선군 포수들이 코를 막습니다. 한밤중까지 타오르던 불길이 꺼지고 어둠이 내려앉자 말에 올라탄 청나라 기병들이 북쪽으로 철수합니다.

신효승 청군에 가담한 조선인으로 보이는 자가 날이 밝으면 다시 싸우자고 큰소리치지만 돌아가는 그들의 어깨는 몹시 무거워 보입니다.

정명섭 잔뜩 긴장했던 포수들이 쉰 목소리로 환호성을 지르는군요. 한숨을 돌린 전라병사 김준룡은 곧 영장들을 불러 모아놓고 계속 진격할지 이대로 진지를 고수할지 아니면 퇴각할지를 묻습니다. 어떤 결정이 내려질까요?

신효승 승리감이 가시지 않은 탓에 계속 전진하자는 의견이 나왔지만 곧 식량이 바닥날 것 같고 제일 중요한 탄환과 화약도 바닥났다는 보고 때문에 분위기가 가라앉았습니다. 출발 전에 50발을 발사할 수 있는 화약과 탄환을 지급했지만 대부분의 포수들이 절반 이상을 사용한 상태였죠. 그리고 며칠 동안 진눈깨비가 내린 탓에 화약이 제대로 터지지 않는다는 포수들의 하소연이 잇따랐습니다.

정명섭 고민하던 전라병사 김준룡은 결국 야음을 틈타 수원으로 철수하자고 결정합니다. 전사자와 부상자를 수습한 병사들은 부서지고 불탄 목책에 횃불을 걸어두고 조심스럽게 산길을 내려갑니다. 하지만 병사들이 어둠을 틈타 하나둘씩 흩어져버리는군요. 해가 뜰 무렵, 목적지인 수원에 도착했지만 조선군은 절반도 남지 않았습니다. 아, 이건 뭔가 좀 이상하지 않나요? 광교산에서 벌어진 전투는 분명 이겼고, 적장도 사살하지 않았습니까? 하지만 탄약이 다 떨어져서 철수를 결정했고 그 와중에 병사들이 모두 도망쳐버렸네요.

신효승 딱 꼬집어서 말씀드릴 수는 없지만 일단 병사들이 하루 종일 포위된 채 전투를 치르고 남쪽으로 철수하는 상황을 패배로 인식했을 가능성이 높습니다. 속오군은 당대에도 훈련이 부족해서 쓸모가 없다는 평가와 지적이 적지 않았다는 점을 감안하면 이상한 일은 아닙니다.

정명섭 그럼 광교산 전투는 승리인가요? 패배인가요?

신효승 인조나 대신들도 이 전투가 패전인지 승전인지를 놓고 오락가락한 것 같습니다. 일단 『조선왕조실록』부터 살펴볼까요? 인조 15년, 그러니까 1637년 1월 5일자 기사를 보면 전라병사 김준룡이 광교산에 도착했다는 장계를 올린 기록이 있습니다. 같은 달 9일에는 대사간 김반이 임금에게 전라감사 이시방이 김준룡을 구원하지 않아서 패전했다고 말하죠. 병자호란이 끝난 직후인 2월 11일자에는 언관들이 패전한 장수들을 언급하는데 그 안에 김준룡의 이름도 들어가 있네요. 그 일로 유배형에 처해진 것 같은데, 다음 달 11일에는 사헌부에서 최선을 다해 싸웠는데 유배형은 너무하다는 의견을 냅니다. 같은 달 26일에는 비국備局, 즉 비변사備邊司에서도 사면을 요청해서 임금의 허락을 받습니다. 그러니까 병자호란 직후에는 패전 쪽으로 인식이 기울어졌을 가능성이 큽니다.

정명섭 『조선왕조실록』 말고 다른 기록에는 어떻게 나와 있나요?

신효승 표를 보면서 설명드리죠. 이 기록들 외에 『속잡록』에도 전투가 벌어진 다음 해인 1638년 2월에 광교산 전투에서 공훈을 세운 자에게 상과 관직을 내려줬다는 기록이 있습니다. 그리고 시간이 한참 지난 정조 16년, 그러니까 1792년에는 충양忠襄이라는 시호를 받습니다.

광교산 전투에 대한 조선의 기록 변화

구분	저자	내용
연려실기술	이긍익	잘 싸웠지만 수원으로 물러나면서 병사들이 흩어졌다
속잡록	조경남	1월 6일 전투가 벌어졌으며, 적장을 사살하는 등 승리했지만 병사들이 흩어졌다
택당집	이식	김화 전투를 설명하면서 광교산 전투 언급, 승리로 인식
일사기문	저자미상	승패에 대한 언급 없이 자멸했다고 표현
하담파적록	김시양	오랑캐를 물리치고 적장을 사살했지만 조선군도 함께 무너졌다고 기술

정명섭 그러니까 처음에는 패배로 봤지만 후대에 갈수록 승리로 인식했다는 말씀이신가요?

신효승 네, 아무래도 병자호란이 끝난 직후에는 패배했다 내지는 잘 싸웠지만 병사들이 흩어져서 아쉽다는 인식을 지배적이었습니다. 그러다 시간이 흐르면서 승리로 인식한 것 같습니다. 정조의 신하였던 채제공이 수원 화성을 건설하면서 광교산 전투의 승리를 기념하는 글을 절벽에 새겼는데요. 현재 이 기념비는 경기도 기념물 제38호로 지정돼 있습니다. 그리고 광교산에는 호항골胡降谷이라는 지명이 있습니다.

정명섭 호항골이면 오랑캐가 항복한 골짜기라는 뜻인가요?

신효승 맞습니다. 광교산 전투에서 청군이 항복한 기록은 없다는 점을 감안하면 전투에 대한 이야기들이 전해지면서 윤색潤色이 된 것 같습니다.

정명섭 요약하자면 동시대에는 '전투 자체는 승리했지만 병사들이 흩어졌다'. 그러다가 시간이 흐르면서 '청군에 맞서서 크게 이긴 전투'라는 식으로 변화했군요. 그런데 전라병사 김준룡이 승리하고도 후퇴를 결심한 게 물자 부족 때문인가요?

신효승 『속잡록』에는 전라감사 이시방이 양성에서 보낸 보급부대가 청군에 기습을 당했다는 기록이 나옵니다. 지휘관 입장에서는 당장의 물자 부족보다 더 두려운 건 물자를 보급받을 수 없는 상황, 즉 적진에 고립되는 사태죠. 전투에서 이기기는 했지만 보급이 차단당한 상황이라면 지휘관은 철수를 결정하는 게 맞습니다. 문제는 병력 통제가 어려운 야간이라 병사들이 흩어진 것을 막지 못했다는 점이죠.

정명섭 이기긴 했지만 여러모로 아쉬운 전투이긴 하군요. 임진왜란도 그렇지만 여러모로 아쉬움이 남습니다. 남한산성의 인조는 결국 항복하나요?

신효승 1637년 1월 30일 인조가 삼전도에서 항복을 하는 것으로 병자호란이 막을 내립니다.

정명섭 결국 이렇게 되었군요. 조선과 청나라는 앞으로 어떻게 되나요?

신효승 조선을 굴복시킨 청나라는 1644년 북경을 점령하면서 중원의 새로운 주인이 됩니다. 조선은 청나라를 중심으로 하는 새로운 국제질서에 몸을 맡기면서 다시 평화를 누리게 되죠.

정명섭 그리고 다시 전쟁을 망각 속에 던져버리고 마는군요. 진정 아쉬운 대목이 아닐 수 없습니다. 이것으로 이번 중계를 마치도록 하겠습니다.

병자호란이 막바지를 향해 치닫고 있던 1637년 1월 26일, 한 무리의 조선군이 강원도 철원의 김화평야에 도착한다. 이들은 평안감사 홍명구洪命耆와 평안병사 유림柳琳이 이끄는 평안도의 병사들로 자모산성慈母山城, 평안남도 평성시 어중리 소재에 진을 치고 있다가 청군이 그냥 지나쳐서 남하하자 평안병사 유림의 부대와 합류해서 남하한 것이다. 이들은 강원도 방면으로 우회하다가 김화평야에 도착했다.

김화에 도착한 조선군은 두 부대로 나뉘어서 진을 쳤다. 평안감사 홍명구는 김화 북방의 성재산 아래 탑동의 평야에 자리잡았고, 평안병사 유림은 홍명구의 진영 오른편에 있는 백동고개에 진을 쳤다. 이런 일이 벌어진 것은 문관 출신인 홍명구와 무관 출신인 유림이 어디에 진영을 설치할지를 두고 격론을 벌이다가 각기 따로 진을 쳤기 때문이다.

1월 28일 아침에 나타난 청군이 산 아래 평지에 진을 친 홍명구의 군대를 먼저 공격했다. 평안감사 홍명구는 목책을 치고 조총을 쏘면서 저항하지만 청군은 화공으로 목책을 불태우고 진내에 돌입한다. 최후까지 싸우던 조선군은 괴멸당하고 홍명구와 순안현령 허노가 전사한다. 승리한 청군은 이제 산속에 진을 친 유림의 부대를 향해 공격을 개시한다.

탑동에서 패배한 조선군이 진영으로 뛰어들어오면서 혼란이 일어난 틈을 노린 청군이 몰아닥쳤고 진은 붕괴되기 일보 직전까지 몰린다. 혼란을 수습하던 영장 구현준이 이 와중에 전사하지만 유림의 독려와 지휘 아래 조선군은 위기를 넘긴다. 『연려실기술』에는 깃발을 이용해서 발사 신호를 내렸고 최대한 가까이 끌어들여서 사격한 결과 한 발에 두세 명이 꿰뚫렸다고 나와 있다. 아마 청군을 최대한 끌어들인 후에 일제사격으로 물리친 것 같다. 평지보다 이동하기가 힘든 고지였던 탓에 방어가 쉬웠던 점도 승리의 요인으로 꼽힌다.

해 질 무렵에는 저격수를 목책 밖으로 내보내서 독전督戰하던 적장을 쓰러뜨리는 성과까지 거둔다. 해가 떨어지고 적병이 물러나자 탄약과 화살이 떨어졌다는 보고를 받은 유림도 김준룡처럼 후퇴를 결심한다. 이때 적의 추격을 우려해서 고장 난 조총에 불붙은 화승을 끼우고, 나무에 걸어둔 채 조용히 철수했다. 다 타들어간 화승이 터지면서 조총이 발사되니까 청군은 조선군이 아직 그곳에 남아 있는 줄 알고 추격을 하지 않았다. 화천 방면으로 퇴각한 유림의 조선군은 춘천 방향으로 이동하다가 남한산성의 인조가 항복했다는 소식을 듣게된다. 이들 역시 광교산 전투처럼 눈앞의 전투에서는 승리했지만 병자호란을 승리로 이끌지는 못했다.

패배인가? 승리인가?

시대별로 약간 혼란스럽기는 하지만 조선이 김화 전투와 더불어 광교산 전투를 승리로 인식한 반면 청나라의 기록에서는 한결같이 자신들의 승리로 인식했다.

「청태종 본기」: 숭덕 2년(1637년, 인조15년) 정월 정미일(1월 7일)에 조선의 전라도와 충청도에서 온 군사가 합하여 구원하러 오니 도도와 양굴리가 이를 쳐서 물리쳤다. 양굴리가 그 와중에 전사하였다.

「청초내국사완만문당역안편」: 초 7일 전라도와 충청도의 총병관이 군사를 합하여서 조선 국왕이 있는 남한산성을 구원하기 위해 왔다. 그들이 영채를 세우자 칸께서 예친왕 도도와 초품일등공액부 양굴리에게 병사들을 이끌고 가서 싸우게 했다.

날짜가 하루씩 차이가 나고 전라도와 충청도의 병사들이 합세했다는 점이 조선 측 기록과 다르지만 교전 사실 자체는 명확하게 기록되어 있다. 특히 양굴리가 전사했다는 점은 간략하지만 사실대로 기술했다. 그렇다면 청나라는 광교산 전투를 왜 자신들의 승리로 인식했을까? 당시 조선과 청나라의 승패 조건은 명확하게 나눠진다.

조선: 남한산성의 포위를 풀고 인조를 구출한다.
청나라: 남한산성을 향해 진군하는 구원군을 격파하고 인조의 항복을 받는다.

청나라 군대는 남한산성을 굳게 포위한 채 인조를 구출하기 위해 지방에서 올라오는 조선군과 교전을 벌였다. 광교산 전투 자체를 놓고 보면 험한 지형에 의지한 채 버티기에 성공한 조선군이 승리한 것은 사실이다. 하지만 광교산의 조선군은 결국 남한산성의 포위망을 돌파하는 데 실패하고 철수해버렸기 때문에 청군의 일방적인 패배라고 보긴 어렵다. 또한 청군은 비록 조선군을 전멸시키지는 못했지만 조선군이 남한산성에 진입하거나 포위망이 붕괴되는 걸 막았다.

한편 양쪽 기록을 비교하면 재미있는 점을 발견할 수 있다. 조선은 전투 종료 후 철수하다가 군이 와해된 이유를 어물쩍 넘어갔다. 청나라 역시 1월 7일의 전투 결과를 제대로 설명하지 않고, 양굴리가 전사했다는 사실만 간략하게 남겨놓았다. 양쪽 모두 자신의 실패는 살짝 숨기고 성공은 과대포장한 것이다. 조선은 어쨌든 적장을 죽이고 승리를 거뒀다는 점에서, 청나라는 원래의 목적을 이뤘다고 생각하고 서로 만족했던 것일까?

10 손돌목돈대 전투

19세기 중반을 넘어서면서 조선 해안에는 낯선 배들이 출현한다. 크고 검은 선체에 연기가 나는 굴뚝이 있는 이 배에는 금발에 파란 눈을 한 낯선 사람들이 타고 있었다. 청나라에 진출한 서구 열강은 조선에 호기심 어린 눈길을 던진다. 하지만 조선은 서양인이 퍼트린 천주교가 지배 질서를 어지럽게 만든다면서 폐쇄와 탄압으로 맞선다. 결국 서구 열강은 자신들만의 해결책을 내놓는다.

조선군 지휘관: 진무중군 어재연
참전 병력: 500명~1000명

미군 지휘관: 존 로저스 제독
참전 병력: 1230명

19세기 중반에 접어들면서 조선 해안 근처에 낯선 배들이 나타났다. 이 배들은 하나같이 커다란 선체에 큼지막한 돛을 달고 중간에는 연기를 내뿜는 굴뚝이 솟아 있었다. 배에 탄 이들도 낯설기는 마찬가지였다. 하얀 피부에 금색 머리카락을 한 이들은 알아들을 수 없는 말을 지껄였다. 조선 사람들은 이 낯선 이들에 대해서 아무것도 몰랐다. 다만 좀 똑똑한 사람들은 이들이 인조 때 제주도에 표류했다가 정착한 박연네덜란드인 얀 얀스 벨테브레(Jan. Janse. Weltevree)과 같은 종족이 아닐까 짐작할 따름이었다.

1866년 7월 29일 중국 톈진을 출발한 80톤짜리 증기선 제너럴셔먼 General Sherman 호는 당일 지푸芝孚에 도착해서 수로를 안내할 청나라 사람과 통역을 할 토마스 목사*를 승선시켰다. 배의 주인인 프레스턴은 미지의 땅 조선에서 한몫 잡기 위해 필요하다면 무력이라도 동원할 생각이었기 때문에 12파운드 대포 2문과 소총 등으로 무장했다. 통역으로 고용된 영국 성공회 목사인 토마스는 이 낯선 땅에 주님의 말씀을 전하고자 했다.

8월 9일 지푸를 출발한 제너럴셔먼 호는 백령도의 두모포豆毛浦를 거쳐 16일에는 평안도 용강현 다미면 주영포珠英浦에 도착했다. 이양선이 나타났다는 보고를 받은 용강현령龍岡縣令 유초환은 실학자 박지원의 손자이자 개화사상가인 평안감사平安監司 박규수에게 급히 알리고 문정問情, 문서로 사정을 전해 듣는 것에 나섰다.

응대에 나선 토마스 목사는 자신들이 가져온 물건들을 조선의 특산물인 홍삼 및 호피와 교역하기 위해서 왔으며, 평양이 목적지라고 대답한다. 국법으로 외국과의 교역이 금지되어 있으니 돌아가라는 유초환의 설명에도 아랑곳하지 않고 대동강을 거슬러 올라간 제너럴셔먼 호는 8월 20일 평양 도호부 관할인 두이포頭伊浦에 당도한다.**

마침 장이 열리는 날이라서 장터에 모인 사람들은 이양선을 보기 위해 강변에 모여들었다. 이 광경을 본 토마스 목사는 작은 배를 타고 상륙해서 한문으로 된 성경을 나눠줬지만 관리들의 항의를 받고 배로 돌아간다. 돌아가라는 조선의 요구를 무시한 제너럴셔먼 호는 수심을 측정하면서 계속 대동강을 거슬러 올라오다가 8월 22일 만경대萬景臺 한사정閑似亭에 닻을 내린다. 그리고는 8월 27일 조선의 거듭되는 퇴거 요구에 대해서 순영중군巡營中軍 이현익李玄益을 납치하는 것으로 대답을 대신한다.** 다음 날 퇴역 장교인 박춘권이 이현익을 구출하는 데 성공했지만 함께 납치된 몸종들은 물에 빠져 죽고 말았다.

사태는 이제 '신경전' 단계를 넘어서서 본격적인 갈등 국면으로 접어든다. 처음에는 호기심만 보이던 백성들도 납치 소식을 전해 듣고는 소형 보트를 타고 뭍으로 나온 토마스 목사 등을 향해 돌을 던졌다. 한편 제너럴셔먼 호는 평양의 코앞인 양각도羊角島까지 올라왔지만 식량이 바닥난다. 곤경에 빠진 제너럴셔먼 호의 승무원들은 지나가는 배에 대포를 쏴서 식량을 약탈하기도 하고 강변에 모여 있는 백성들에게 총격을 가하기도 했다. 이 일로 조선 백성 7명이 죽고 5명이 부상당하자 평안감사 박규수는 무력을 사용하기로 결정한다.

9월 5일, 자욱한 아침 안개 사이로 조선군이 부산하게 움직인다. 잘 마른 장작과 유황을 실은 빈 배에 불을 붙여서 내려보낸 첫번째 화공 작전은 제너럴셔먼 호가 뱃전에 두른 그물에 걸려서 실패하고 만다. 그사이 강가에서 모여든 조선군이 활과 총으로 공격을 감행했고, 제너럴셔먼 호도 총과 대포로 응사한다. 이 와중에 친위사 이장조가 포탄에 맞아 전사하고 만다. 하루 종일 교

---

* 토마스는 런던선교회 소속으로 이 단체는 1795년 영국에서 초교파적으로 연합하여 설립한 해외선교단체다. 선교사들은 어떤 교파 형태를 취하지 않았으며, 개종자 스스로가 교회 종파를 선택하도록 하는 원칙을 세워 이를 지켰다. 인도와 아프리카 등지에서 많은 활약을 하였고, 중국에서는 1842년 아편전쟁 직후에 체결된 난징조약에 따라 선교 사업을 시작했다.

** 제너럴셔먼 호는 대동강 입구인 급수문(急水門)까지 중국 선박의 안내를 받았다는 기록이 있다.

**공식 기록에는 8월 27일 납치된 것으로 나와 있지만 같은 날짜의 「평양사실」이나 「적호기」 「동진일기」 등에는 이현익이 납치당한 지 며칠이 지났다고 기록되어 있다. 김명호의 『초기 한미관계의 재조명』에서는 평양 감영에서 납치 사실을 비밀로 부치고 협상을 진행했다가, 결국 실패로 돌아가자 공개한 것이 아닌가 추정하고 있다.

전이 이어지면서 탄약이 떨어진 제너럴셔먼 호는 설상가상으로 양각도 부근의 모래톱에 걸려 좌초한다. 꼼짝 못하게 된 제너럴셔먼 호를 향해 다시 화공이 가해지고 불타는 배와 충돌한 제너럴셔먼 호의 화약고에 불이 붙으면서 폭발을 일으킨다. 토마스 목사와 중국인 통역 자오링펑은 간신히 탈출해서 뭍으로 나왔지만 백성들에게 맞아 죽고 만다.•

평양 군민들은 이 승리를 기념하기 위해 제너럴셔먼 호에서 노획한 철제 사슬을 대동문 기둥에 걸어둔다. 보고를 받은 조정에서는 박규수를 비롯한 철산부사鐵山府事 백낙연과 평양서윤平壤庶尹 신태정에게 포상을 내리고 사망자와 부상자 들의 구제 조치를 취하는 한편 중국 조정에 이 사실을 알린다. 하지만 제너럴셔먼 호 사건이 발생한 지 한 달 후에 병인양요가 터지면서 조선은 이제 본격적인 '양이洋夷'의 도래를 겪어야만 했다. 한편 청나라 주재 미국공사관에 제너럴셔먼 호의 실종이 전해진 것은 강화도를 점령했다가 물러난 프랑스 함대에 의해서였다. 소식을 접한 공사대리 윌리엄스S. W. Williams는 즉시 청나라 총리아문總理衙門, 청나라 말기에 외교를 담당한 관청에 사실 여부를 조회한다. 총리아문은 조선이 청나라의 속방이지만 내부 문제에 대해서는 간섭할 수 없다며 발을 뺀다. 이에 미국공사관은 자체적으로 조사에 나서기로 결정하고 아시아 함대를 지휘하는 벨H. H Bell 제독에게 조사를 의뢰한다. 1866년 12월 벨 제독은 와추셋Wachusett 호의 함장 슈펠트R. W. Shufeldt 대령에게 조선으로 가서 제너럴셔먼 호 사건을 조사하고 생존자가 있는지 확인하라고 지시한다.

1867년 1월 23일 황해도 장연 앞바다의 월내도에 닻을 내린 슈펠트는 장연현감에게 제너럴셔먼 호 사건의 진상 조사를 의뢰하는 편지를 전달한다. 조정에서 어떻게 처리할지 회의를 거듭하는 사이 슈펠트는 1월 30일 장연 앞바

• 이 사건에 대한 진행 과정이나 결론에 대한 기록들은 비슷하지만 중군 이현익이 납치된 일자나 제너럴셔먼 호가 소각된 일시에 대해서는 적지 않은 차이점이 보인다. 이런 기록들은 김명호의 「초기 한미관계의 재조명」에 잘 정리되어 있다. 한편 북한에서는 김일성의 증조부인 김응우가 백성들을 이끌고 배를 불태우는 데 큰 공을 세웠다고 주장하지만 박규수가 보고한 포상 대상자 27명에는 들어가 있지 않다.

다를 떠난다. 강이 얼어서 진입은 불가능했고, 거문도를 탐사하라는 다음 임무를 수행하기 위해서였다. 한편 와추셋 호에 탑승한 중국인 통역 위원타이는 김자평이라는 섬 주민에게서 평양의 감옥에 제너럴셔먼 호 승무원으로 보이는 서양인 2명과 중국인 2명이 갇혀 있다는 이야기를 전해 듣고 이를 함장에게 알린다.

임무를 마치고 돌아온 슈펠트 함장으로부터 이 사실을 전달받은 미국 공사대리 윌리엄스는 총리아문에 다시 문의하는 한편 프랑스와 손잡고 보복원정을 계획했으나 무산된다. 도쿠가와 막부에 의뢰한 중재 역시 수포로 돌아가자 윌리엄스는 아시아 함대 부사령관 골즈브로 제독에게 중국인 통역 위원타이가 보고한 내용 — 평양 감옥에 미국인 생존자들이 갇혀 있다 — 의 진상 조사를 위해 다시 군함을 파견해달라고 요청한다. 요청을 받은 골즈브로 제독은 페비거J. C. Febiger 대령이 지휘하는 셰넌도어Shenandoah 호를 조선으로 파견한다. 한편 청나라를 통해 제너럴셔먼 호의 생존자가 있는지에 대한 문의를 전달받은 조선 정부는 해명을 하는 문서를 전달하지만 셰넌도어 호가 출발하기 전에 전달하는 데는 실패한다. 1868년 4월 7일, 지푸에서 출항한 셰넌도어 호는 사흘 후인 4월 10일 황해도 풍천 앞바다에 도착해서 용강 앞바다까지 진출한다. 셰넌도어 호는 와추셋 호와 달리 위협사격을 가하는 등 공포 분위기를 조성하며 대동강 진입을 시도했다. 이런 분위기 탓에 4월 21일 급수문 입구에서 수심을 측량하던 미군 보트가 바람에 밀려 해안으로 접근했다가 친위사 김병건에게 총격을 받는 일이 벌어진다.

조선의 강경한 반응을 접한데다 보급품까지 바닥난 셰넌도어 호는 5월 16일 지푸로 철수한다. 물론 미국이 단순히 제너럴셔먼 호의 생존자를 구조하기 위해서 원정을 계획하거나 군함을 파견한 것은 아니었다. 페비거 함장으로부터 보고를 받은 상하이 주재 미국영사인 조지 수어드George F. Seward는 본국에 조선의 개항과 조난 선원의 구조협정 체결을 위한 무력시위를 건의한다. 남들보다 한발 앞서 조선이라는 새로운 시장을 개척할 속셈이었던 것이다.

그냥 서류상의 계획으로 끝날 뻔했던 이 원정 계획은 1869년 율리시스 그랜트가 신임 대통령으로 취임하면서 다시 살아난다. 신임 국무장관 해밀턴 피시는 조지 수어드 영사의 원정 계획에 관심을 보인다. 일본처럼 조선을 개항시킨다면 여러모로 유리할 것이라고 판단했기 때문이다. 몇 차례의 협의를 거친 끝에 1870년 하반기에 조선으로 보낼 원정군 규모와 지휘부가 구성된다. 청나라 주재 미국공사인 프레더릭 로Frederick F. Low가 조선 정부와 일체의 협상을 맡고, 아시아 함대를 새로 맡게 된 존 로저스John Rodgers 제독이 원정군의 지휘관으로 임명된다. 미군 역시 프랑스처럼 강화도가 목표였다.

　　한편 병인양요를 겪은 조선은 강화도의 수비를 강화하는 데 많은 노력을 기울인다. 병인양요가 끝난 이후, 종이품從二品의 강화유수江華留守가 겸임하던 진무영*의 책임자 진무사鎭撫使를 정2품으로 승격한다. 그리고 무관 출신의 진무사가 강화유수와 삼도수군통어사三道水軍統禦使를 겸직하게 한다.

　　다른 지방에서는 행정 관료가 군권까지 장악했던 것과 달리 강화도는 무관이 행정권까지 장악한 것이다. 그리고 한강 수로를 지키기 위해서 진무영 예

아시아 함대 편성표

함명	지휘관	전장 (미터)	무게 (톤)	승선 인원 (명)	무장	비고
콜로라도 (프리깃)	해군 대령 쿠퍼	80	3,425	646	10인치 포 2문, 9인치 포 26문, 8인치포 14문	범장 / 증기기관 추진
알래스카 (슬루프)	해군 중령 블레이크	76	2,400	273	11인치 포 1문, 8인치포 6문, 5.3인치포 1문	범장 / 증기기관 추진
베니시아 (슬루프)	해군 중령 킴벌리	76	2,400	291	11인치 포 1문, 9인치포 10문, 5.3인치포 1문, 3.7인치 포 1문	범장 / 증기기관 추진
모노카시 (포함)	해군 중령 맥크리	77	1,370	159	8인치포 4문, 60파운드포 2문, 콜로라도의 9인치포 2문 장착	범장 / 증기 외륜 추진
팔로스 (포함)	해군 대위 록웰	41	420	확인불가	24파운드포 6문	범장 / 증기기관 추진

기함은 콜로라도, 알래스카 호와 베니시아 호는 기함의 호위 임무를 맡았고, 모노카시 호와 팔로스 호는 해안 포격을 담당했다. 팔로스 호는 보급 임무와 상륙 단정의 예인 임무도 맡았다.

하 각 진의 병력이 보강된다. 1871년 5월 초, 일본 나가사키에 집결한 미 해군의 아시아 함대는 강도 높은 해상 기동훈련을 실시한다.** 5월 16일 훈련을 끝낸 아시아 함대는 109명의 해병대를 포함한 1230명의 원정부대원을 태운 채 오전 6시 30분 조선을 향해 출발한다. 조선은 '신미양요'라고 불렀고, 미군은 '한국전쟁'이라고 부르는 전쟁이 시작된 것이다.

5월 19일 미 해군의 아시아 함대는 서해안의 한 섬에 도착한다. 로저스 제독은 이곳을 페리에르 제도Ferrieres Islands라고 불렀다. 보통은 남양만의 풍도로 추정하지만 섬이 아닌 제도라고 했다는 점을 감안하면 세 개의 섬이 삼각형으로 놓인 격렬비열도格列飛列島일 가능성도 있다. 이후 아시아 함대는 계속 북상해서 23일에는 아산만 입구에 있는 입파도立波島의 근처까지 진출한다. 역시 강화도를 목표로 한 움직임이었다. 사실 미군이 이때 사용한 지도와 해도는 프랑스군이 만든 것이었고 강화도를 목표로 삼은 것 또한 프랑스군의 전례를 따른 것이었다.

    입파도에 정박한 미군은 잠시 휴식을 취하는 한편 다음 날인 5월 24일 블레이크 중령이 이끄는 정찰대를 파견한다. 팔로스 호와 4척의 증기 단정들로 구성된 정찰대는 강화도 남쪽의 영종도와 본토 사이에 위치한 작약도를 정찰한다. 이때 조선의 관리들과 조우할 경우를 대비해서 한문으로 된 서찰과 협상을

---

* 진무영(鎭撫營)은 숙종 26년(1700년) 강화도의 방어를 위해 창설된 군영이다.

** 일본도 이 원정에 큰 관심을 나타내서 일본 주재 미국공사를 통해 참가 의사를 밝혔다가 거절당했다. 미군은 해상 기동훈련 중 함대 수병들에게 육상 전투에 대한 교육 훈련을 실시했다.

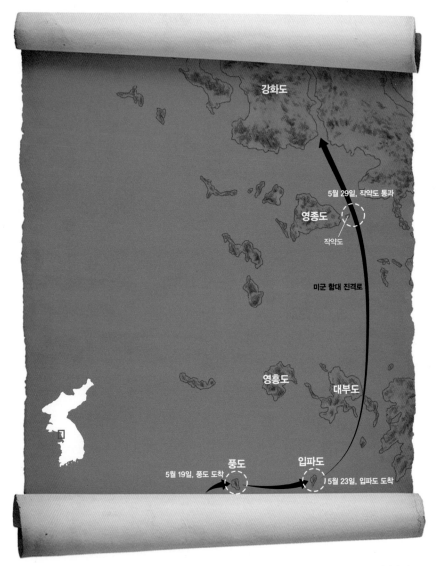

강화도

5월 29일, 작약도 통과

영종도

작약도

미군 함대 진격로

영흥도

대부도

풍도

입파도

5월 19일, 풍도 도착

5월 23일, 입파도 도착

미 해군 아시아 함대의 이동 경로 5월 16일 일본의 나가사키에서 출발한 미군 함대는 서해안으로 북상해서 강화도로 향한다.

담당할 카울스 서기관도 동승한다. 26일 작약도에 도착해서 정찰을 마친 팔로스 호와 단정들은 28일 저녁에 본대로 귀환한다. 정찰대의 보고를 받은 존 로저스 제독이 5월 29일 월요일, 작약도를 향해 본대를 출발시킨다. 도중에 안개 때문에 애를 먹긴 하지만 30일에는 목적지에 도달한다.

한편 5월 21일에 남양만의 풍도를 지나가는 미군 함대를 발견한 수원유수水原留守 신석희가 장계를 올리고 사흘 후인 24일에 도착하면서 조선은 비로소 이들의 존재를 알게 된다. 25일에는 영종방어사永宗防禦使가 오후 1시경에 이양선이 팔미도 남쪽의 영흥도를 지나쳐 남하했다는 보고를 한다. 『조선왕조실록』의 해당 기록을 양력으로 환산했다 날짜를 보면 아시아 함대 본대보다는 블레이크 중령이 이끄는 정찰대일 가능성이 높아 보인다. 팔미도는 인천에서 약 14킬로미터밖에 안 떨어져 있는 섬으로 영종방어사는 미군의 증기 단정들이 수심을 측정하는 모습도 목격한다.

5월 26일, 조선은 경기감사 박영보가 제부도 해안에서 첫 문정에 나섰지만 안타깝게도 통역이 없어서 제대로 이야기를 못 나눈다. 다음 날에는 남양부사와 화량첨사가 다시 접촉해서 문답을 한다. 미국 측은 조약을 체결하고 통상을 하기 위해 왔다는 점을 강조한다. 이 소식을 접한 조정에서는 다음 날 해외 사정에 밝은 의주 통역관을 파견하기로 한다. 조선 정부가 대책을 마련하는 동안 미군 함대는 호도虎道* 앞바다로 이동해서 투묘投錨한다.

아시아 함대가 작약도에 도착한 5월 30일에는 인천부의 관원 김진성이 의주 통역관 3명을 대동해 미군 함대 기함 콜로라도를 방문한다.** 조선 사절단은 미군 함대의 내항 목적을 질의하고 협상을 맡을 3명의 3품 관리들이 근시일 내에 방문할 것임을 통고한다. 미국 측을 대표해서 회담한 드루E. B. Drew 서기관은 자신들은 조선 정부와 중대 사항을 협의하기 위해 왔으므로 교섭은

---

* 미국 기록에는 브아제(Boissee) 섬과 귀리에르(Guirriere) 섬 사이에 정박했다고 나와 있다. 브아제 섬은 작약도가 거의 확실하지만 귀리에르 섬은 명확하지 않다. 작약도 근처의 율도라는 섬 혹은 근처의 다른 섬으로 추정된다.

** 『조선왕조실록』 4월 10일(양력 5월 28일)에 해당 기록이 보인다. 하지만 같은 기사에서 호도 앞바다에 이양선들이 정박하고 있다는 사실을 언급하고 있다. 이는 4월 12일(양력 5월 30일)에 들어갈 기사를 10일자에 잘못 넣었기 때문이라고 추정된다. (『초기 한미관계의 재조명』 293페이지의 각주 44를 참고) 5월 31일에 있었던 조선 관리들의 방문에 대해서도 별다른 언급이 보이지 않는다. 때문에 보통 조선 측의 미군 함대 방문이 1회인 것으로 착각하기 쉽다. 하지만 조선의 관리들은 5월 30일과 31일 양일에 걸쳐 콜로라도 호를 방문했다.

전권을 위임받은 관리들과 직접 하겠다고 답한다.

계속해서 다음 날인 31일, 3명의 3품 관리들이 방문하여 로 공사와의 회담을 요청한다. 하지만 로 공사는 조선 측 대표가 직급이 낮고 교섭에 관한 전권을 위임받지 못했다는 점을 들어 회담을 거부한다. 대신 드루 서기관을 통해 서신을 전달하는 선에서 교섭을 마무리짓는다.

이때 드루 서기관은 자신들은 선제공격할 의사가 없으나 조선군의 공격에는 자위권 차원에서 반격할 것이라고 공언한다. 덧붙여 내일 탐사대가 강화해역을 탐사하기 위해 출발하니, 24시간 안에 인근의 주민에게 미군을 봐도 우호적으로 대하도록 지시하라고 요구한다.

정중하긴 했지만 전형적인 포함외교砲艦外交, gunboat diplomacy*의 모습이었다. 다음 날인 6월 1일, 블레이크 중령이 팔로스 호와 증기 단정 4척, 8인치 포로 무장한 모노카시 호로 구성된 정찰대를 이끌고 강화 해협으로 진입한다. 조선 역시 미군 함대의 규모와 무장 상태를 확인하고는 본격적인 방어 준비에 나선다. 같은 날, 행호군行護軍 어재연魚在淵을 진무중군鎭撫中軍으로 임명하고, 훈련도감과 금위영, 어영청과 총융청 등 중앙군에서 병력과 물자를 차출해서 강화도로 보내기로 결정한다. 그리고 삼군부 종사관 이창희를 강화유수부 판관으로 임명하고 훈련도감 1개 초를 지휘하게 하여 강화부성 방어를 지원하게 한다.

사실 조선이 미국의 의도를 의심한 것은 당연했다. 미국은 조약을 체결하기 위해서 왔다고 하지만 그 전에 한두 척씩 온 것과는 달리 너무 많은 군대와 군함을 끌고 왔다. 더군다나 프랑스군과 유사하게 강화도로 향하는 항로를 택했었다. 이렇게 긴장이 높아지는 가운데 양측은 무력 충돌을 향해 한 걸음씩 나아간다.

다소 점잖은 대화들이 오가긴 했지만 이것은 예정된 충돌이었다. 함대를

---

* 포함외교란 강대국이 약소국과 유리한 외교 협상을 하기 위해 무력을 사용하는 것을 말한다.

출동시킨 미국으로서는 자신들의 압도적인 무력으로 아시아의 무지한 미개인을 일깨워주고 싶어했다. 조선으로서는 프랑스에 이어 또다시 찾아온 불청객을 믿지 않았다. 미국은 먼저 통보를 했으니 자신들의 행동에 별문제가 없을 것이라고 생각했고, 조선은 이들이 프랑스처럼 공격을 하기 위해 오는 것이라고 믿었다. 이렇게 전혀 다른 세상에 살고 있던 조선과 미국의 전쟁이 시작되었다.

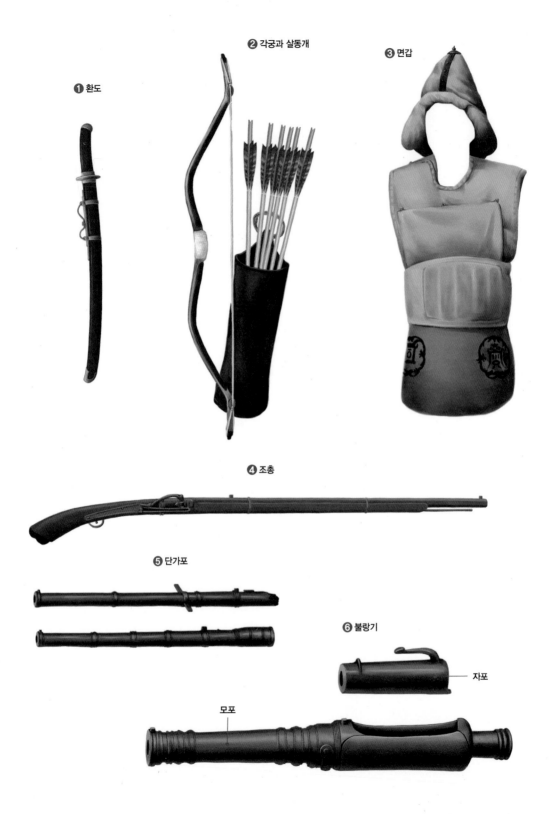

❶ 환도

❷ 각궁과 살동개

❸ 면갑

❹ 조총

❺ 단가포

❻ 불랑기

자포

모포

미군에게 맞선 조선군은 우리가 아는 포졸 복장에 짧은 당파창이나 임진왜란 때 쓰던 조총만 가지고 있지는 않았다. 조선 정부는 한양으로 진입하는 수로를 통제할 수 있는 강화도의 중요성을 잘 인식했고, 나름대로의 대비책도 준비했다. 지방의 행정 책임자인 문관이 해당 지방의 군사권까지 장악하는 게 일반적이었던 것과 달리 강화도는 군사 책임자인 진무사가 행정권까지 장악했다. 지금으로 치면 계엄 상태와 비슷하다고 볼 수 있다.

❶ 환도는 조선 후기에 접어들면서 실전에서의 가치가 떨어졌다. 따라서 길이가 점차 짧아져갔다.

❷ 각궁은 조선시대 내내 사용법이나 제작 방법에 큰 변화가 없었다. 화살이 든 활집은 조선 초기에는 '시복'이라고 불렸고, 후기에는 '살동개(走獸壺)'라고 불렸다.

❸ 면갑(綿甲)은 칼이나 화살을 막기 위해 제작된 기존의 갑옷과는 달리 탄환을 막기 위해 만든 갑옷이다. 탄환을 막기 위해서 면포를 두껍게 붙였고 활동하기 편하게 조끼 형태로 제작했다. 질긴 섬유로 탄환을 막는다는 개념은 현대 방탄복과 동일하다. 다만 서양제 후장식 소총의 관통력을 막을 수준은 아니었다. 그리고 솜이 아니기 때문에 불똥이 튄다고 바로 불이 옮겨 붙거나 소총 탄환이 회전을 하면서 낸 열에 불이 붙지는 않았다. 옆면이 트여 있는 것은 더위를 감안한 것으로 보이며 방어력을 높이기 위해 면으로 된 두꺼운 허리띠를 착용했다. 투구 역시 면포로 제작되었지만 손돌목돈대를 점령한 직후 미군이 찍은 사진에 나온 조선군은 전립 차림이었다. 아마 더위와 무게 때문에 면갑 투구 대신 전립을 쓴 것으로 추정된다. 어깨와 허리 부분에는 무늬를 넣어서 장식했다. 위 그림은 미국 스미소니언 박물관에 소장된 유물을 토대로 그린 것이다.

❹ 조선군이 사용한 조총은 임진왜란 당시 도입된 것과 비슷한 형태였다. 조선 후기 들어서 부싯돌로 점화하는 수석식 소총(燧石式 小銃, flintlock musket)을 도입하려고 했지만 높은 제작비 때문에 포기하고 말았다. 조총의 사정거리를 연장하기 위한 여러 가지 시도들이 있었고, 천보총 같은 개량형 조총들이 나오기는 했지만 대량생산되지는 않았다.

❺ 단가포(單架砲)는 조총이 보급되면서 쓸모가 없어진 재래식 소형 총통에 조총 형태의 총가(銃架, 소총의 나무 하단부를 지칭함)를 설치한 것이다. 이는 재래식 총통의 화력에 조총의 높은 명중률을 결합한 방식이다. 대형 화포처럼 이동이 번거롭지 않고 조총보다 높은 파괴력을 지녔기 때문에 양쪽의 간극을 메우는 역할을 한 것으로 보인다. 하지만 무게가 무겁기 때문에 어딘가에 걸치거나 별도의 받침대가 존재했을 것으로 추측된다. 비슷한 시기에 청군이 사용한 타이창(抬槍, 대형 조총으로 무겁고 길기 때문에 별도의 받침대가 필요했다)과의 연관성도 살펴봐야 한다. 당시 미 해병대를 지휘했던 틸튼 대위가 제1차 손돌목 교전에서 조선군이 어깨에 걸쳐놓고 쐈다는 '징갈(혹은 진걸, jingal 또는 gingall)'이 단가포일 가능성이 높다.

❻ 불랑기의 가장 큰 특징은 그림에 나오는 것처럼 포신인 모포와 탄약을 장전하는 자포로 분리되어 있다는 점이다. 이는 자포를 여러 개 준비해두면 일반 화포보다 더 빠르게 발사할 수 있다는 것을 의미한다. 강화도의 각 돈대에는 무겁고 조준이 어려운 대형 화포보다는 빠른 발사 속도를 자랑하는 불랑기가 대량으로 배치되었던 것으로 보인다.

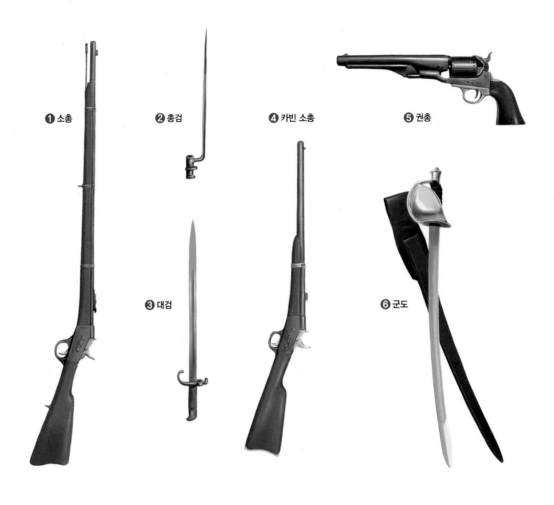

❶ 소총   ❷ 총검   ❸ 대검   ❹ 카빈 소총   ❺ 권총   ❻ 군도

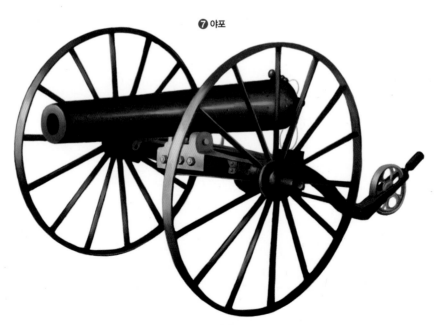

❼ 야포

❖ 신미양요 당시 미군의 주요 무기들

❶ 레밍턴 롤링블록 소총: 신미양요 당시 미 해군과 해병대는 레밍턴 사의 롤링블록 소총을 사용했다. 스프링필드 조병창이 최초 제작사인 레밍턴 사에 로열티를 지불하고 군용 규격으로 제작해서 미 해군과 해병대에 납품했다. 일선 부대에서는 최초 제작사의 이름인 레밍턴 소총으로 불렀을 것이라 추정된다. 흑색화약을 사용하는 단발 후장식 소총이며 발사 후 약실의 탄피는 손으로 추출해야 했다. 강화도에 상륙한 미군은 1인당 100여 발의 실탄을 지급받았으며 작전 기간 동안 평균 40여 발의 실탄을 사격했다.

❷ 총검: 레밍턴 롤링블록 소총은 민간용 모델과는 달리 총검 장착이 가능했다. 총구의 소켓을 이용해 끼우는 총검은 백병전에 대비한 무기다. 레밍턴 롤링블록 카빈 소총은 별도의 착검장치가 부착되어 있지 않았다.

❸ 대검: 미 해군과 해병대는 대검을 채용하지 않았다. 미 해군은 백병전에 대비해 별도의 군도를 지급했다. 대검이 장착된 레밍턴 소총은 주로 해외 수출용으로 사용되었다.

❹ 레밍턴 롤링블록 카빈 소총: 카빈(carbine)은 기병용 총을 뜻한다. 레밍턴 롤링블록 카빈은 같은 모델의 보병용 소총을 기병이 휴대하기 편하도록 짧게 만든 것이다. 발사 방식은 보병용 소총과 동일했다. 강화도에 상륙한 미 해군 수병들이 주로 휴대한 것으로 알려져 있다.

❺ M1851 해군용 콜트 권총: 서부영화에 자주 등장하는 리볼버 권총과 비슷하게 생겼지만 발사 방식은 약간 복잡하다. 우선 발사용 화약과 총알을 함께 넣은 종이 카트리지를 뒤쪽이 아닌 앞쪽으로 회전식 실린더의 약실에 밀어넣는다. 그리고 총구 아래 레버를 당기면 연결된 다른 레버가 탄환을 약실 끝까지 밀어서 카트리지에 붙은 화약이 눌려서 으스러지게 만든다. 그 후 회전식 실린더의 뒤쪽에 얇은 구리에 둘러싸인 동전 모양의 뇌홍(雷汞, 질산수은 용액에 에틸올을 섞어서 만든 분말로 민감하기 때문에 기폭제로 주로 사용되었다)을 끼워넣는다. 이런 식으로 6발을 장전한 후에 사용했다. 1871년 6월 5일 미 해군 슬라이 소령이 작성한 강화도 상륙작전 계획서를 보면 소총 휴대가 곤란한 포병대와 공병대, 그리고 의무대는 권총으로 무장했다. 손돌목돈대 전투에서 슬라이 소령은 맥키 중위를 창으로 찌르고 달려드는 조선군을 이 권총으로 사살했다.

❻ M1860 군도: 신미양요 당시 미군 부사관과 병사 들이 사용했던 도검이다. 전장 80센티미터에 칼날은 대략 65센티미터이며 무게는 1킬로그램에 조금 못 미친다. 주로 베는 데 사용했기 때문에 칼날이 넓고 튼튼했다. 따라서 로프나 천을 자르는 용도로 사용하기도 했다. 장교들에게는 전용 군도가 별도로 지급되었으며 강화도 상륙작전에서는 포병대가 권총과 함께 휴대했다.

❼ 12파운드 야포: 약 1000야드(약 910미터)의 사정거리를 가진 대포로 일반 포탄과 산탄을 발사했다. 강화도 상륙작전 당시 7문이 상륙했고, 그중 2문이 손돌목돈대를 포격했다. 원래는 말이 끌어야 했지만 강화도 상륙작전 시에는 미 해군이 직접 끌었다. 포병대는 모두 미 해군 소속으로 운용요원 역시 미 해군이었다.

16시간 전쟁

정명섭 안녕하십니까. 이번 시간에는 지금으로서는 상상도 할 수 없는 한국 대 미국의 전쟁을 중계해드리도록 하겠습니다. 도움 말씀에 신미양요를 연구하고 계시는 최민석 작가님이 나오셨습니다. 진행 과정을 보면 꼭 전쟁까지 가야 했나 하는 생각이 듭니다.

최민석 1871년 초까지 청나라 총리아문을 통해 서신을 주고받긴 했지만 양측의 입장 차이가 워낙 뚜렷했습니다. 미국은 제너럴셔먼 호 사건을 핑계로 조난 선원이나 배를 구호해주는 협정을 맺고, 거기다 무역 협정을 체결해서 조선을 개항시키는 게 목적이었습니다. 반면 조선은 원래부터 표류해온 선원이나 배들을 구호해주고 있으니 별도의 협정은 필요 없다, 그리고 교역으로 인해 천주교같이 신분 질서를 뒤흔드는 종교가 유입되는 것을 우려해서 무역도 허락할 수 없다는 입장이었습니다. 이렇게 양측의 견해 차이가 워낙 컸기 때문에 무력 충돌로 이어진 것 같습니다.

정명섭 말씀드리는 사이 아시아 함대의 정찰대가 손돌목孫乭項 부근까지 진입합니다. 시간이 오후 2시를 막 지나가고 있는 가운데 손돌목돈대孫乭項墩臺의 조선군이 급히 불랑기의 모포에 자포를 끼워넣고 심지를 꽂습니다. 강화도의 방어 시설과 수비군에 대해서 간략한 설명 좀 해주시죠.

최민석 강화도의 방어 체제는 진무영을 중심으로 강화도 해안을 방어하는 12진보로 구성됩니다. 각 진보에는 3개에서 5개의 돈대가 소속되어 있고 서류상 100명에서 200명 정도의 군사가 배치되어 있죠. 특히 중요하다고 생각되는 지역의 돈대는 진무영에서 직접 관할합니다. 신미양요 당시 강화도의 수비시설은 폐쇄된 돈대 두 곳을 제외한 12진보 46돈대에 진무

영 직할돈대 6곳으로 구성되어 있습니다. 기본적으로 돈대는 포대의 기
능을 한다고 보시면 되겠습니다.

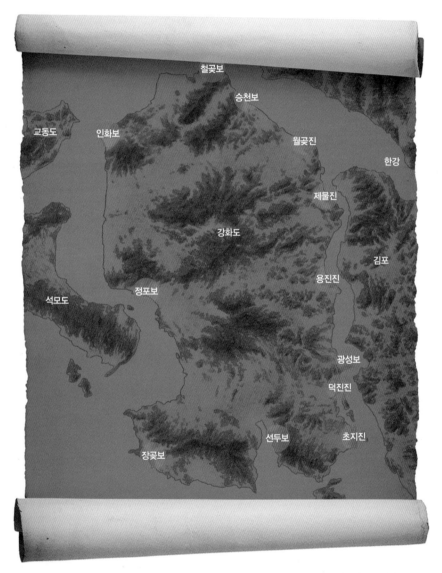

강화도의 12진보 미군과 교전이 벌어진 손돌목돈대는 광성보에 속한 광성돈대와 가깝지만 실은 덕진진에 소속
된 돈대다.

정명섭 아, 그렇군요. 그럼 손돌목은 어떤 곳이고 이곳의 방어시설은 어떤 게 있습니까?

최민석 강화도와 육지 사이의 해협을 보통 염하鹽河라고 부릅니다. 이 지역의 해류는 대부분 곧게 흐르지만 손돌목에서만 옆으로 크게 휘어지죠. 물살이 빠르고 암초가 많아 동력선이라고 해도 쉽게 항해하기 어려운 곳입니다. 그런 손돌목을 감시할 수 있는 가장 중요한 돈대가 바로 손돌목돈대입니다.

정명섭 그러고 보니 주변 돈대들 중에 가장 높은 곳에 위치해 있군요.

최민석 손돌목돈대는 고지에 자리를 잡아 주변 관측이 용이하고 삼면三面에 포격을 가할 수 있죠. 손돌목돈대 주위에는 용두돈대와 광성돈대가 있는데요. 용두돈대는 돈대라기보다는 광성보에서 연결되는 성첩城堞을 해안 쪽으로 연결했다고 봐야 할 곳입니다. 그러나 급커브 구간 바로 앞에 자리잡고 있어서 손돌목을 통과하려는 적선에게 큰 위협이 됐지요. • 광성돈대는 손돌목을 지나 광성보의 성문인 안해루와 연결된 돈대입니다. 손돌목돈대는 용두돈대, 덕진돈대와 함께 덕진진德津鎭 관할이고 광성돈대부터 시작해 북쪽의 오두, 화도돈대는 광성진 관할입니다.

정명섭 정리하자면 손돌목은 지형 이름이고, 그 지형에 있는 돈대들을 관할하는 곳이 각각 달랐으며, 남쪽으로부터 순서대로 용두돈대, 손돌목돈대, 그리고 광성돈대가 있다는 말씀이시군요.

최민석 맞습니다. 바로 이 점 때문에 마지막 전투가 벌어진 장소가 어딘지 혼란에 빠져버리죠.

정명섭 손돌목돈대에서 공격을 준비하는 걸 보니 이곳에 지휘소가 설치된 겁니까?

최민석 1차 손돌목 교전을 지휘한 진무중군鎭撫中軍 이봉억李鳳億의 지휘소가 어디였는지는 불명확합니다. 다만 미군이 손돌목을 통과하려는 순간 집중사격을 가했다는 걸 보면 손돌목돈대를 지휘소로 삼고 있지 않았을까 하는 추정은 가능하죠.

정명섭 지금 상황을 살펴보면 미군 측은 수심을 측정하겠다고 미리 통보를 한 상태인데요. 이렇게 되면 조선이 선제공격을 했다는 빌미를 제공하는 건 아닌지 모르겠습니다.

최민석 손돌목 일대 염하는 한강 수로와 연결되는 중요한 요충지이기 때문에 평상시에도 출입이 엄격하게 통제되는 곳입니다. 나중에 미군은 미리 통보를 했다고 우기지만 조선은 승낙한 적이 없었죠. 이번 충돌은 명백히 미국의 도발입니다.

정명섭 그렇군요. 아, 드디어 조선 대 미국, 미국 대 조선의 한판 승부가 펼쳐집니다. 미군 정찰함대가 손돌목을 막 통과하려던 찰나, 진무중군 이봉억의 방포 명령이 떨어집니다. 손돌목돈대에서 미군 함대에 포격을 개시하자 인근 광성보와 강화해협 건너편의 통진부사通津府使 홍재신洪在愼이 지휘하는 덕포진德浦鎭에서도 대포를 발사하는군요.**

최민석 통진부사는 진무영의 좌영장도 겸임하고 있죠. 덕포진도 사격한 것으로 봐서는 사전에 협공을 가할 계획이 준비돼 있었던 것으로 보입니다.

정명섭 기습을 당한 미군 함대는 즉각 모노카시의 8인치 포를 이용해 반격에 나섭니다. 급류와 암초로 가득 찬 좁은 수로는 양쪽이 쏴대는 포탄의 소음과 연기로 뒤덮여버렸습니다. 조선군이 선제공격을 감행했지만 미군 함정에 거의 피해를 입히지 못하고 있는 상황입니다.

최민석 사정거리는 충분했지만 대부분의 대포가 고정식으로 배치돼 있어서 조

---

* 손돌목돈대와 용두돈대는 지금은 광성보 내에 있지만 원래 소속은 덕진진 관할이다. 1970년대 후반 박정희 대통령의 지시로 전적지 정화사업을 하면서 광성진 경내로 편입되었다.

** 현재 지도상에는 덕포진이 손돌목 아래쪽에 위치하고 있지만 현 위치보다 북쪽에 위치했다는 주장도 제기되고 있다.(연합뉴스 2008년 5월 20일자 「김포역사문화원 "신미·병인양요 격전지 틀렸다"」 기사 참조)

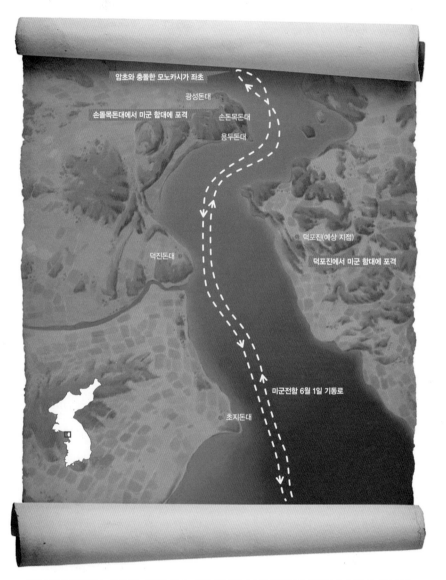

미군 정찰대의 진입로 블레이크 중령이 이끄는 정찰대가 6월 1일 강화해협으로 진입하자, 손돌목돈대에 주둔 중이던 조선군이 사격을 개시했다. 하지만 미 해군은 별다른 피해 없이 퇴각했으며 조선군의 공격을 핑계 삼아 보복에 나선다.

준이 거의 불가능했기 때문이죠.[*] 그리고 제너럴셔먼 호 사건에서 볼 수 있듯 두꺼운 목재를 두른 서양 함선에 이런 구식화기는 거의 효과를 발휘하지 못했습니다.[**]

정명섭 팔로스와 모노카시가 조선군의 포격을 뚫고 손돌목을 통과했습니다. 하지만 통과 직후 모노카시가 암초와 충돌해서 바닥이 파손되는군요. 응급 수리를 마친 모노카시와 정찰함대는 다시 손돌목을 통과해 남하합니다. 그런데 왜 조선군은 대포를 안 쏘나요?

최민석 미군의 포격에 압도된 덕포진과 손돌목 일대의 조선군은 교전을 포기한 상태였던 것으로 보입니다.

정명섭 먼저 공격을 했습니다만 별다른 피해를 입히지 못하고 마는 조선군. 하지만 미군 함정들이 먼저 철수한 걸 보면 조선군의 격렬한 포격에 겁을 집어먹은 것일까요?

최민석 그것보다는 수심을 확인하지 못한 상태에서 진입했다가 좌초하는 것을 우려한 것 같습니다. 실제로 모노카시 호가 암초와 충돌했으니까요.

정명섭 그럼 포격 때문에 철수한 게 아니란 말씀이시군요.

최민석 네, 15분간 벌어진 이 교전에 관한 보고를 받은 틸튼 대위가 부인인 나니에게 보낸 편지에 조선군 포대를 완전히 제압했다고 쓴 걸로 봐서는 패배라고 생각한 것 같지는 않습니다.

정명섭 양군 피해 상황은 어떤가요?

최민석 조선군은 덕포진의 포수 오삼록이 포탄에 맞아 전사했습니다. 반면 미군의 피해는 수심을 측정하던 알래스카 호 소속의 증기 단정에 탑승한 제

---

[*] 미군은 조선군이 여러 단으로 정렬된 대포와 한 명이 어깨에 거치하고 다른 한 명이 조준하여 발사하는 형태의 대형 소총을 뜻하는 '진걸'을 사용했다고 기록했다. '수포(手砲)'라고도 불리는 이 단가포는 일반 조총보다 길고 무거워서 성벽 등에 거치시켜놓고 사용해야 했다.

[**] 미군 함정들은 단단한 북미산 떡갈나무로 건조되어 다른 열강의 함정보다 방어력이 우수한 편이었다. 평양에서 제너럴셔먼 호와 전투를 벌였던 박규수는 이양선은 튼튼해서 대포보다는 총으로 승조원들을 사살해야 한다는 기록을 남겼다.

임스 커추런James A. Cochren과 존 섬머다이크John Somerdyke 수병이 '진걸'이라고 부르는 화기에 가벼운 부상을 입은 것에 불과했죠. *

정명섭 양측 반응도 엇갈리는군요.

최민석 미군은 비겁한 야만인들이 수로를 탐색하겠다는 통보를 무시하고 기습했다고 분개합니다. 반면 조선은 이양선들이 포격에 못 이겨 퇴각했으며 적병 2명을 사살했다고 믿었죠. 이에 따라 공격을 지휘한 진무중군 이봉억과 통진부사 홍재신을 가자加資, 조선시대 관리의 품계를 한 등급 올려주는 것을 뜻한다하고 덕포첨사 박정환은 공로를 인정받아 포상을 받았습니다. 그리고 대포를 쏴서 적선을 파손시킨 덕포진 포사砲士 강선도와 적병 2명을 사살했다고 보고한 통진포사 차재준의 포상도 건의되었죠. 교전 상황을 보고받은 존 로저스 제독은 즉각 보복을 감행하기로 결정합니다. 자신들의 압도적인 군사력을 과시해서 원하는 협정을 체결하겠다는 속셈이었죠. 아마 여기까지가 원정 전 미군이 예상했던 수순이었고 전형적인 포함외교의 모습입니다.

정명섭 결국 무력을 쓸 구실을 찾고 있었던 셈이군요.

최민석 무지한 동양의 야만인에게 본때를 보여주려는 속셈이었죠. 미군은 포대를 확실하게 파괴할 지상병력을 상륙시키기 위해서 조수의 차이가 적어지는 열흘 후를 디데이로 잡습니다.

정명섭 그동안 서로를 비난하는 서찰들이 오가는군요. 포격전이 벌어진 이틀 후인 6월 3일에는 신임 진무중군 어재연 장군이 도성에서 차출된 병력들을 이끌고 강화도에 도착합니다. 이분은 병인양요 때 참전한 경험이 있네요.

최민석 네, 1841년 무과에 급제한 이후 광양현감과 장단부사 등을 역임했죠. 회

---

* 틸튼 대위는 아내에게 보낸 편지에서 3명이 부상을 당했다고 언급했다. 하지만 그는 1차 손돌목 교전에 참가하지 않았기 때문에 로저스 제독의 보고서에 나온 2명 부상설이 더 신빙성 있어 보인다.

미군 상륙부대 편성표

구 분	성명	비고
강화도 원정군 지휘관	해군 중령 블레이크	팔로스 호에서 상륙군과 해상의 함대를 지휘
상륙군 지휘관	해군 중령 킴벌리	해병대와 수병들로 구성된 10개 중대와 포병대, 의무대, 공병대를 지휘
상륙군 지휘관 보좌관	해군 소령 슬라이	지휘관 보좌 및 상륙작전 계획, 부대 편성 업무
해군 보병대대장	해군 소령 케이시	해병대와 수병들로 구성된 해군 보병대대 10개 중대를 지휘
해군 보병대대 차석 지휘관	해군 소령 휠러	(예비 지휘관)
통신관	해군 소위 휴스턴	해상 함대와의 통신(수기 · 발광신호) 업무
A중대	해군 소령 헤이어만	–
B중대	해군 원사 드레이크	–
C중대	해군 대위 토튼	–
D중대	해군 대위 맥키	–
E중대	해군 대위 맥클베인	–
F중대	해군 중위 필스베리	–
G중대	해군 중위 맥린	–
H중대	해군 중위 브라운	–
I중대	해병대 대위 틸튼	각 함에 분승한 해병대 109명(장교 4명, 부사관을 포함한 사병 105명)은 I, J중대로 재편성.
J중대	해병대 중위 브리스	
포병대	해군 소령 카셀	포병대 화력 통제 및 직속 포대 지휘 (12파운드 야전곡사포 3문)
우익 포병대	해군 대위 스노우	12파운드 야전 곡사포 2문
좌익 포병대	해군 대위 미드	12파운드 야전 곡사포 2문
공병대	해군 기술사관 퀸	36명(콜로라도 호 20명, 알래스카 호 8명, 베니시아 호 8명)
의무반	해군 군의관 웰스	12명(콜로라도 호 6명, 알래스카 호 3명, 베니시아 호 3명)
총병력	651명(해병대 109명 포함)	

령부사를 거쳐 병인양요 때는 우선봉장으로 광성보를 지켰습니다. 아마 이때의 경험 때문에 삼군부에서 그를 신임 진무중군으로 추천한 것 같습니다.

정명섭 미군도 이제 출발하려는 움직임을 보이는군요.

최민석 6월 10일 아침 9시 30분, 작약도를 출발한 미군 상륙부대가 정오경에 상륙 예정지점인 초지진草芝鎭이 보이는 황산도 앞바다에 도착합니다.

정명섭 초지진 쪽의 반격은 없었나요?

최민석 모노카시의 포격을 받은 초지진의 조선군은 퇴각한 상태였죠. 오후 2시, 미군 함대의 포격이 계속되는 가운데 100여 발의 탄약과 이틀분의 식량을 휴대한 651명의 상륙부대원을 태운 보트들이 해안가로 향합니다. 이들을 엄호할 7문의 12파운드 야포를 실은 보트들도 뒤를 따라갑니다. 미군은 애초에 점찍은 상륙 지점인 초지돈대 좌측 해안가에 상륙합니다. 326쪽 참조

정명섭 해안가에 근접한 모노카시가 지원사격을 하는 가운데 순조롭게 상륙하는 미군입니다. 아, 하지만 예상치 못한 갯벌 때문에 진격이 지체됩니다. 지금이라도 반격하면 막을 수 있을 것 같은데요. 조선군은 그냥 지켜보고만 있나요?

최민석 초지돈대의 조선군은 포격을 피해 강화도 내륙으로 후퇴한 상태였고 남쪽의 장자평돈대와 섬암돈대도 침묵을 지키고 있는 상태죠.

정명섭 약 200미터 정도 되는 갯벌에서 겨우 빠져나온 미군은 주변 지역을 수색하면서 텅 빈 초지돈대를 점령합니다.* 주변 지역을 수색한 미군이 초지진 후방의 들판에서 야영할 준비를 하는군요. 텐트를 친 미군이 3교대로 주변을 경계합니다. 야습을 경계하는 건가요?

최민석 네, 미군의 예상대로 낮에 퇴각했던 초지진첨사草芝鎭僉使 이렴이 병사들을 이끌고 야습을 감행합니다.** 하지만 남북전쟁을 치르면서 전쟁의 달

인이 된 미군은 이런 공격을 미리 예상하고 해병대를 전진배치해놓은 상태였죠. 주력 부대보다 약 1킬로미터 전진해 있던 해병대는 야습을 감행하는 조선군을 향해 미리 방열해둔 야포를 발사합니다. 포격을 받은 조선군은 공격을 포기하고 물러나죠.

정명섭 미군이 조선 땅에 첫발을 내디딘 6월 10일이 이렇게 지나갔습니다. 다음 날 새벽 4시에 기상한 미군은 초지돈대와 초지진의 부속시설을 파괴하고 북쪽을 향해 전진하는군요. 다음 목표는 어딘가요?

최민석 이들의 두번째 목표는 초지진에서 북쪽으로 약 2킬로미터 떨어진 덕진진입니다. 상륙부대를 따라 북상한 모노카시가 지원포격을 감행하자 덕진진의 조선군 역시 저항을 포기하고 후퇴하죠. 326쪽 참조

정명섭 6월 11일 오전 7시 30분경, 진내에 돌입한 미군은 불랑기로 추정되는 후장식 놋쇠대포 50~60문을 철거하고 덕진돈대도 허물어버립니다. 미군은 덕진진을 점령하는 데 큰 도움을 준 모노카시 호의 이름을 따서 이곳을 '모노카시 요새Forts Monocacy'라고 이름 붙이는군요. 덕진진의 파괴 작업이 마무리되자 상륙부대를 지휘하는 킴벌리 중령이 다시 전진 명령을 내립니다. 해병대가 내륙 쪽 측면과 후방을 경계하는 가운데 미군은 천천히 북상합니다. 이제 다음 목표는 열흘 전 첫번째 교전이 벌어졌던 손돌목돈대인가요?

최민석 그렇죠. 미군에게 포격을 했다는 상징성 이외에 이곳은 주변을 감시할 수 있기 때문에 손돌목 일대의 보루들 중 가장 중요한 곳이기도 합니다.

정명섭 미군이 손돌목돈대를 향해 계속 전진하는 가운데 진무중군 어재연이 내보낸 어영군과 별무사 들이 미군 좌측에 위치한 대모산 방면에서 공

• 미군은 초지돈대를 '해병 보루'라는 뜻의 '마린 리다우트(Marine Redoubt)'로 명명했다.

•• 『조선왕조실록』에는 광성진 전투 후 초지포에 머무르는 미군을 야습했다고 나와 있지만 미군 측 기록에는 상륙 첫날인 6월 10일로 나와 있다.

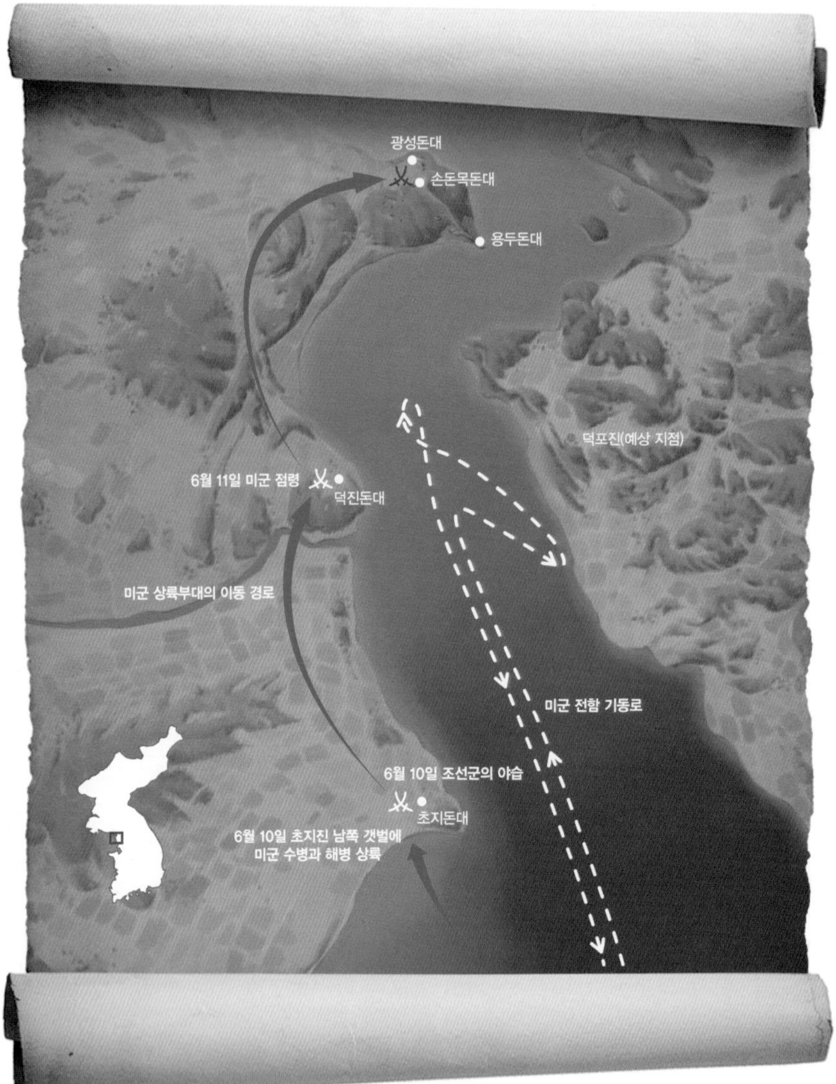

광성돈대

손돈목돈대

용두돈대

덕포진(예상 지점)

6월 11일 미군 점령 덕진돈대

미군 상륙부대의 이동 경로

미군 전함 기동로

6월 10일 조선군의 야습

초지돈대

6월 10일 초지진 남쪽 갯벌에
미군 수병과 해병 상륙

신미양요 전투 6월 10일 초지진에 상륙한 미군은 조선군의 야습을 격퇴하고, 다음 날 함포의 지원을 받으며 북상했다. 덕진돈대에 무혈입성한 미군은 조선군이 지키는 손돌목돈대를 공격했다.

격을 개시합니다. 조선군의 저항이 거세지자 미군 포병대장 카셀 소령은 언덕 위로 12파운드 야포 1문을 끌어올립니다. 방열된 야포가 포격을 개시하자 조선군은 약 40명의 전사자를 남겨놓고 퇴각합니다.* 근데 전투가 끝난 후에도 미군 중 일부가 계속 머무는데요. 왜 저러나요?

최민석 킴벌리 중령이 대모산 방면의 조선군은 계속 측면을 공격하려 할 것이라고 판단해서 해군 보병대대 차석 지휘관인 휠러 소령에게 3개 중대와 곡사포 5문을 지휘해 상륙군의 후방을 엄호하라고 명령한 것이죠. 그리고 다른 부대에는 서둘러 요새로 진격하라고 독려합니다.

정명섭 오전 11시경, 미군이 손돌목돈대가 보이는 건너편 산에 도착합니다. 킴벌리 중령은 무더위 속 강행군에 지친 병사들을 쉬게 하는군요. 조선군은 지금 어떤 대책을 세우고 있습니까?

최민석 미군 병사들이 꿀맛 같은 휴식에 빠져 있을 무렵, 광성보를 탈출한 군량담당 아전 전용묵이 진무사鎭撫使 정기원에게 이 사실을 알리죠. 소식을 들은 정기원은 즉시 각 진영의 지휘관들에게 삼현령三縣鈴의 급보**를 전하면서 경계를 강화하라고 지시합니다.

정명섭 그사이 휴식을 마친 미군은 손돌목돈대 공격을 위한 준비에 들어갑니다. 이번에도 모노카시가 해결사로 나서는군요. 상륙군을 따라 북상한 모노카시는 포격을 가해오는 남성두南星頭***를 파괴하고 해안가에 정박한 채

---

* 『조선왕조실록』이나 일부 기록에는 미군이 대모산 정상으로 곡사포를 이동시켜서 조선군에 사격을 가했다고 나와 있다. 틸튼 대위의 보고서에도 산봉우리에 올라가서 저항하는 조선군 40명을 사살했다는 기록이 보인다. 하지만 '대모산'이라는 명칭은 번역자의 주석으로 추정된다. 왜냐하면 바로 다음에 공격 목표로부터 1200야드, 약 109미터 정도 떨어져 있다는 기록이 나오기 때문이다. 본 저자들이 실측한 결과 대모산에서 광성보와 손돌목돈대는 최소 몇 백 미터는 떨어져 있다. 또한 미군 작전 지도에도 대모산 방면으로 이동한 흔적이 보이지 않는다.

** 삼현령은 비상통신문 중 최고 수준의 긴급상황을 뜻한다. 급한 문서를 보낼 때 봉투에 방울 세 개를 달거나 동그라미 세 개를 그렸다. 현령은 공문서를 보내는 방법을 말한다.

*** 남성두가 어디를 말하는지는 불분명하다. 손돌목돈대 남쪽 해안가에 포대가 있지만 이는 신미양요 이후 증설한 것이다. 손돌목돈대의 남쪽인 용두돈대. 내지는 손돌목돈대의 남쪽 포좌를 의미하는 것으로 추정된다.

포격을 실시합니다. 상륙부대가 끌고 온 12파운드 야포 2문도 손돌목돈대를 쉴 새 없이 두들겨대는 중입니다. 양쪽의 포격을 당하는 상황에서 조선군은 큰 손실을 입지만 어떻게든 끝까지 버티고 있습니다. 휴식을 마친 미군이 공격 준비선線으로 설정한 능선으로 이동하던 중, 병사 한 명이 손돌목돈대에서 날아온 탄환에 맞고 쓰러집니다. 누군가요?

최민석 베니시아 호 소속의 해병대원인 23살의 데니스 핸러핸 일병이죠.*

정명섭 가공할 포격을 당하고 있는 손돌목돈대의 조선군도 급히 전열을 수습합니다. 그런데 지금 노래를 부르고 있나요?

최민석 전의를 북돋기 위해 노래를 부르고 함성을 지르는 것 같네요.

정명섭 그 사이 공격 준비선으로 이동한 미군은 조선군과 총격전을 벌입니다. 미군은 엎드리거나 엄폐물에 숨어서 사격을 한 덕에 사상자가 거의 발생하지 않는 반면 성벽에 의지하고 있는 조선군은 피해가 더 큽니다.

최민석 양쪽이 보유한 총기의 성능이 여기서 극명하게 드러나죠. 당시 조선군의 조총은 임진왜란 시기에 도입할 때와 같은 형태였습니다.312쪽 참조 즉, 총구로 화약과 탄환을 장전하고 불붙은 화승을 화약에 점화시켜서 발사하는 방식이죠. 총구의 직경이 탄환보다 컸기 때문에 탄환은 총신 안을 이리저리 튀면서 발사됩니다. 당연히 거리가 멀어질수록 명중률이 떨어질 수밖에 없는 구조입니다. 거기다 총구로 탄환과 화약을 넣어야 했기 때문에 발사 이후 서서 재장전을 해야만 했습니다. 반면 미군이 보유했던 레밍턴 소총314쪽 참조은 요즘처럼 화약과 탄두가 일체화된 탄약을 약실로 장전할 수 있기 때문에 엎드린 상태에서 사격과 재장전이 가능했습니다. 그리고 기계로 가공한 총열 내부의 강선 때문에 명중률과 사정

---

* 틸튼 대위의 보고서에는 알래스카 호 소속이라는 기록도 보이지만 같은 보고서의 후반부 기록에는 베니시아 호 소속으로 기록되어 있다.

거리 역시 조총에 비해 압도적으로 우세했지요.

정명섭 부서진 성첩에 의지해서 저항하던 조선군이지만 사정없이 떨어지는 모노카시의 포격과 미군의 정확한 사격에 하나둘씩 쓰러져가고 맙니다.

최민석 이제 미군의 최종 공격만 남았습니다.

정명섭 지금 시각 오후 1시! 미군이 최종 돌격을 개시합니다. 조선군은 모노카시의 포격과 상륙부대의 포사격으로 큰 피해를 입었음에도 불구하고 끈질기게 저항합니다. 부서진 성첩에 서서 미군을 향해 사격을 가하고 탄환이 떨어지면 돌팔매질을 합니다. 돌격해오는 미군은 역시 장교가 가장 앞장을 서는군요. 선두에 선 장교가 누군가요?

최민석 쏟아지는 탄환을 무릅쓰고 가장 먼저 손돌목돈대로 돌입한 미군은 상륙부대 D중대 지휘관인 맥키 대위H. W. McKee입니다. 그리고 함에서 차출된 해군 육전요원 알렉산더 매켄지, 사무엘 로저스, 윌리엄 트로이, 해병대의 휴 퍼비스 일병이 뒤를 따르고 있군요.

정명섭 아! 포격으로 무너진 성벽을 넘어가던 맥키 대위가 조선군의 총에 사타구니를 맞고 쓰러집니다. 뒤이어 달려든 조선군이 그의 아랫배에 창을 찔러넣습니다. 그리고 콜로라도 호 소속인 18세의 세스 앨런Seth Allen 수병 역시 성벽을 넘어오다가 조선군의 총격을 받고 전사합니다. 조선군의 반격이 만만치 않군요. 아, 하지만 결국 성벽을 넘어가는 데 성공하는 미군입니다. 쓰러진 맥키 대위를 지키기 위해 뛰어든 두 수병 사무엘 로저스와 윌리엄 트로이도 각각 부상을 입습니다.

최민석 알렉산더 매켄지는 조선군의 칼에 찔려 큰 부상을 당하죠.

정명섭 슬라이 소령이 맥키 대위를 창으로 찌르던 조선 병사를 사살합니다. 수병 윌리엄 루크스 역시 맥키 대위와 동료들을 구하려 했지만 조선군에게 포위당한 채 중상을 입고 쓰러집니다. 잘 막아내고 있는 조선군입니다!

최민석 하지만 해병대와 해군 병사들이 계속 성벽을 넘어오면서 전세가 역전되죠.

손돌목돈대를 포격하는 미군
어재연 장군이 지키고 있던 손돌목돈대는 상륙한 미군의 집중포격과 모노카시 호의 함포사격을 받았다. 미 해병대 병사들은 모포를 어깨에 두르고 소총으로 무장했으며, 해군에서 차출된 대포 운용요원들은 군도와 권총으로 무장했다. 손돌목돈대에서 펄럭이는 수자기(帥字旗)는 어재연 장군이 자신의 진영에 내건 군기로, 누런 삼베에 검은색으로 지휘관을 뜻하는 '수(帥)'를 크게 썼다. 어재연 장군의 수자기는 손돌목돈대 전투에서 승리한 미군의 전리품이 되었다. 미 해군사관학교 박물관이 보관하던 이 수자기는 2007년 10월, 136년 만에 장기임대 형식으로 고국에 돌아왔다.

손돌목돈대로 돌입하는 미군

포격으로 무너진 손돌목돈대로 돌입한 미군과 조선군은 치열한 백병
전을 벌였다. 조선군은 끝까지 저항했지만 결국 미군에 패배하고 말
았다.

❶ 조선군 진무영 병사는 방탄용 면갑과 면투구를 착용했다. 허리에
는 면갑을 고정시키고 방어력을 높이기 위해 두꺼운 면포로 된 허
리띠를 둘렀다.

❷ D중대 지휘관 맥키 대위는 손돌목돈대에 가장 먼저 진입한 미군
으로 알려져 있다. 오른손에는 미 해군용 네이비 콜트 권총을 쥐
고 있고, 왼손에는 장교용 군도를 들고 있다.

❸ 미 해병대 병사는 후장식 단발소총인 레밍턴 롤링블록 소총으로
무장했으며 백병전에 대비해 총검을 착검한 상태다.

❹ 미군 수병은 함상요원 중 차출된 인원들도 상륙군에 편제되었다.
레밍턴 롤링블록 카빈 소총을 들고 있다.

정명섭 총을 버리고 환도와 창을 휘두르며 저항하는 조선군! 아, 하지만 차츰 밀리고 맙니다. 미군이 수자기를 내리고 성조기를 게양하려는 모양입니다.

최민석 손돌목돈대 내부로 진입한 틸튼 대위가 해병대의 휴 퍼비스 일병과 찰스 브라운 상병에게 조선군의 깃발을 끌어내리라고 명령하죠. 두 사람이 조선군 깃발을 끌어내리자 해군 깃발 호송병 사일러스 헤이든이 그곳에 성조기를 게양합니다.

정명섭 하지만 전투는 끝나지 않았습니다. 요새 내에 성조기가 오른 것을 본 조선군 병사들이 그것을 다시 끌어내리기 위해 공격해옵니다. 하지만 결국 미군이 지켜내는 데 성공합니다. 쓰러진 맥키 대위를 놓고도 싸움이 벌어지고 있습니다. 미군 병사들이 대위를 구출하는 데는 실패했지만 그 옆에 쓰러져 있던 알렉산더 매켄지를 후방으로 끌어내는 데 성공하는군요. 하지만 그렇다고 해도 미군의 피해가 생각보다 적습니다.

최민석 지난 이틀 동안 미군 병사들의 체력을 갉아먹으며 정신력을 시험했던 질기고 두꺼운 모직 군복이 이번에는 많은 목숨을 살렸죠. 참고로 깃발을 지켜낸 세 명은 이때의 공으로 의회 명예훈장Congressional Medal Of Honor을 받았습니다.

정명섭 치열한 백병전이 벌어졌지만 승패는 이미 결정된 것이나 다름없었죠. 하지만 조선군 병사들은 부상을 당하거나 무기를 잃어 싸울 수 없으면 바닥의 흙을 집어던지며 끝까지 저항했습니다. 어재연 장군도 뽑아들고 싸우던 환도가 부러지자 연환불랑기의 포탄을 집어던지며 저항했지만 베니시아 함 소속의 해병 제임스 도허티가 쏜 총탄에 맞고 전사하고 맙니다.[*] 끝까지 곁에 있던 동생 어재순魚在淳도 함께 쓰러지고 맙니다. 차츰 총성이 가시는 손돌목돈대 안은 면갑을 입은 조선군의 시체가 즐비합니다.

---

* 제임스 도허티 역시 전공을 인정받아 의회 명예훈장을 받았다.

피해가 어마어마해 보이는데요.

최민석 조선군을 지휘하던 진무중군 어재연 장군을 비롯해서 그의 동생 어재
순, 어영청 초관 유풍로, 진무영천총 김현경과 광성별장 박치성이 전사
했습니다. 일반 병사의 피해 역시 적지 않았죠. 패배가 확실해지자 많은
조선군이 칼로 목을 찌르거나 돈대 밖으로 몸을 날려 스스로 목숨을 끊
었습니다. 불과 15명의 병사들만이 크고 작은 부상을 입은 채 포로로
잡혔죠. 반면 미군은 부상을 입고 6시간 후 사망한 맥키 대위를 비롯해
서 3명이 전사하고 9명이 중경상을 입었습니다. 전투를 끝낸 미군은 부
상자를 수습해서 모노카시 호로 후송하고 전사한 맥키 대위의 이름을
따서 손돌목돈대를 '맥키 요새Fort McKee'라고 명명했습니다.

정명섭 15명만 포로로 잡혔다면 나머지는 모두 전사한 겁니까?

최민석 일단 손돌목돈대와 인근에 배치된 조선군의 숫자가 정확히 얼마인지 알
수 없는 상태라 단언하기는 힘듭니다. 실록에는 조선군의 피해를 전사
53명, 부상 24명으로 기록합니다. 하지만 틸튼 대위가 아내에게 보낸 편
지에는 조선군 200명을 사살했다고 언급하고 있죠. 또한 미군의 공식
집계는 조선군 사살 243명입니다.

정명섭 전사자 통계가 꽤 많이 차이가 나네요?

최민석 미군은 조선군과 벌어진 전투에서 벌어진 전체 사상자 수를 기록했던 것
으로 추정되지만, 조선은 손돌목돈대 안에서 벌어진 전투의 사상자만을
기록한 것 같습니다. 오후 3시경 손돌목돈대에서 탈출한 병사들이 진무
사 정기원에게 달려와 함락 소식을 전한 것으로 봐서는 일부 탈출한 인
원도 있었던 것으로 보이고요.

정명섭 그렇군요. 미군 배에서 내린 사진사가 손돌목돈대의 사진을 찍고 있네요.

최민석 존 로저스 제독이 고용한 이탈리아인 사진사 펠릭스 비토가 조선군의 시
신이 즐비한 손돌목돈대를 촬영하고 있죠. 지금 우리가 찾아볼 수 있는

당시의 사진들은 대부분 이 사람이 찍은 겁니다. 한편 광성보 본진 주변에서 야영을 한 미군은 다음 날 오전 10시에 진지 파괴 작업을 완료하고 빼앗은 수자기를 비롯한 노획물과 포로들을 끌고 모노카시 호로 철수합니다. 병사들을 태운 모노카시 호가 약 10킬로미터 남쪽의 작약도로 귀환하면서 전투가 마무리됩니다.

정명섭 아, 최선을 다했습니다만 안타깝게도 중과부적이었습니다. 조선군이 형편없이 참패한 이유가 뭘까요? 개인화기의 성능 차이인가요?

최민석 그것도 한 가지 요인이 될 수 있죠. 양측의 주력 무기였던 화승총과 레밍턴 롤링블록 소총을 비교해볼까요? 조선군이 사용하는 화승총은 임진왜란 당시 도입된 것과 별 차이가 없었습니다. 총구로 탄약을 장전하는 방식이라 장전 시간이 오래 걸렸던 반면 미군이 사용한 레밍턴 롤링블록 소총의 경우 탄환과 화약이 결합된 탄약을 약실에 직접 장전하는 후장식입니다. 구체적으로 말씀드리자면 화승총의 경우 빨라야 1분에 1발이었지만 레밍턴 롤링블록 소총은 1분에 10발 이상 사격할 수 있습니다.

정명섭 단순히 비교해도 10배 이상 차이가 나는군요.

최민석 발사 속도 외에도 레밍턴 롤링블록 소총의 경우 강선腔綫, 탄환의 발사 속도와 사정거리를 높이기 위해 소총의 총열에 나선형 홈을 파 놓은 것이 있기 때문에 화승총보다 먼 거리를 정확하게 노릴 수 있었습니다.

정명섭 장전 속도와 명중률, 사거리 모두 미군이 보유한 소총이 뛰어났다는 말씀이신가요?

최민석 네, 거기다 미군의 경우 콜트 네이비 권총을 보유했습니다. 서부영화에서 나온 것처럼 탄환을 실린더에 끼우고 바로 발사할 수 있는 수준은 아니지만 일단 장전하면 6발은 한 번에 발사할 수 있었습니다. 미군의 이런 화기가 마지막에 벌어진 백병전에서 큰 효과를 줬을 겁니다. 슬라이 소령이 조선군을 이 권총으로 사살했죠. 하지만 더 결정적인 요인은 모노카시가 호가 상륙부대와 함께 북상해 포격을 가했다는 점입니다. 거기다 상륙부대가 가져온 12파운드 야포가 포격에 합세하면서 손돌목돈대 일대는 거의 폐허가 되다시피 했습니다. 대부분의 전사자도 이때 발생했던 것으로 추정됩니다.

정명섭 그러니까 미군이 돌격하기 전에 이미 승패가 난 거나 다름없었다는 말씀이시죠? 근데 이때는 무전기가 없던 시대일 텐데 탄착 수정은 어떻게 했습니까?

최민석 지상군이 망원경과 깃발 신호를 이용해서 오차를 수정한 것 같습니다.

정명섭 그렇군요. 근데 앞선 초지진이나 덕진진의 조선군은 포격을 받고는 곧바로 후퇴했는데 손돌목돈대의 조선군은 퇴각하질 않았네요.

최민석 신미양요에 대해 잘못 알려진 사실 중 하나는 당시 조선군이 근처 마을에서 사는 농민이나 제대로 훈련받지 못한 오합지졸일 것이라는 선입견입니다. 적어도 광성보와 손돌목돈대를 방어하던 병사들은 조선에서 최정예 부대인 오군영의 병사들이었습니다. 조선의 군제가 무기력하긴 했지만 오군영의 병사들은 수도 방어를 담당하고 있었기에 장비나 훈련 상태가 좋은 편이었죠.

정명섭 그러니까 오합지졸이라서 그렇게 패배한 게 아니라 그나마 정예병이라서 그 정도까지 싸웠다는 말씀이시군요.

최민석 손돌목돈대는 넓이가 235평밖에 안 됩니다. 그 안과 주변에 1시간 동안 모노카시 호와 상륙부대의 대포가 포격을 가했습니다. 그 상황에서 항복하지 않고 버틴 것만 해도 대단한 거죠. 그리고 양군이 사용한 총기의 성능 차이가 결정적으로 승패를 나눈 겁니다.

정명섭 신미양요를 얘기하면서 늘 나오는 말이 있지 않습니까? 총알을 막기 위해 솜으로 면갑을 만들었는데 너무 더워서 제대로 움직이지 못했고, 설

설상가상으로 미군이 쏜 총이 관통하면서 솜에 불이 붙었다는 식으로 말이죠.

최민석 조선군이 오합지졸이었기 때문에 패배했다는 것과 함께 잘못 알려진 대표적인 사례죠. 우선 면갑은 솜이 아니라 면포를 13겹 이상 겹쳐서 만든 방탄복입니다. 현재의 방탄복이 케블라같이 탄성이 좋은 섬유로 만들어진 것과 비슷한 원리입니다. 312쪽 참조

정명섭 아, 그런가요?

최민석 육군박물관에 남아 있는 실물을 보면 옆쪽이 트여 있는 것이 통기성도 어느 정도는 고려한 모습입니다. 그리고 갑옷이든 뭐든 일단 껴입으면 무겁고 더운 건 마찬가지입니다.

정명섭 하긴 요즘 방탄복도 무겁긴 하죠.

최민석 물론 미군이 가지고 있던 레밍턴 소총의 관통력이 조선이 보유하고 있던 조총보다 뛰어난 탓에 별다른 효과를 보지 못했다는 점은 사실입니다. 하지만 예광탄이 아닌 이상 탄환이 면에 불을 붙이지는 못합니다. 불이 붙었다는 건 아마 포격 때 발생한 화재가 면갑에 옮겨붙은 것을 보고 착각했을 가능성이 높습니다. 그리고 같은 방식으로 면투구도 제작했지만 이건 더위 탓에 별로 사용하지 않은 것 같습니다.

정명섭 네, 말씀 잘 들었습니다. 지금으로서는 상상하기 힘든 조선과 미국의 전쟁이 이렇게 막을 내립니다. 우리가 이 전쟁에서 어떤 점을 기억해야 할까요?

최민석 신미양요는 미국과의 전쟁이었기 때문에 중요하게 생각되지 않고 손돌목 돈대 전투 자체도 정족산성 전투와는 달리 패배였기 때문에 관심도 덜한 게 사실입니다. 하지만 조상들이 자신의 위치에서 최대한 노력을 다했다는 점은 분명히 짚고 넘어가야 할 문제죠. 당시 참전했던 슬라이 소령의 회고담은 조선군을 이렇게 설명합니다.

조선군은 노후한 전근대적인 무기를 가지고 근대적인 무기로 무장한 미군에 대항하여 용감히 싸웠다. 조선군은 그들의 진지를 사수하기 위하여 용맹스럽게 싸우다가 모두 전사했다. 아마도 우리는 가족과 국가를 위해 그토록 강력하게 싸우다가 죽은 국민을 다시는 볼 수 없을 것이다.

정명섭 말씀 잘 들었습니다. 손돌목돈대 전투를 마지막으로 조선전쟁 생중계를 마치도록 하겠습니다. 감사합니다.

첫번째 한국전쟁 - 승리하지 못한 미군

작약도에서 승전 보고를 받은 프레더릭 로 공사는 승리를 축하하면서 곧 백기를 들고 찾아올 사절을 맞이할 준비를 한다. 하지만 패전 소식을 접한 조정에서는 미군에 강화 사절을 보내는 대신 전사한 진무중군 어재연의 후임자로 경기중군京畿中軍 김선필을 임명하고 일선 지휘관들을 교체해서 분위기를 일신한다. 비록 패배했다는 사실에 큰 충격을 받았지만 로 공사가 원하는 방향으로 흘러가지는 않은 것이다. 당시 조선의 정계를 주도하던 흥선대원군은 서원 철폐나 경복궁 중건 문제로 유림들과 대립하고 있는 상태였다. 이런 상황에서 양이와 강화를 주장했다가는 명분싸움에서 완전히 밀릴 수밖에 없었기 때문에 강경론을 주장했다.

흥선대원군을 비롯한 조선의 지배층에게 서양인은 오페르트의 남연군 도굴사건이나 천주교 전파처럼 조선의 질서를 어지럽히는 존재로 인식되었다. 협상이나 대화의 대상이 아니라 그냥 피해야 할 대상에 불과했던 것이다. 기다리던 항복 사절이 찾아오지 않자 애가 탄 로 공사가 6월 13일에 먼저 조선에 포로 석방을 제의하면서 협상에 나서라는 내용의 서찰을 보낸다. 그리고 같은 날 조선군 포로 9명을 석방한다.* 다음 날, 이에 대해 부평부사富平府使 이기조는 '진무사는 이번 패배를 보복하기 위해 병력을 집결 중이라 바빠서 서찰을 전달하지 못한다'라는 내용의 답장을 보낸다. 답장을 받은 로 공사가 다시 이번 일은 전적으로 조선 책임이니 어서 협상에 나서라는 내용의 편지를 보낸다.

미군은 분명 수로를 탐사할 것이라고 통보했고, 조선이 이의를 제기하지 않았다는 명분을 내세웠다. 하지만 부평부사 이기조는 다시 협상을 거절하는

---

* 『조선왕조실록』에 포로가 된 조선군의 명단이 나온다. 강화부의 별무사 도령장 유예준, 무사 이도현, 황만용, 조일록, 고사달, 김동진, 어영청 군사 김대길, 김우현, 훈련도감 군사 차인식, 어영청 별무사 문계안, 전 초군 이대길, 강화부의 김의도, 엄원철, 최국길 등 모두 14명이다. 이들 외에 별무사 이산석은 부상으로 6월 12일 사망했다. 포로 중 한 명인 조일록은 마취 상태에서 미군 군의관에 의해 오른팔 절단 수술을 받았다. 부상으로 사망한 1명을 제외한 나머지 포로 5명도 일주일 후 석방된다.

편지를 보내는 한편, 한술 더 떠서 물을 뜨러 뭍으로 나오는 미군을 그냥 놔두고 있다는 점을 언급한다. 즉 미군이 식수가 부족하다는 사정을 정확히 알고 있으며 언제든 이를 방해할 수 있다고 엄포를 놓은 것이다. 로 공사가 다시 친서를 국왕에게 전달해달라고 요청하지만 역시 거절당한다. 사태가 장기전으로 흘러가자, 미군은 다시 무력시위를 검토하지만 공세에 나서기 힘든 상황이었다. 전투를 치르면서 한 사람당 100발씩 휴대했던 탄약 중 평균 40발을 사용했고, 포탄 사용량도 적지 않았던 것이다. 거기다 탄약에 문제점이 발생했다. 틸튼 대위가 해군 장관에게 보낸 보고서에 따르면 종이 박스에 보관되어 있던 소총용 탄약의 화약이 습기에 젖은 것이었다. 틸튼 대위가 직접 실험해본 결과 종이 박스에 보관된 탄약의 불발률이 50퍼센트에 달했다. 특히 프랭크포드 조병창에서 1869년에 제작한 탄약들은 모두 사용이 불가능했다.

또한 6월 2일에 수병 토마스 드라이버가 열병으로 사망하는 등, 장마철의 무덥고 습한 기후 때문에 많은 병사들의 건강이 악화된 상태였다. 물을 비롯한 식료품이 부족한 것도 발목을 잡았다. 특히 식수가 부족해서 나중에는 아예 바닷물을 모래에 걸러서 마실 정도였다. 반면 패배한 조선은 오히려 병력을 증강하고 제너럴셔먼 호 사건 때 평안감사 박규수를 도와 화공 작전을 펼쳤던 경기중군 양주태를 강화도로 파견한다. 제너럴셔먼 호 때처럼 미군 함대에 화공을 시도하려고 했던 것이다.

미군이 자신들을 공격했던 손돌목돈대만 파괴했던 것은 전쟁을 확대시키지 않겠다는 의도 때문이었지만, 전면전을 감당할 만한 능력이 없었기 때문이기도 했다. 아무리 무기가 우수해도 1000명도 안 되는 병력이 내륙으로 진격할 수는 없는 노릇이었다. 로 공사는 자신들과 협상에 나서지 않으면 계속 머물면서 또 공격하겠다고 엄포를 놓긴 하지만 조선은 요지부동이었다. 결국 미 해군 아시아 함대는 7월 3일 작약도를 떠나 지푸 항으로 돌아간다. 이렇게 해서 조선과 미국의 전쟁이 막을 내린다.

광성보인가? 손돌목돈대인가?

우리는 흔히 1871년 6월 11일 미군이 조선군이 지키는 성채를 공격해서 함락한 전투를 '광성보 전투' 내지는 '광성진 전투'라고 부른다. 그렇다면 미군과 조선군이 혈전을 벌인 그곳이 바로 안해루 옆의 바로 그 광성돈대일까? 사실 미군의 최종 돌격이 이뤄진 곳이 어디인지에 대해서는 의견이 분분하다.

신미양요에 대한 각종 기록에서도 어재연 장군과 조선군이 전멸한 곳은 광성돈대와 손돌목돈대로 나눠져 있다. 국방부 군사편찬연구소에서 발간한 『한미 군사 관계사』나 국방부 전사편찬위원회에서 나온 『병인·신미양요사』에는 전투가 벌어진 장소로 광성돈대를 지목한다. 반면 2008년 국립고궁박물관에서 발간한 『수자기 – 136년 만의 귀환』에는 손돌목돈대에서 어재연 장군과 조선군이 전사한 것으로 기술되어 있다. 현지 안내판에도 손돌목돈대가 미군과 조선군의 전투가 벌어진 곳이라고 나와 있다. 가장 중요한 1차 사료인 『조선왕조실록』에는 광성진에서 조선군이 전멸했다고 기록되어 있다. 하지만 자세히 살펴보면 다른 사실들을 알 수 있다.

> 진무사 정기원이, '통진(通津)의 진지에서 보고한 내용 중, 적의 괴수가 북쪽으로 대모산 꼭대기에 올라가면서 육지로 대포를 실어다가 앞에서 길을 인도하며 마구 쏘아대고 소총으로도 일제히 쏘아댔습니다. 그리고 미시(未時)에는 적의 괴수가 광성진으로 꺾어들어가서 성과 돈대를 포위하였습니다. 그러므로 광성진에서 일제히 조총을 쏘아대어 한바탕 혼전을 벌였는데 한참 뒤에 광성진은 붕괴되고 적들이 광성진의 위아래 돈대를 차지하였습니다.
>
> 『조선왕조실록』, 고종 8년(1871년) 4월 24일(음력)

광성진은 앞서 설명한 대로 복수의 돈대들을 관할한다. 강화도의 방어체제를 설명할 때 흔히 '12진보, 54돈대'라는 말을 쓴다. 광성진에서 관할하는 여러 돈대들이 함락되었기 때문에 대신들과 임금 모두 광성진이 무너졌다는 표현을 쓴 것이다. 따라서 광성진은 미군이 함락한 돈대를 정확히 지칭하는 것이 아니다. 그럼 '광성돈대 전투'라고 불러야 할까? 다른 당사자인 미군의 기록을 보면 고개를 갸웃거리게 하는 사실들을 몇 가지 발견할 수 있다. 강화군에서 2003년 발간한 『강화 옛지도』의 186쪽에 있는 미군의 작전 지도를 살펴보면 미군이 점령한 성채인 맥키 요새는 위치상 광성보보다는 손돌목돈대에 가깝다. 지도를 자세히 들여다보면 북쪽 해안가에 붙어 있는 광성돈대와 미군이 맥키 요새로 점찍은 곳과 위치가 다르다는 점을 눈치챌 수 있다. 그리고 그 옆에 작은 글씨로 'Hydrographers Fort'라는 글씨가 인쇄되어 있는 것을 볼 수 있다. '수로학자 요새' 정도로 해석된다. 참고로 미군은 해안에 바짝 붙어 있는 용두돈대를 '팔꿈치 요새(Elbow Fort)'로 불렀다.

손돌목은 1차 교전 당시에도 어재연의 전임자이자 진무영의 실질적인 야전 지휘관인 진무중군 이봉억이 머무르면서 지휘했을 가능성이 높다는 점에서 알 수 있듯 조선도 중요한 곳으로 여겼다. 그렇기에 어재연 장군도 미군의 지상 공격에 대비해 수비 병력을 재조정해서 인근에서 가장 높은 손돌목돈대에 전력을 집중시켰을 가능성이 높다. 본 저자들은 직접 답사한 결과, 맥키 요새는 손돌목돈대일 것이라고 결론지었다. 물론 미군과 조선군 사상자 차이에서 알 수 있듯 전투는 손돌목돈대뿐 아니라 용두돈대와 대모산 근방에서도 치열하게 벌어졌다.

『조선왕조실록』에서 언급한 '위아래 돈대들'은 광성돈대와 손돌목돈대, 그리고 용두돈대를 지칭하는 것일 가능성이 높다. 조선군은 우리가 생각했던 것처럼 미군의 대포 소리를 듣자마자 군복과 총을 내던지고 도망치거나 우왕좌왕하다가 전멸당한 것은 아니다. 미군이 상륙한 날 밤에 야습을 감행했고, 손돌목으로 가는 진로를 차단하려고 시도했다. 이런 시도들이 실패로 돌아간 것은 용기가 부족했던 것이 아니라 미군의 레밍턴 소총과 12파운드 야포의 우수한 성능, 그리고 실전 경험의 차이 때문이었다.

참고문헌

1. 파저강 야인정벌

단행본 『서정록 ― 군사문헌집 9』 이순 저, 임홍빈 역, 국방부 전사편찬위원회, 1989

『국토개척사 ― 민족전란사 10』 국방군사연구소, 1999

『국조정토록 ― 군사문헌집 20』 국방부 군사편찬연구소, 2009

『한민족 역대 파병사』 서인한 저, 국방부 군사편찬연구소, 2002

『조선의 무기와 갑옷』 민승기 저, 가람기획, 2004

논문 노영구 「세종의 전쟁수행과 리더십」 『오늘의 동양사상』 19호, 2008

박현모 「세종정부의 의사결정 구조와 과정에 대한 연구 ― 제1, 2차 여진족 토벌 사례
를 중심으로」 『동양정치 사상사』 8호, 2009

박현모 「세종의 변경관과 북방영토경영 연구」 『정치사상연구』 13권, 2007

오종록 「조선초기의 국방정책 ― 양계의 국방을 중심으로」 『역사와 현실』 13호, 1994

한성주 「조선초기 수직여진인 연구 ― 세종대를 중심으로」 강원대 석사 논문, 2004

이규철 「조선초기(태조대~세종대) 대외정보 수집활동의 실상과 변화」 『역사와 현실』
65호, 2007

김경녹 「조선초기 대명외교와 외교절차」 『서울말 연구』 제44집, 2000

이상협 「조선전기 북방사민과 민의 동향」 『강원사학』 제17, 18집, 2002

이홍두 「조선초기 야인정벌전과 기마전」 『군사』 41, 2000

하차대 「조선초기 국방정책과 병법서의 발전」 『군사』 19, 1989

기타 조선왕조실록(http://sillok.history.go.kr) ―「세종실록」

2. 탄금대 전투

단행본 『임진전란사』 이형석 저, 임진전란사 간행위원회, 1967

『임진왜란사 ― 민족전란사 4』 서인한 저, 국방부 전사편찬위원회, 1987

『임진난의 기록 ― 루이스 프로이스가 본 임진왜란』 루이스 프로이스 저, 정선화·양윤
선 공역, 살림, 2008

『전쟁과 동북아의 국제질서』 조병한 외 역사학회 편, 일조각, 2006

『海と水軍の日本史〈下卷〉蒙古襲來~朝鮮出兵まで』佐藤和夫 저, 原書房, 1995

논문　장호식「신립장군 전설 연구」세명대학교 석사 논문, 2006

강성문「임진왜란 초기 육전과 방어전술 연구」한국학중앙연구원 박사 논문, 2006

이헌종「신립에 대한 수정적 비판—탄금대 전투를 중심으로」『동의사학』제9, 10호, 1996

이홍두「임진왜란 초기 조선군의 기병전술」『백산학보』제74호, 2006

박수철「풍신수길은 왜 장군(쇼오군)이 되지 못했나—일본 역사의 한 단면과 특질」『역사학연구』21권, 2003

허선도「제승방략 연구(하)— 임진왜란 직전 방위체제의 실상」『진단학보』37권, 1974

기타　한국고전번역원(http://db.itkc.or.kr)—『상촌 선생집』제56권,「여러 장사들이 왜란 초에 무너져 패한 기록(諸將士難初陷敗志)」

3. 행주산성 전투

단행본　『한국무기발달사』국방 군사연구소, 1994

『한국의 화포』이강칠 저, 동재, 2004

『행주산성: 정비복원을 위한 토성지 시굴조사보고서』서울대학교 박물관 편, 서울대학교 박물관, 1991

『임진왜란 관련 일본 문헌 해제』최관·김시덕 공저, 문, 2010

『도요토미 히데요시의 조선침략』기타지마 만지 저, 김유성·이민웅 공역, 경인문화사, 2008

논문　하태규「임진왜란 초기 전라도 관군의 동향과 호남방어」『한일관계사연구』26권, 2007

강성문「조선의 역대 화차에 관한 연구」『육군박물관』학예지 통권 제9집, 2002

박재광「15~16세기 조선의 화기 발달」『육군박물관』학예지 통권 제9집, 2002

기타　한국고전번역원(http://db.itkc.or.kr)—『포저집』31권「풍양군 조공 묘비명」

4. 칠천량 해전

단행본　『징비록』유성룡 저, 김흥식 역, 서해문집, 2003

『난중일기』이순신 저, 송찬섭 역, 서해문집, 2004

논문   정진술 「임란기 조선수군의 무기체계」 『육군박물관 학예지』 4, 1995

차철욱 「임진왜란 시기 일본 수군의 활동과 관련 자료의 검토」 『한국민족문화』 제27
　　　　호, 2006

김정운 「정유재란시 칠천량 해전의 패인과 영향 분석」 『해양전략』 제141호, 2009

제장명 「정유재란 초기 조선의 수군정책과 부산근해 해전」 『항도부산』 제24호, 2008

기타   김병륜 「한국의 병서 ─ 매헌실기」 국방일보 2010. 5. 4.

5. 명량해전

단행본   『임진왜란 해전사』 이민웅 저, 청어람미디어, 2004

『난중일기 외전』 배상열 저, 비봉출판사, 2007

『이순신과 임진왜란 4』, 이순신역사연구회 저, 비봉출판사, 2006

『난중일기』 이순신 저, 송찬섭 역, 서해문집, 2004

논문   박혜일·최희동·배영덕·김명섭 「이순신의 명량해전」 『정신문화연구』 제25권, 2002

정혜영 「이순신의 리더십 연구」 한국학 중앙연구원 박사 논문, 2007

이종학 「명량해전의 군사사학적 연구」 『해양전략』 제132호, 2006

김영환 「울돌목(명량)해전의 대승원인에 관한 연구」 『민족사상연구』 제13호, 2005

조성도 「명량해전 연구」 『군사사 연구총서』 4, 1982

김정진 「조선시대 건함정책에 관한 연구」 경남대학교 석사 논문, 2002

6. 노량해전

단행본   『인간 이순신 평전』 박천홍 저, 북하우스, 2005

『충무공 이순신 전서 4』, 박기봉 저, 비봉출판사, 2006

『난중일기 완역본』 노승석 저, 동아일보사, 2005

『히틀러 최고 사령부 1933~1945년』 제프리 메가기 저, 김홍래 역, 플래닛미디어, 2009

논문   제장명 「노량해전의 역사적 의미」 『이순신 연구논총』 통권 제7호, 2006

김경옥 「16~17세기 고금도 인근 해로와 수군진의 설치」 『도서문화』 제33권, 2009

박제광 「정유재란기 조명 수군의 연합작전과 노량해전」 『이순신 연구논총』 통권 제6
　　　　호, 2006

이민웅 「조명 연합함대의 형성과 노량해전 경과」 『역사학보』 제178집, 2003

기타　　　「임진왜란기 조명 연합작전 — 한중 국제학술회의」 국방부 군사편찬연구소 세미나 자
　　　　　　료, 2006

　　　　　한국고전번역원(http://db.itkc.or.kr) —『상촌선생집』 제56권 「중국이 시종 군사를
　　　　　　내보내 도와준 것에 관한 기록(天朝先後出兵來援志)」

　　　　　한국고전번역원(http://db.itkc.or.kr) —「난중잡록」 3 무술년

7. 사르후 전투

단행본　　『전란의 소용돌이 속에서』 박희병·정길수 편역, 돌베개, 2007

　　　　　『무기와 방어구 — 중국편』 시노다 고이치 저, 신동기 역, 들녘, 2001

논문　　　이승수 「심하전역의 현장 답사 연구」『동아시아 문화연구』 41권, 2007

　　　　　유지원 「사르후 전투와 누르하치」『명청사연구』 제13집, 2000

　　　　　안세현 「자암 이민환의 문학세계」『동방한문학』 34권, 2008

　　　　　계승범 「조선감호론 문제를 통해 본 광해군대 외교 노선 논쟁」『조선시대사학보』 제34
　　　　　　권, 2005

　　　　　신명호 「광해군의 대후금 외교정책 분석」『군사사 연구총서』 제2권, 2002

기타　　　한국고전번역원(http://db.itkc.or.kr) —『연려실기술』 제21집 「심하(深河)의 전쟁」

　　　　　김병륜 「한국의 군사문화재 순례(108) — 책중일록」 국방일보, 2006. 3. 15.

8. 쌍령 전투

단행본　　『요동사』 김한규 저, 문학과지성사, 2004

　　　　　『한국사 시민강좌 (제36집)』 일조각 편집부 편, 일조각, 2005

논문　　　허태구 「병자호란 강화 협상의 추이와 조선의 대응」『조선시대사학보』 52권, 2010

　　　　　유재춘 「병자호란시 김화전투와 전골총고」『사학연구』 제63호, 2001

　　　　　유승주 「병자호란의 전황과 김화전투 일고」『사총』 제55집, 2002

　　　　　허태구 「병자호란의 정치·군사사적 연구」 서울대학교 박사 논문, 2009

　　　　　김강녕 「정묘·병자호란의 전황과 교훈」『군사논단』 제55호, 2008

　　　　　오종록 「임진왜란 병자호란 시기 군사사연구의 현황과 과제」『군사』 38집, 1999

　　　　　남미혜 「병자호란기 조선 피로인의 호지체험과 삶」『동양고전연구』 제32권, 2008

김종수 「17세기 조청간 이주의 몇 유형」 『소통과 인문학』 제8집, 2009

한명기 「하멜 표류 무렵의 조선과 동아시아」 『국제한국학연구』 제2호, 2004

기타   한국고전번역원(http://db.itkc.or.kr) — 『연려실기술』 제24권 「정묘년의 노란(虜亂)」,

제25권 「병자노란(丙子虜亂)과 정축 남한출성(南漢出城)」

9. 광교산 전투

단행본   『세계 동원의 역사』 국무총리 비상기획위원회 편, 국무총리 비상기획위원회, 2004

논문   정우택 「광해군대 정치론의 분화와 개혁정책」 경희대학교 박사 논문, 2009

이홍두 「속오군을 통해 본 조선후기 천인의 신분변동」 『군사』 제34호, 1997

변해영 「조선후기 속오군과 병역의무」 『육군』 제266호, 2003

심승구 「속오군을 통해 본 조선후기 군제사의 조명」 『한국사학보』 제10호, 2001

김우철 「조선후기 속오군의 요역화 과정」 『한국사학보』 3, 4합, 1998

소성수 「17세기 경상도의 속오군 편제와 운영」 동아대학교 석사 논문, 1998

김우철 「조선후기 속오군의 급보·급복책의 추이」 『전주사학』 제4권, 1996

노영구 「18세기 기병강화와 지방 무사층의 동향」 『한국사학보』 13호, 2002

최형국 「조선후기 기병 마상무예의 전술적 특성」 『군사』 제70호, 2009

김종수 「16세기 갑사의 소멸과 정병입역의 변화」 『국사관논총』 제32집, 1992

10. 손돌목돈대 전투

단행본   『강화 옛지도』 인천광역시 강화군 편, 인천광역시 강화군, 2003

『병인·신미양요사』 서인한 저, 국방부 전사편찬위원회, 1989

『수자기 — 136년만의 귀환』 국립고궁박물관 편, 국립고궁박물관, 2008

『초기 한미관계의 재조명』 김명호 저, 역사비평사, 2005

『조선시대 군사전략』 장학근 저, 국방부 군사편찬연구소, 2006

『한미 군사 관계사 — 1871~2002』 남정옥 저, 국방부 군사편찬연구소, 2002

『대원군 집권기 부국강병정책 연구』 연갑수 저, 서울대학교 출판부, 2001

『강화도의 국방유적』 인천광역시 강화군·육군 박물관 편, 강화군, 2000

『강화의 국방유적 — 초루돈대, 손돌목포대 발굴조사보고서』 국립문화재연구소 편,

국립문화재연구소, 2004

『조선의 무기와 갑옷』 민승기 저, 가람기획, 2004

『WEAPON(무기)』 DK『무기』 편집위원회·영국 왕립 무기 박물관 공동제작, 정병선·
    이민아 공역, 사이언스북스, 2009

『Men-at-Arms』 신재호 편역, 플래닛미디어, 2009

『총 백과사전』 크리스 맥나브 편저, 진승현·김동현 공역, 휴먼앤북스, 2008

논문   김선화「1871년 조미전쟁에 대한 일고찰」 인하대학교 석사 논문, 2000

이상태「제너럴 셔먼호 사건과 신미양요」『군사』 제14호, 1987

조재곤「병인양요와 한성근」『군사』 제50호, 2003

이대옥「대원군 집정기(1864~1873) 위협인식과 대응에 관한 연구」 국방대학교 석사
    논문, 2007

이태희·정민채「역사, 관광학적 관점을 통한 강화도 전적지에 관한 연구」『한국사진지
    리학회지』 16권 1호, 2006

김용수「한국(조선)에서의 첫 전쟁」『고서연구』 제21호, 2003

최정운「미국과의 조우가 한반도에 남긴 흔적」『세계정치』 제25집 제1호, 2004

Thomas Duvernay「Weapons of the 1871 US Korean Campaign (Shinmi-
    yangyo)」『육군박물관 학예지』 제6집, 1999

기타   http://www.shinmiyangyo.org

http://www.homeofheroes.com/wallofhonor/korea1871/1_preface.html